全国会计领军人才丛书·学术文库

FINANCE AND ACCOUNTING LIBRARY

财　会　文　库

法律制度与会计规则

关于会计理论的反思

周　华　著

LEGAL SYSTEM AND ACCOUNTING STANDARD

Reflections on Accounting Theory

中国人民大学出版社

· 北京 ·

前　言

近些年来，域外经验受到我国会计理论与实务界的广泛推崇，不少未经甄别的国际会计惯例在经济管理类教科书中流传。我国流行的会计学教材和会计理论著作对中国法律等特殊国情因素关注不够，较少体现中国本土特色。

这种情况引起了我们的警觉。我们隐隐约约地感到，有一些在我国流行的西方会计理论和国际会计准则（含国际财务报告准则，以下简称“国际准则”）很可能是失当的。我们自本世纪初开始对会计理论和会计规则的历史流变进行辩证分析，陆续启动《会计制度与经济发展》《法律制度与会计规则》《会计规则的由来》等“会计学原论”系列著作和系列论文的创作（另外，从2005年起启动了系列教材和系列译著的创作）。2006年，系列著作中的第一本——《会计制度与经济发展》问世。该书提出，会计制度是民商法、经济法的实施细则，其性质是由二者共同决定的企业收益分享规则。这一性质决定了国际会计趋同的不可能性。这种观点得到业界同仁的积极反馈。

现在呈现给读者的《法律制度与会计规则》一书有幸于 2007 年得到国家社会科学基金青年项目的支持，2010 年年底形成初稿。本书发现，有一些所谓的“国际会计惯例”在理论和方法上存在以讹传讹的问题。现值、公允价值、资产减值、递延所得税、权益法、合并报表、汇兑损益、租赁会计、资本化等时髦的会计规则大多缺乏合理依据，不符合会计原理，不适合作为会计工作的行动指南，因而，它们统统被本书定义为“伪会计理论”。本着大道至简的理念，本书主张采用通俗易懂的语言来阐释会计理论，避免随意引入“××观”“××法”——那些奇怪的概念在本书中大多被认为是失当的。除在必要时引入少量业界分歧较少的概念以外，本书倾向于使用“财产权利”“法律证据”等常用词汇来解读会计理论。正如读者所预料到的，“会计学原论”系列论文的发表一度相当艰难。自 20 世纪 90 年代流行于我国的期刊分级和数量化考核制度对社会科学研究造成了很大冲击，学术期刊的同质化使得创新观点越来越难以发表。制度经济学、实证经济学、行为经济学等轮番登场，让部分会计研究者清浊难辨，而真正的会计理论研究却变成了“冷门”。承蒙《财贸经济》《经济管理》《社会科学战线》《中国人民大学学报》等优秀刊物抬爱，笔者的一孔之见“国际会计准则是一套缺乏合理逻辑的金融分析规则”“根据法律事实记账是会计保持其行业价值的底线”得以在次贷危机到达顶峰之前与广大读者朋友见面。系列论文中的《财产权利的计量规则与企业利润的可分享性》作为封面重点文章发表于《财贸经济》2008 年第 7 期，该文提出，国际会计准则披着会计规则的外衣，但本质上是缺乏合理依据的金融分析规则，它削弱了财务报表的法律证明力，具有较强的误导性。同年 9—10 月，国际社会强烈谴责国际准则具有顺周期效应等显著缺陷，国际准则被紧急修订。可以认为这一动态是对上述刊物的主编、编辑和笔者的间接支持。

“会计学原论”系列著作中的《会计制度与经济发展》《法律制度与会计规则》《会计规则的由来》有幸先后得到国家社会科学基金项目（02CJY024，戴德明教授主持）、国家社会科学基金青年项目（07CJY011，笔者主持）和国家社会科学基金后期资助项目（13FJY005，笔者主持）的支持。感谢中宣部全国哲学社会科学规划办公室、国家社科基金和同行评审专家对我们的学术观点的鼓励和支持。“会计学原论”系列著作的部分观点 2009 年 2 月入选中宣部全国哲学社会科学规划办公室编辑的国家社会科学基金《成果要报》，2016 年 4 月和 5 月先后入选中国人民大学国家发展与战略研究院（国家首批高端智库之一）编辑的《问题与思路》和中宣部全国哲学社会科学规划办公室编辑的《国家高端智库报告》，两次被中央领导批示，并被经济监管部门用作立法参考。

“会计学原论”系列论著的创作得到了中国人民大学商学院教授、中国会计学会副会长戴德明先生和中国人民大学法学院教授、商法研究所所长刘俊海先生的指导和支持。亦师亦友的恩师戴德明先生早在 2002 年初就鼓励笔者在攻读博士学位期间启动“会计学原论”系列论著的创作计划，十多年来无数次就论著中的观点与笔者展开热烈的探讨。一次在办公室就所得税会计等问题辩论三个多小时之后，先生回到家连午饭都顾不上吃，又打了半个多小时的电话继续讨论相关问题。刘俊海先生作为权威的民商法学者，最早关注我国公司法以及欧共体公司法指令所涉及的会计问题，为我们的会计理论研究提供了强大的法学理论支持。

感谢耿建新教授、荆新教授、王化成教授、朱小平教授、徐泓教授、于富生教授、徐经长教授、赵西卜教授、曹伟教授、伊志宏教授、毛基业教授、徐二明教授、冯淑萍教授、应唯教授、陈毓圭教授、叶建明教授、孟焰教授、王斌教授、支晓强教授、袁淳教授、陈东辉博士、陈德博士、郭菁博士、张玺才总会计师等校内外师长的鼎力支持。在他们的勉励和关注下，本书得以尽早与广大同仁见面。财政部会计司、中国会计学会、中国注册会计师协会对反思性理论研究给予了充分认可、鼓励和支持，全国各地兄弟院校教师们提供了热情洋溢的反馈意见，在此一并致以谢意。

“大学之道，在明明德，在亲民，在止于至善。”社会科学研究者有责任告诉人们真实的局面。迷信域外社会科学，尤其是域外的经济和金融理论，是缺乏学术自信的表现。在中国这样一个拥有灿烂文化和悠久历史的泱泱大国，会计研究者应当有志气打造出具有中国气派的会计理论体系。笔者深信，简洁有效的会计理论不但不会降低会计的职业地位，反而会更加赢得社会的认可和尊重。有鉴于此，我们希望能够给读者朋友提交一套具有一定原创性的会计理论著作，希望本土原创的学术成果能够进入大学教材并且受到老师和同学们的喜爱，希望我们的理论主张能够对实务工作者和立法机关有所启迪。我们反对照搬“国际会计惯例”，所谓“全球会计准则”的提法具有很强的误导性；我们反对不加批判地借鉴“国际经验”，我们认为国际的未必就是先进的。

作为一名全国会计领军人才（学术类），笔者将继续着力建设“会计学原论”系列著作、系列教材、系列论文和系列译著，参与建设具有中国风格、中国气派的本土理论流派，努力以创新成果促进会计立法、会计实践和会计教育。笔者真诚期待读者同仁的商榷意见，笔者的电子信箱是：zhouhua@ruc.edu.cn，邮政地址是：北京市海淀区中关村大街59号中国人民大学商学院（邮政编码100872）。

谨以此书献给中国数以千万计的会计界同仁，献给致力于制造优质商品和提供优质服务的管理者，献给所有为社会经济发展辛勤奉献的人。

周　华

于中国人民大学明德楼

目 录

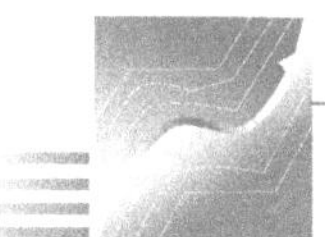

第一章　质疑国际财务报告准则的先进性

本章基于经济学和法学的规范研究范式提出了两个悖论，揭示了国际财务报告准则在理论框架和具体规则上所存在的双重缺陷。国际财务报告准则是一套缺乏合理依据的金融分析规则，它反映了证券行业试图统一证券信息披露规则的迫切意愿，最终体现的是证券行业的利益。为建设良好的市场法制和稳定的会计制度，我国研究者必须探索出体现本土价值观、满足本土需要的会计理论。按照"根据法律事实记账"的原则建立稳定合理的企业会计法规体系，是完善市场法制、规范经济秩序的重要基础。

国际财务报告准则①（以下简称"国际准则"）

① 国际财务报告准则是由西方一些公共会计师行业协会牵头制定、向证券交易所推荐使用的公众公司信息披露规则，泛指国际会计准则委员会（International Accounting Standards Committee，IASC）及其后继者国际会计准则理事会（International Accounting Standards Board，IASB）先后制定的《国际会计准则》（International Accounting Standards，IAS）和《国际财务报告准则》（International Financial Reporting Standards，IFRS）及其相关解释公告。在不引起歧义的情况下，本书统称为"国际准则"。IAS®、IFRS®和IASB®等都是国际财务报告准则基金会（IFRS Foundation）的注册商标。

在次贷危机爆发后遭到了国际社会的严厉谴责，其所主张的公允价值会计、资产减值会计等规则由于存在助涨助跌的顺周期效应（procyclicality）而受到了财经界的广泛批评。[①] 国际准则所一贯效仿的美国证券市场的“公认会计原则”[②]（Generally Accepted Accounting Principles，GAAP）自次贷危机爆发以来也一直处于风口浪尖，美国国会2008年10月通过的《2008年紧急经济稳定法》对证券市场的公认会计原则提出了严重质疑。在此背景下，全面反思国际准则的价值导向，遂成为确定我国后续会计改革路径的重要前提。本章拟对国际准则给出总体评价，以供经济学、法学研究和经济立法作参考。

第一节　失当的目标导向：国际准则的根本偏差

国际准则是以证券投资而不是以企业经营管理和国民经济管理的信息需求为主要着眼点的。其纲领性文件《编报财务报表的框架》（以下简称《框架》）第10段写道：投资者是企业的风险资本的提供者，如果财务报表（financial statements）能够满足他们的需要，那么它也就能满足其他使用者的大部分需求。这种观念就是时下流行的会计理论所称的“决策有用观”（decision usefulness）。虽然该文件象征性地提到受托责任观（即“财务报表还应反映管理层的经营成果或受托责任”），但是该观念是从属于决策有用观的。国际准则要求会计为证券投资者服务，给会计规定了不可能完成的任务。在传统上，会计信息是对企业实际交易行为的历史记录。而证券投

① 参见周小川：《关于改变宏观和微观顺周期性的进一步探讨》，载《中国金融》，2009（8）。

② 公认会计原则是美国证券交易委员会（简称美国证监会）（Securities and Exchange Commission，SEC）推行的跨州发行证券的公众公司所适用的信息披露规则，1938年至1973年由美国注册会计师协会（American Institute of Certified Public Accountant，AICPA）负责制定，1973年起至今改由财务会计准则委员会（Financial Accounting Standard Board，FASB）负责制定。公认会计原则的“公认”范围主要限于证券市场，有1万余家公众公司须执行公认会计原则。

资者的决策却需要面向未来，估计未来现金流量并确定现在的报价。[①] 金融资产的价格形成机制与微观经济学中实体商品的价格由价值决定、受供求关系影响的规律不同，它的价格并不是由供求关系形成的，而是由多头（long position；bull position）和空头（short position；bear position）的预期所决定的；而且，它并不是由全体投资者的预期所决定，而是由边际投资者（marginal investor）的预期所决定。国际准则的方向性偏差把会计带上了金融分析的道路。

第二节　公允价值会计理念：以金融分析思路改造会计规则

一、公允价值会计理念大行其道

根据国际准则《框架》的定义，公允价值是指假设企业在计量日出售其资产或转让其债务预期将要采用的成交价格。[②] 为了向投资者提供“有用的”信息，国际准则试图要求企业采用公允价值会计（fair value accounting）规则，即按公允价值记录企业的资产和负债。这样，投资者便可以用资产的公允价值减去负债的公允价值得到公司的净公允价值（net fair value），这便是企业合并、证券投资的参考数据。完整体现这一理念的会计规则主要有两处。其一是在企业合并中，购买方要比较其付出的企业合并成本与取得的净公允价值的份额大小，若前者大于后者，则将差额在资产负债表中列作“商誉”（goodwill）；若反之，则在利润表中列作“营业外收入”（即“负商誉”（negative goodwill））。[③] 其二是企业因对外投资达到共同

① 参见 Richard M. Cyert and Yuji Ijiri. “Problems of Implementing the Trueblood Objectives Report”, *Journal of Accounting Research*, Vol. 12, Studies on Financial Accounting Objectives, 1974, pp. 29-42。

② 需要指出的是，“公允价值”是证券从业机构及其雇用的学者所“发明”的术语，至今仍无公认的定义。

③ 参见 International Financial Reporting Standard No. 3: Business Combination。

控制或重大影响而采用权益法（equity method）核算长期股权投资时，要比较其初始投资成本与取得的净公允价值的相应份额，若前者大于后者，则不调整已确认的初始投资成本，即把该差额视为“隐性商誉”（implicit goodwill）；若反之，则列作“营业外收入”（即“负商誉”）。①

此外，公允价值会计理念的应用主要体现为国际准则所标榜的“混合计量模式”（见表1—1、表1—2）。对于交易性金融资产、可供出售金融资产、采用公允价值模式计量的投资性房地产以及外币债权债务，应采用公允价值会计规则，在资产负债表日把账面价值调整为公允价值进行列报，并将增减调整额记入利润表（“公允价值变动收益”）或者资产负债表（“其他综合收益”）。对于除前述资产以外的资产，应采用资产减值会计规则，只记录资产减值而不记录资产升值，减值额要记入利润表（“资产减值损失”）。

表1—1　　　　资产负债表中的“公允价值”导向

资产	盯市方向
流动资产：	
货币资金	
交易性金融资产	=
存货	↓
各种短期债权	↓
非流动资产：	
可供出售金融资产	=
持有至到期投资	↓
长期股权投资	↓
投资性房地产（公允价值模式）	=
投资性房地产（成本模式）	↓
固定资产	↓
无形资产	↓
各种长期债权	↓
商誉	↓

注：“=”表示按照最新市价列报（期末需要把账面价值调整为公允价值）；“↓”表示只考虑减值不考虑升值。

① 参见International Accounting Standard No. 28：Accounting for Investments in Associates。

表 1—2　　缺乏法律证明力的利润表

项目	金额
一、营业收入	
减：营业成本	
营业税金及附加	
销售费用	
管理费用	
财务费用	
资产减值损失	
加：公允价值变动收益	
投资收益	
二、营业利润	
加：营业外收入	
减：营业外支出	
三、利润总额	
减：所得税费用	
四、净利润	
基本每股收益	
稀释每股收益	

二、公允价值的不存在性

无论是从理论层面还是从实践层面来看，“公允价值会计”都是一个不恰当的会计理念。①

1. 对于金融资产（financial asset）来说，公允价值既不“公允”，也非“价值”。对于股票而言，前已述及，公允价值会计规则其实是要求大多数的股票持有者按照边际投资者的交易价格进行盯市记录，这种“会计”会造成很大的信息偏差，形成更大的市场波动。② 对于衍生金融工具而言，公允价值更加难以获得，往往是以根据金融估价模型计算出的理论价格来代替。难道会计要记录根据数

① 参见 Eugene H. Flegm. “Accounting at a Crossroad”, *The CPA Journal*, Vol. 75, Iss. 12, Dec 2005, pp. 16-22。

② 参见周小川：《关于改变宏观和微观顺周期性的进一步探讨》，载《中国金融》，2009 (8)。

学公式计算的估计数吗？是的。这就是国际准则所交代的“公允价值”。

2. 对于非金融资产（non-financial asset）来说，由于无法确保资产的同质性（新旧程度等细微因素均会影响其价格），因而根本不存在可信的公允价值。非金融资产的公允价值基本上全靠估计来确定。所幸的是国际准则要求绝大多数资产只记录资产减值而不记录资产升值（如表 1—1 所示），但其理由又是什么呢？对此，国际准则难以自圆其说。

3. 国际准则所推崇的公允价值会计规则导致了一个悖论。如果公允价值是可知的，那就意味着企业知道自己每一笔股权投资的每股公允价值。也就是说，所有的企业均知道本企业股票的每股公允价值。既然如此，为何还要千辛万苦地采用公允价值会计去计算本公司的净公允价值呢？显然，公允价值会计导致了如下悖论：

> **悖论 1：**如果股权投资的公允价值是可以确定的，那么会计师根本就没有必要采用公允价值会计。而如果股权的公允价值是不能确定的，那么会计师为什么要采用公允价值会计呢？

“公允价值会计”是证券行业以金融分析思路改造会计规则所形成的失当理念。[①] 国际准则承认，公允价值只是假想出来的数字：公允价值不是基于实际交易而是基于“假想交易”的；作为计量属性，它仅仅是估计价格；它的计量是以活跃市场中别人的交易价格为基础，而不是以企业自身的真实交易价格为基础。[②] 公允价值会计和资产减值会计有悖于会计原理，因此，切不可将其引入会计法规体系。

---

① 参见周华、刘俊海：《会计理论的演进与盯市会计的形成》，载《理论学刊》，2009（8）。

② 参见葛家澍：《公允价值计量面临全球金融风暴的考验》，载《上海立信会计学院学报》，2009（1）。

第三节　不尽合理的会计规则：可操作性欠佳的操作规则

国际准则中的估价理论越来越令人匪夷所思，其会计规则也越来越玄妙了。若要说这些硬伤累累的舶来品就是最先进的会计规则，实在令人难以信服。试举几例说明之。

一、管理当局自由度的扩大

国际准则允许企业按照“管理层意图”（management intention）记账，这是国际准则受个别财务经理欢迎的一个重要原因。例如，国际准则允许企业按照管理层意图把其购入的上市公司股票分别划分为“交易性金融资产”或“可供出售金融资产”进行会计处理。再如，国际准则中的“复核条款”也体现了管理层意图，企业管理层可以按其意图改变固定资产折旧额、无形资产摊销额和预计负债的账面价值，拥有了更大的操纵报表的自由度。①

二、股权投资会计规则存在重大缺陷

国际准则虽已浸淫资本市场数十年，但它甚至连股权投资的会计处理规则都没有搞清楚。它为长期股权投资制定了一个被坊间戏称为“三节棍”的会计规则（如图1—1所示）②：（1）如果能够控制被投资方（通常指持股比例超过50%），则应采用成本法（cost method）核算；（2）如果能够与他人联手对被投资方实施共同控制或者对被投资方具有重大影响（通常指持股比例不低于20%，不超

① 参见International Accounting Standard No. 16：Property，Plant and Equipment；International Accounting Standard No. 38：Intangible Assets；International Accounting Standard No. 37：Provisions，Contingent Liabilities and Contingent Assets。

② 目前，国际准则关于股权投资的会计规则主要由《国际会计准则第27号：单独财务报表》、《国际会计准则第28号：在联营企业和合营企业中的投资》以及《国际财务报告准则第9号：金融工具》组成。国际准则对准则之间的衔接问题考虑不足，缺乏合理逻辑。

图 1—1　长期股权投资的“三节棍”式会计规则

过 50%），则应采用权益法（equity method）核算，权益法实质上把企业合并的公允价值规则推广到了 20%～50%的持股区间；（3）如果对被投资方影响力不大（通常是指持股比例低于 20%）且该股权未上市交易，则应按照金融工具会计准则处理。① 在成本法下，长期股权投资在入账后其账面价值不再增加，以后收到的股利原则上按应享有份额计入投资收益，其规则与所得税法的口径差异不大。而权益法则十分复杂且存在不少问题：在权益法之始，需要处理前文所述的隐性商誉、负商誉；之后，需在每个会计期间调整长期股权投资的账面价值②，使之恰等于被投资方的股东权益（净公允价值）乘以持股比例所得到的净公允价值份额（权益法正是因此而得名）。然而，为什么同样的业务却同时存在两种不同的会计规则？为什么以 20%和 50%作为分界点？并无合理的解释。在国际准则下，针对股权投资

① 若采用金融工具会计准则进行处理，则需要进行公允价值计量。对于未上市交易的股权，就不得不采用估值技术来估计公允价值。根据公允价值计量准则的规定，估值技术主要包括市场法、收益法和成本法。这里所称的成本法，是反映当前要求重置相关资产服务能力所需金额（通常指现行重置成本）的估值技术。

② 这种调整分为两种情况：一是按投资比例分享被投资方的净利润或者分担净亏损；二是按投资比例分享或分担被投资方除净损益以外所有者权益的其他变动。

实际上并存着成本法、权益法、交易性金融资产、可供出售金融资产等四套会计规则。面对这一局面，为避免企业管理层自行选择会计规则，国际准则索性作出规定：如果所投资的股票已上市交易，就不能采用成本法或权益法。这在理论上更是无法给出合理解释。

三、资产减值会计规则——合规造假的利器

为什么绝大多数资产只能考虑减值而不能考虑增值？国际准则无言以对。由于理论背景缺失，资产减值规则难免漏洞百出。一方面，就减值额的确定而言，并不要求法律事实和法律证据，管理当局拥有较大的自由度。计算现值所需的参数由管理层以其“最佳估计”来确定，这就是说，可收回金额和资产减值额可由管理层自行确定。[①] 另一方面，国际准则允许企业转回以前期间确认的资产减值准备。资产减值会计规则往往被管理层用作跨期调节利润的工具。

四、资本化规则——巨额支出的挂账处理规则

国际准则规定，符合条件的借款费用可以按照受益对象计入对应的资产项目中，而不必像通常情形那样计入财务费用；符合条件的研发项目的开发阶段支出，可以计入无形资产价值，而不必像通常情形那样计入管理费用。这些资本化条款同样常常被企业管理当局用于利润操纵，而其行为却往往是符合准则规定的。

五、外币折算——浮动盈亏进入利润表

国际准则规定，企业在资产负债表日应根据最新的汇率重新计算列报其外币性债权或债务，并将调整额以财务费用（汇兑损益）的名义列入利润表。这样，汇率波动所形成的预期利润或预期损失（可统称为“浮动盈亏”）被当作实际盈亏记入了利润表。外币折算

① 参见 International Accounting Standard No. 36：Impairment of Assets。

是最早体现公允价值会计理念的会计规则。

六、所得税会计——计算预期所得税费用

国际准则所称的“所得税会计”，并非纳税申报的会计处理规则，而是针对预期利润（如公允价值变动收益）和预期损失（如资产减值损失）计算其预期影响的一套算法，其核心理念是对预期利润计算所得税费用，对预期损失计算预期所得税收益（详见本书第六章）。国际准则所推行的资产负债表债务法之实质乃是放任会计准则与税法的分离，“滤除”税法对会计规则的影响，从而使得会计报表的编制完全遵从国际准则而不受税法的制约。

七、商誉和负商誉——缺乏合理解释的非对称规则

为什么要求购买方把所付出的企业合并成本大于所收获的净公允价值的差额在资产负债表中列作“商誉”，而把付出的企业合并成本小于所收获的净公允价值的差额在利润表中列作“营业外收入”？为什么以前要求摊销商誉，而现在不允许摊销、只允许减值？对此从来就没有合理的解释。金融史表明，涉及商誉的离奇规则多是按照证券行业（投资银行、基金公司等）的利益诉求而设计的。

八、会计规则的体系性矛盾

在套期会计规则下，可以记录存货的升值，可以把尚未入账的确定承诺（firm commitment）和预期交易（highly probable transaction）登记入账。这些规则与传统的会计理论相悖。国际准则语境下的“会计”，很难找到稳定合理的会计规则。

第四节　混乱的理论体系：并不先进的国际先进经验

国际准则在具体规则上所出现的诸多冲突，起源于它混乱的理

论体系。

一、“相关性”与“可靠性”的冲突

国际准则推出了十余条名为“财务报表的质量特征”的伪“会计原则”（见图1—2），这些原则全面贯彻了“决策有用观”和金融分析思路。《框架》开宗明义地声明，质量特征（qualitative characteristics）是指使得财务报表提供的信息对投资者有用的那些性质，“信息要成为有用的，就必须与使用者的决策需要相关”①。尽管它强调信息要有用还必须可靠，但它首先强调的是相关性而非可靠性。的确，国际准则中充斥着与证券投资决策相关但不可靠的会计处理规则，例如，公允价值会计和资产减值会计均缺乏法律事实，其可靠性无从谈起。

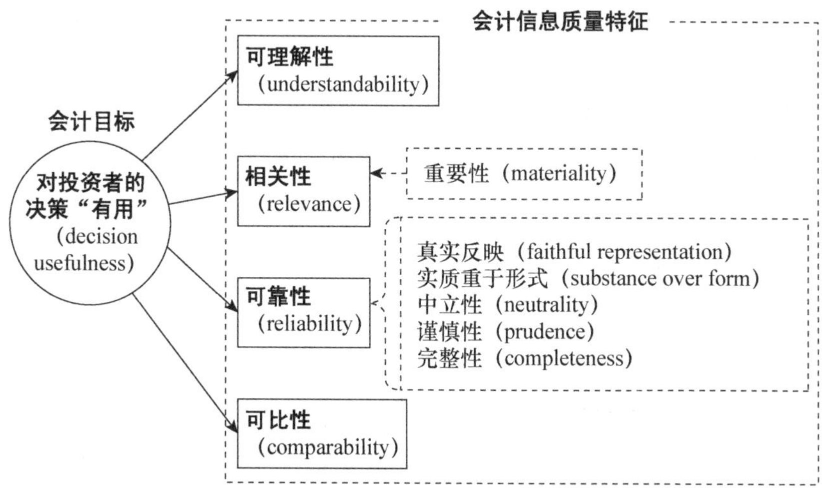

图1—2 国际准则的“理论框架”：从目标导向到会计信息质量特征

二、令人费解的“可理解性”原则

国际准则声称，“财务报表中所提供信息的基本特征之一，就是便于使用者理解”。但其所指的“可理解性”，实际上是建立在“假

① IASB，2006：Framework for the Preparation and Presentation of Financial Statements，paragraph 26.

定使用者具有一定的工商经济活动和会计方面的知识，并且愿意相当努力地去研究信息”的假设基础上的。① 也就是说，要想读懂会计报表，就需要“努力”弄懂它的奇特逻辑，洞悉其旨在计算净公允价值的金融分析思路。

三、似是而非的“谨慎性”原则

国际准则煞有介事地制定了真实反映、中立性、谨慎性、完整性诸原则，作为支撑可靠性原则的辅助性原则。所谓“谨慎性”原则（又称“稳健性”原则），是指在作估计时适当“加入一定程度的谨慎，以便不虚计资产或收益，也不少计负债或费用”②。这个“原则”就是资产减值会计规则的“理论依据”。既然仅仅根据估计就可以减记资产，那又何必侈谈“谨慎”？又如何“真实反映”和保持“中立性”？可见，谨慎性原则与真实反映、中立性、可比性等原则是冲突的。③ 既然资产减值规则是按照谨慎性原则设计的，那么公允价值会计岂不是违背了谨慎性原则？对此，我们提出如下悖论：

> **悖论 2：** 如果资产减值会计是合理的，那么公允价值会计就一定是不合理的。而如果资产减值会计是不合理的，那么公允价值会计怎么可能是合理的？

四、藐视法律的“实质重于形式”原则

国际准则认为，“信息如果要想真实反映其所拟反映的交易或者其他事项，那就必须根据它们的实质和经济现实，而不是仅仅根据

① 参见 IASB，2006：Framework for the Preparation and Presentation of Financial Statements，paragraph 25。

② IASB，2006：Framework for the Preparation and Presentation of Financial Statements，paragraph 37.

③ 参见［美］亨德里克森：《会计理论》，87～88 页，上海，立信会计出版社，2013；夏冬林、马贤明：《中国会计改革之路——与杨纪琬教授就当前会计改革问题的谈话记录》，载《会计研究》，1993（4）；杨纪琬：《对当前几个会计问题的思考》，载《会计研究》，1996（2）。

它们的法律形式进行核算和反映”。这就是被学术界奉若经典的实质重于形式原则。这个原则令人匪夷所思。离开法律事实的支撑，会计如何能够判断“经济实质”并进行账务处理？但它与公共会计师[①]（public accountant）行业谋求职业独立性的一贯立场是一致的：尽量与法律撇开关系，避免法律的干预，是公共会计师行业提高其“技术含量”所必需的。[②] 60年来围绕租赁准则的纷争从侧面证明了该原则的失当性。

五、欲盖弥彰的“中立性”原则

中立性是颇具迷惑性的辞令。国际准则写道，“财务报表中包含的信息要可靠，就必须是中立的，也就是不带偏向的。如果财务报表通过选取或列报信息去影响决策和判断，以求达到预定的效果或结果，那种财务报表就不是中立的”[③]。然而，国际准则既然已经采用对投资者的“决策有用观”作为目标导向，偏向于为投资者的证券投资决策提供具有“相关性”的信息，那么，它是没有资格提出自相矛盾的“中立的、不带偏向的”所谓中立性原则的。国际准则所规定的这一原则与“决策有用观”是对立的。

六、语焉不详的“真实反映”原则

国际准则提出，“信息要可靠，就必须真实反映其所拟反映或理当反映的交易或事项”。读者往往会对此作出正面的解读。[④] 其

---

① 公共会计师行业是从代理记账发展起来的、以提供审计鉴证及咨询服务为主的一个试图谋求独立职业地位的中介行业，其名称因地域不同而异。例如，在英国多称“特许会计师”（chartered accountant，CA），在美国则称作“注册会计师”（certified public accountant，CPA）。

② 参见 Maurice Moonitz. “Can Laws Coerce Accounting”? *Journal of Accounting Research*, Vol. 5, No. 1, Spring 1967, pp. 129-130.

③ IASB, 2006: Framework for the Preparation and Presentation of Financial Statements, paragraph 36.

④ 比如，教材书中通常针对可靠性与中立性给出的解释是，“可靠性要求企业以实际发生的交易或事项为依据进行确认、计量和报告”。

实不然。要知道，“公允价值”这一概念本身是以假想的交易为基础炮制出来的，公允价值会计与真实反映原则是格格不入的。国际准则将二者并列在一套理论框架中，暴露了其理论框架的根本缺陷。

七、体现主观性的“重要性”原则

国际准则认为，“信息的相关性受到其性质和重要性的影响。如果信息的省略或误报会影响使用者根据财务报表做出的经济决策，信息就具有重要性”。至于如何判断重要性，留给企业管理当局及其审计师去处理。这个原则被美国证监会前任主席亚瑟·莱维特（Arthur Levitt）总结为常见的作假依据之一。把故意创造的错误数字说成不重要，居然是吻合国际准则的设计精神的。

八、帝王条款——“真实和公允”（true and fair）理念

国际准则还仿照民商法中的公平、诚实、信用等原则炮制了一个帝王条款：遵循国际准则的会计报表，被认为是真实和公允的。实际运用情况也的确如此：中介审计机构负责监督企业采用国际准则，如果采用，则给出标准格式的评价（无保留意见的审计报告），否则给出不利的评价（保留意见、否定意见或拒绝表示意见的审计报告）。至于财务会计报告是否具有法律证明力则在所不问。[①]

九、“面向未来”的会计要素

国际准则下的会计要素已经“预期化”，被改写成了金融分析术语，“资产是指由于过去事项而由企业控制的、预期会导致未来经济利益流入企业的资源”，“负债是指企业由于过去事项而承担的现时义务，该义务的履行预期会导致经济利益流出企业”。例如，因交易性金融资产的市价上升而增记的资产和增记的利润并无任何法律证据，但那样的会计处理却是符合国际准则的。

---

① 参见江涌：《金融信息风险与“四大”》，载《世界知识》，2007（22）。

第五节　会计报表功能的弱化

一、利润表数据被国际准则引向了证券估值

传统上，会计着眼于满足企业经营管理和国民经济管理的多种信息需求。① 而在国际准则下，利润表中的资产减值损失、公允价值变动收益完全是预期的盈亏，投资收益、营业外收入、所得税费用等项目中也常常包含预期成分②，大量的记录“查无实据”。这导致利润数据必须经过大量的调整后才能用于业绩评价、纳税申报和利润分配。什么是公司法所称的“税后利润”？这已经成为法学和经济学共同面对的理论难题。③ 实际上，国际准则下的利润表已经沦为证券估值的工具。利润表何时与证券估值挂钩了呢？这要从半个世纪以来证券估值手法的演变说起。最初，金融学提出股票的价格取决于其未来的现金流量，未来现金流量的现值就是证券的“合理”价格。然而，现值的逻辑过于荒诞：估值者之所以计算现值，是因为他不知道股票现在价值几何，而现值的计算却要求他知道未来现金流量、折现率和折现期等三套参数。鉴于这一逻辑问题十分明显，于是证券公司和财经媒体现阶段改为使用以每股收益（earnings per share，EPS）乘以市盈率（P/E ratio）来估计股价的办法。④ 这种

---

① 参见 George O. May. “The Nature of the Financial Accounting Process”，*The Accounting Review*，Vol. 18，No. 3，July 1943，pp. 189-193；杨纪琬、阎达五：《开展我国会计理论研究的几点意见——兼论会计学的科学属性》，载《会计研究》，1980（1）；冯淑萍：《市场经济与会计准则》，载《会计研究》，1999（1）；娄尔行、张为国：《确保合理分配是会计的一项职能》，载《会计研究》，1991（4）。

② 投资收益中可能包含采用权益法核算的预期利润，营业外收入中可能包含负商誉，所得税费用中可能包含递延所得税费用。

③ 参见周华、戴德明：《会计制度与经济发展——中国企业会计制度改革的优化路径研究》，北京，中国人民大学出版社，2006。

④ 我们常常听到股评家这样说：“由于这只股票的每股收益是 1.6 元，目前该行业平均的市盈率水平是 60 倍，所以这只股票的合理价位应该在 96 元”，给人一种先知先觉的神秘感。

办法只不过是简单且很不严谨的类推方法。令人诧异的是，国际准则居然要求已经或将要公开发行证券的企业计算基本每股收益和稀释每股收益，并单独列示在利润表下部（如表1—2所示）。如此一来，利润表与证券估值便建立了关联。然而，采用公允价值会计、资产减值会计、资本化、权益法等会计规则算出的净利润数字本身就令人费解，再加上预期所得税费用的调整，最后所形成的净利润究竟代表什么恐怕很难说清楚。显然，把每股收益用于证券估值的做法存在理论上的缺陷。至少可以肯定的是，人民法院、税务机关、商业银行、统计机关等是用不着每股收益数字的。

二、资产负债表数据的法律证明力被大大降低

就会计的历史演进及其社会角色而论，资产负债表应当依法记录企业拥有的物权、债权、知识产权等财产权利和企业承担的债务，为企业经营管理和国民经济管理提供具有法律证明力的会计信息。[①]国际准则对资产负债表的功能定位是不恰当的，强求资产负债表对证券投资决策"有用"，其结果恰恰是误导报表使用者。即使完全采用公允价值计量，资产负债表中的股东权益数字（净资产）也无法代表公司的价值，而只是资产、负债按单项转让价格计算出的拍卖净值。更何况，目前国际准则下的资产负债表是公允价值会计与资产减值会计的混合物。[②] 这种"混合计量模式"所提供的股东权益数字甚至往往大大低于完全采用公允价值计量的数字。

第六节　国际准则的演进历程告诉我们什么

国际会计准则委员会自1973年成立，直到2001年美国证券市

---

① 参见周华、戴德明、刘俊海：《财产权利的计量规则与企业利润的可分享性》，载《财贸经济》，2008（7）。

② 参见周小川：《关于改变宏观和微观顺周期性的进一步探讨》，载《中国金融》，2009（8）。

场从业机构联合将其重组为国际会计准则理事会，数十年间的所作所为大多是对公认会计原则进行复制、简化或修补。2001 年美国证券行业掌握国际准则制定权之后，国际准则在依傍资本市场的道路上越走越远。国际财务报告准则并非国际法，公认会计原则也不是美国联邦范围内普遍适用于所有企业的法律，它们仅仅是证券行业（证券公司、会计师事务所）所主导的上市公司信息披露规则，这些规则大多建立在金融预期和估计的基础之上，理论依据欠妥、可操作性较差。我国一些研究者误把国际准则和公认会计原则当作"会计国际惯例"，积极地倡导"会计国际化"和"与国际接轨"，最终把这套金融分析理念引进了我国的会计学理论体系，而体现本土价值观的"会计管理活动论"的重要指导价值却被有意无意地忽视了。美国的次贷危机是前车之鉴，现在是民商法、经济法的立法机关重视会计立法的时候了，稳定合理的市场法制需要以遵从法律的会计规则作为其微观运行基础。加紧完善我国的企业会计法规体系，避免国际财务报告准则对实体经济产生负面影响，是经济学界、法学界的共同使命。

会计准则纯属多余，其作用就是把简单的事情复杂化。

资料来源：Dennis R. Beresford，2001：Unfair Value. *Barron's*. New York. May 21. Vol. 81，Iss. 21；p. 39.

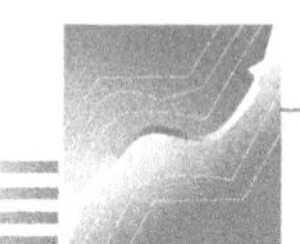

第二章　公允价值会计的形成

问：假设小狗的尾巴是它的一条腿，那么小狗总共有几条腿？

答：小狗有四条腿——假设小狗的尾巴是它的一条腿，并不会真的使狗尾巴变成狗腿。

以公允价值为理论基础的盯市会计规则是国际会计准则、美国证券市场上的“公认会计原则”乃至我国企业会计准则体系的标志，但它在次贷危机爆发后却遭到了国际社会的强烈谴责。本章以鲜活的资料揭示了盯市会计规则的形成过程，从而阐明公允价值会计并不具备合理的理论体系，它不是财务会计的发展方向。

借鉴国际会计准则制定而成的企业会计准则体系背离了“根据法律事实记账”的基本原则，导致会计报表的法律证明力被大大削弱，这对企业经营管理和国民经济管理形成了重大挑战。理论界过度迷信美国经验，误把金融分

析规则当作会计规则在国内推广，是导致会计报表缺乏法律证明力的根源。

国际会计准则并非国际法，公认会计原则也不是美国联邦范围内普遍适用于所有企业的法律，它们不应被用作我国企业会计法规的立法蓝本。我国会计立法不应仅仅盯住资本市场的发展并以瓦解民商法与经济法为代价而追求“国际趋同”。

本章的政策含义是，学术界过分地夸大了历史成本会计的缺陷而过高地评估了公允价值信息的优点，科学地评价历史成本信息和公允价值信息的价值导向是改进财务报表体系的基础。为了建设良好的市场法制和稳定的会计制度，我国应根据本国的法律原则尽快完善企业会计法规体系。

第一节　令人费解的“可供出售金融资产”

我国2006年出台的企业会计准则体系没有采取与民商法、经济法相衔接的立法模式，而是采取国际趋同路径，借鉴国际会计准则制定而成的。企业会计准则体系被认为是“一项重要的商法变革”和“世界性的突破”，但美国次贷危机爆发以来国际社会对会计准则的强烈谴责却提示人们：国际会计准则可能并非尽善尽美的会计规则。会计法规关涉民商法、经济法，其变动可谓牵一发而动全身，故应以体系化的方法予以考察，以达法律体系之自洽；且其对经济秩序和社会生活影响甚巨，诚有必要采取利益衡量的方法以衡平公益与私利之间的得失，力求肃清疑谜，维护市场法制之尊严和完整。

国际会计准则规定，企业买入股票和基金时，可以按照管理层意图（management intention）进行会计处理。对于意图近期出售的，可划分为“交易性金融资产”（held for trading financial assets），其会计规则是“以公允价值（fair value）计量且其变动记入当期损益”。对于意图不确定的，则可划分为“可供出售金融资产”（available for sale financial assets），其会计规则是“以公允价值计量且其变动计入其他综合收益”。这两类的共同点是都采用了公允价值计量规则，即在每季末或年末编制会计报表时，要把资产的账面价值调整为最新市价并在报表中予以列报。其不同点是，对于交易性金融资产，账面价值与公允价值之间的差额记入利润表；而对于可供出售金融资产，则是将差额计入所有者权益。假设企业本季度初投资 100 万元购入的股票，季末市值为 700 万元。若事先把该项股票投资划分为交易性金融资产，则本季末应增记交易性金融资产 600 万元（即按照最新市价列报交易性金融资产），同时增记公允价值变动损益 600 万元（即把浮动盈亏记入利润表）。若事先把该项股票投资划分为可供出售金融资产，则本季末应增记可供出售金融资产 600 万元（即按照最新市价列报可供出售金融资产），同时增记其他综合收益 600 万元（即把浮动盈亏记入所有者权益）。不难看出，仅仅由于管理层意图不同，企业的利润表数据就会有很大的差别。

为什么这些金融资产的账面价值要基于其最新市价进行调整？为什么市价波动是否记入利润表居然取决于管理层的想法和分类？为什么会出现如此令人费解的会计规则？为了解开这些疑谜，我们进入了一个法学、经济学和管理学的交叉学科研究领域，发现了一个长期被学界忽略的民商法、经济法的联结点。金融预期已经颠覆了传统的会计理论，威胁到了我国民商法和经济法的微观运行基础。长期的学术分割导致了各执一端和散兵游勇状态，已经到了不得不打破藩篱的时候。我们发现，上述疑谜是无法用逻辑来拆解的，那是美国银行业监管机构和证券监管机构权力斗争的结果。这要先从公共会计师行业谈起。

第二节　公共会计师行业的发展与“决策有用观”的诞生

一、美国的公共会计师行业获得公众公司财务报告的审计权

从代理记账业务中成长起来的公共会计师行业直到英国1831年颁布《破产法》(The Bankruptcy Act)才成为法律认可的行业，公共会计师行业从而可以像律师那样担任官方清算人(official assignees)。1844年英国《股份公司法》(The Joint Stock Companies Act 1844)及其后续修正案均规定由公共会计师审计公众公司的年度财务会计资料，公司法遂成为英国公共会计师行业的最大靠山。英国的一些会计公司在美国设立了分支机构，由此建立起美国的公共会计师行业。1887年，美国公共会计师协会①(American Association of Public Accountants，AAPA)成立，1896年，纽约州通过美国第一部关于注册会计师资格认定的法律，美国公共会计师行业的发展从而拥有了组织上和法律上的保障。

但是，受美国法律结构的限制，美国的公共会计师行业找不到能够作为保护伞的联邦法规：联邦的破产法不像英国的破产法那样“关照”公共会计师行业；美国根本就没有联邦的公司法，各州有独立的公司法且差异甚大，因此，该行业根本就找不到联邦统一的会计法规可资利用。迫于无奈，美国注册会计师协会先后试图与州际商务委员会、联邦储备委员会和联邦贸易委员会建立合作关系，但未能如愿。值此穷途末路之际，美国注册会计师协会在1926年终于谋得了与纽约证券交易所的联姻，该协会后来为纽约证券交易所起

① 该协会于1916年改称公共会计师协会(Institute of Public Accountants)，1917年又改称美国会计师协会(American Institute of Accountants，AIA)，1936年合并了1921年成立的美国注册公共会计师协会(American Society of Certified Public Accountants)。1957年改用现名“美国注册会计师协会”(American Institute of Certified Public Accountants，AICPA)。为简化表达，以下本章将之统称为“美国注册会计师协会”。

草了会计报表和审计报告的标准格式。于是，纽约证券交易所便规定公众公司报送的财务会计报告必须聘请公共会计师进行审计。在此基础上，公共会计师行业积极在美国国会于1933年举行的证券立法听证会上游说，主张应由公共会计师来审计公众公司。美国国会通过的1933年《证券法》（Securities Act）和1934年《证券交易法》（Exchange Act）做出规定，公众公司的财务报表必须交由中介审计机构①审计。这样，美国的公共会计师行业就获得了跨州发行证券的公众公司的财务报告之审计权。

二、美国的公共会计师行业进一步获取了证券市场会计规则的制定权

1934年美国证监会（Securities Exchange Commission，SEC）依《证券交易法》成立，制定跨州发行证券的公众公司适用的信息披露规则是其法定职责。但美国证监会的全部五位委员（commissioners）并未“秉公奉旨”，而是将此职责转给了1935年12月设立的美国证监会首席会计师一职，而本应担此重任的首任首席会计师卡门·布劳（Carmen Blough）仍然没有动手起草会计规则。究其原因，经费和人手紧张固然是明显的制约因素，但前文提及的美国法律结构所导致的联邦会计法规的“不存在性”，乃是美国证监会在制定会计规则方面“不作为”的主要原因。布劳解决这一问题的办法是极力劝说美国证监会各位委员，建议把规则制定权转授给美国注册会计师协会。美国证监会最终于1938年4月发布文件，决定由美国注册会计师协会制定证券市场的会计规则（美国证监会保留否决权）。② 耐人寻味的是，布劳在美国证监会作此决定后不久（1938年5月）就辞职离开美国证监会，加入了安达信会计公司（Arthur An-

① 相对于政府审计和内部审计而言，公共会计师审计又称“中介审计”“独立审计”。

② Gary J. Previts. “The SEC and Its Chief Accountants: Historical Impressions”, *Journal of Accountancy*, 1978 (2): 83-91.

derson & Co.)。他因对公共会计师行业做出“突出贡献”而获得美国注册会计师协会 1953 年颁发的金质奖章。

三、美国的证券从业机构共同把公认会计原则界定为金融分析规则

在美国证监会的庇佑下，美国注册会计师协会自 1938 年至 1973 年独揽证券市场会计规则制定权达 35 年之久，先后由其附设的会计程序委员会（Committee on Accounting Procedure，CAP）和会计原则委员会（Accounting Principles Board，APB）负责发布公认会计原则，前者自 1939 年至 1959 年共发布了 51 份名为“会计研究公报”（Accounting Research Bulletins）的公认会计原则，后者自 1962 年至 1973 年共发布了 31 份名为“APB 意见书”（APB Opinions）的公认会计原则。当然，美国注册会计师协会也不可能制定出联邦统一的会计法规。首先出场的会计程序委员会干脆把来自各州的公众公司的会计规则进行汇编了事，以至于证券分析师们纷纷抱怨会计规则数量繁多。美国注册会计师协会立即“换马”，会计原则委员会遂粉墨登场。但它同样无法拿出令证券分析师们满意的、逻辑一致的规则。最终，美国注册会计师协会认识到，自己不可能制定出令证券市场满意的规则。经过一番论证，它把规则制定权拱手让给了由六家证券市场相关机构[①]共同设立的财务会计基金会（Financial Accounting Foundation，FAF）。[②] 该基金会挑选人手组成了财务会计准则委员会（Financial Accounting Standards Board，FASB），于 1973 年 7 月 1 日正式接手公认会计原则的

---

① 这六家机构分别是：美国注册会计师协会、证券行业协会（Securities Industry Association）、注册金融分析师协会（CFA Institute）、财务经理国际协会（Financial Executives International，FEI）、管理会计师协会（Institute of Management Accountants，IMA）和美国会计学会（American Accounting Association，AAA）。

② Stephen A. Zeff. “Some Junctures in the Evolution of the Process of Establishing Accounting Principles in the U. S. A.：1917－1972”，*The Accounting Review*，1984（3）：447－468.

制定工作并延续至今。其所发布的准则名为“财务会计准则公告”(Statement of Financial Accounting Standards)，编号高达第168号。[①] 这个准则制定机构以“决策有用观”为理论指南，认为会计报表的目标就是为证券投资决策和信贷决策提供相关的（relevant）信息。[②]

四、“法律遵从型”会计理论是1972年以前的主流会计理论

“法律遵从型”会计理论认为会计的职能就是提供历史记录、记录财产权利、计算企业利润，主张以历史成本（historical cost）原则计量资产，以实现原则计量收益。会计数据是企业经营管理和国民经济管理的决策基础。在此理念下，会计制度的性质是民商经济法律制度、财税制度与会计计量技术融合生成的企业收益分享规则。其功能是运用会计计量技术来执行民商经济法所规定的财产权利计量规则和企业收益分享规则。[③] 这种思想在会计理论中被称作历史成本会计（historical cost accounting)、收入—费用观(revenue-expense view）或受托责任观（accountability view)。法国《会计总方案》和德国《商法典》中的会计规则，都体现了这一理论逻辑。

五、“金融预期型”会计理论是1973年以来的主流会计理论

“金融预期型”会计理论[④]主张财务报表应当反映资产和负债的

---

① 《财务会计准则公告第168号：〈FASB会计准则汇编〉与公认会计原则的层级》称，该准则发布后，财务会计准则委员会不再发布单独的准则公告。

② 财务会计准则委员会1978年所推出的《财务会计概念公告第1号：企业财务报告的目标》提出，会计的目标是帮助证券投资者等利害关系人评价企业预期净现金流入的金额、时间和不确定性。1982年的《财务会计概念公告第2号：会计信息的质量特征》更是开宗明义地提出，决策有用性是最重要的信息质量特征。

③ 参见周华、戴德明：《会计制度与经济发展——中国企业会计制度改革的优化路径研究》，66~101页，北京，中国人民大学出版社，2006。

④ 这种所谓的“会计”理论并不是惯常所称的关于会计的理论，而是一种金融分析理念。

价值（value），即反映资产和负债的市场价值信息，以帮助人们评价企业当前的财务状况。这种思想在会计理论中被称作盯市会计、公允价值会计（fair value accounting）、现行价值会计（current value accounting）、市场价值会计（market value accounting）、现行成本会计（current cost accounting）或资产负债观（asset-liability view）。这种理论主张最初只是个别学者的观点，但在通货膨胀的大背景下得到大肆宣扬，并趁着物价变动会计的影响渗入整个会计理论体系，最终引发了现行价值会计对公众公司会计报表的全面入侵，导致会计理论发生了彻底的转变。1973 年，美国注册会计师协会印发了特鲁布鲁德委员会的报告《财务报表的目标》（Objectives of Financial Statements），该报告沿用了美国会计学会在 1966 年的《基本会计理论公告》（A Statement of Basic Accounting Theory）中所提出的“决策有用观”。① 该报告的理论要点是：强调以金融投资者为中心；倡导公允价值理念，会计数据应当反映最新现行价格、物价变动和市场环境变化；提倡计算长期资产的使用价值（value in use），从而计提减值准备。② 1973 年成立的财务会计准则委员会继受了“金融预期型”会计理论，该机构自 1978 年起陆续发布的财务会计概念公告明确地宣告了它对资产负债观的偏爱。“决策有用观”和财务会计概念框架的出台，为采用现行市场价值列报金融资产和可售资产（包括不动产）确定了理论基础，为盯市会计的发展埋下了伏笔。

第三节　公允价值理念的发展与会计准则的转型

在“决策有用观”推出之初，公允价值理念还没有取得会计理

① 负责此项研究的索特教授（Gorge H. Sorter）供职于芝加哥大学，曾参与制定《基本会计理论公告》。

② 参见 Stephen A. Zeff. “Some Junctures in the Evolution of the Process of Establishing Accounting Principles in the U. S. A.：1917－1972”，*The Accounting Review*，1984（3）：447－468。

论的主导地位。公允价值理念和盯市会计规则的出台，不是学术界缜密论证的科学成果，而是20世纪80年代至90年代几位热衷于金融分析的证券从业人士多年奔走呼号的政治遗产。本章所述之史实，是国内流行理论的反证。直面这一历史进程，能够让我们清楚地看出现行规则的问题之所在。

一、学术界积极推广公允价值理念

会计学者关于公允价值会计的倡议之影响日渐增大，公允价值理念声誉日隆。悉尼大学会计学教授雷蒙德·J. 钱伯斯（Raymond J. Chambers）毕生竭力推广公允价值理念，他认为财务报表应当采用现行销售价格（current selling price）而不应采用历史成本计量资产，认为历史成本是虚假的（artificial）、不可靠的（unreliable）的信息。他甚至专门构造了一个财务会计概念——“连续暂时会计学”（continuously contemporary accounting，CoCoA）——来传播其会计思想。钱伯斯曾于1966年造访美国注册会计师协会，并在该协会的会计研究部工作过一段时间。钱伯斯的学术思想要比莫里斯·穆尼茨（Maurice Moonitz）和约翰·B. 坎宁（John B. Canning）等人激进得多。

雷蒙德·J. 钱伯斯（Raymond J. Chambers，1917—1999），美国注册会计师协会首个金质奖章获得者，美国会计学会首位国际杰出学者，他创建了*Abacus*杂志，与同事们一起建立了一个推崇市场价格（market prices）的会计学术流派。的确，他的名字与该学派是紧密联系在一起的。一大批会计学教授在成长阶段接受过他的指导，有些还成了他的同事。他是第一位入选“会计名人堂”的来自环太平洋国家的人士。他和坎宁（John B. Canning）、哈特菲尔德（Henry R. Hatfield）、麦克尼尔（James McNeal）和佩顿（William A. Paton）等人立场相同。

他采用经济学、心理学和自然科学作为研究依据。他的诸多著作和200余篇论文，体现了会计学术文献从对技术程序的描述向采用科学方法的严格检验的转变。

他没有满足于了解会计师的实务操作，而是继续寻求改变和改进会计学的研究和实践。他1953年起任悉尼大学会计学教授，直至1982年退休。他设计了一个财务会计概念——连续暂时会计学，并获得国际赞誉。他认为财务报表应当采用现行销售价格而不应采用历史成本计量资产。他认为历史成本是虚假的、不可靠的。

其代表作是1966年出版的《会计词库：会计学的500年》(*An Accounting Thesaurus—500 Years of Accounting*)，该书反映了他对法律、自然科学和史学的兴趣。

1966年，他到美国注册会计师协会的会计研究部工作了一段时间。1978年当选为澳大利亚会计师协会（Australian Society of Accountants，现名为CPA Australia）会长。

与钱伯斯同样信奉公允价值理念的还有罗伯特·R. 斯特林(Robert R. Sterling)。斯特林是个“杂家”，曾于1963—1966年在纽约州立大学担任社会科学教员，讲授过包括会计学在内的几乎所有的社会科学课程。1974年，他接受了莱斯大学的Jesse H. Jones杰出管理学教授和会计学教授的教席，成为会计系的首位系主任和Jones商学院的首位院长。他积极倡导在财务报告中加大市场价值信息的分量。1980年1月，斯特林在接受《财富》杂志采访时猛烈抨击历史成本会计，认为“企业会计报表上尽是些无用的数字”。斯特林主张：会计人员应当采用“脱手价值”（exit value）计量其资产的市场价格，从而陈报公司的净值及其变化，而不应固守历史成本会计的老套程式；会计师们不能再甘于担任分配成本的专家，而要当熟悉市场价值的专家。① 他还建议，采用上年和下年资产负债表上的

① 这些建议相当激进，在当时可谓痴人说梦。然而今夕何夕，他那天方夜谭般的建议几乎全部被财务会计准则委员会变成了现实。

净额之差来计算收益，政府也应该按照资产价值的年度变化额征税。[①] 其言论在业界激起了强烈反响。1981—1983年，他在财务会计准则委员会担任了为期三年的高级研究员，得以用他那惊世骇俗的观点影响会计准则的制定过程。

罗伯特·R. 斯特林（Robert R. Sterling，1931—），市值会计的倡导者，反对资产减值会计，主张实施纯粹的公允价值会计。他是一位富有洞见的作者，撰写了60多篇文章雄辩地倡导在财务报告中扩大市场价值信息的分量。他的论著曾两度获得美国会计学会和美国注册会计师协会联合颁发的会计学术杰出贡献奖：其一是1969年获奖的《持续经营假设：一项综述》（*The Going Concern: An Examination*），其二是1974年获奖的《会计研究、教育与实践》（*Accounting Research, Education and Practice*）。

斯特林1931年生于美国俄克拉何马州，是家里十个孩子中最小的一个。他父亲没上过学，做过不太景气的棉花生意。由于父亲去世早，他母亲一手把他抚养长大。斯特林隐瞒实际年龄参军，参加了第二次世界大战，还参加过朝鲜战争。由此才攒够上大学的学费，成为家族中的第一个大学生。他在丹佛大学先后获得经济学学士学位和工商管理硕士学位。

1957年，他在法格·福斯特（Fagg Foster）教授的鼓励下开始攻读佛罗里达大学的经济学博士学位，并于1964年获得博士学位。自1963年到1966年，他担任纽约州立大学的社会科学教员，

① 参见娄尔行译：《会计要彻底改革——〈幸福〉杂志记者玛丽·格林鲍姆访问罗伯特·斯特林教授记》，载《外国经济与管理》，1980（10）。该文所称《幸福》杂志今多译作《财富》杂志。

讲授包括会计学在内的几乎所有社会科学课程。1966 年，他获得耶鲁大学哲学及物理学系的博士后研究岗位。1967 年，斯特林加入堪萨斯大学商学院，1969 年晋升教授职称，1970 年获得阿瑟·杨杰出会计教授奖，并连续四年担任院行政委员会主席。1974 年，斯特林转任莱斯大学 Jesse H. Jones 杰出管理学和会计学教授，成为该校会计系的首位系主任，1976 年被任命为 Jones 商学院首位院长。1981 年，在访问阿尔伯塔大学之后，他在财务会计准则委员会的研究部担任了三年的高级研究员。1983 年，他接受了犹他大学的 Kendall D. Garff 商业企业教授席位，1991 年退休。

斯特林 1970 年的文章《论理论建构及其检验》(On Theory Construction and Verification) 和 1975 年的文章《物价变动时代的财务报告之相关性》(Relevant Financial Reporting in an Age of Price Changes)，都被列入 20 世纪最重要的 25 篇美国会计学论文。他的著作包括《企业收益的计量理论》(*Theory of the Measurement of Enterprise Income*，1970)、《通往会计科学之路》(*Toward a Science of Accounting*，1980) 和《论确认》(*An Essay on Recognition* ，1985)。作为对其学术成就的肯定，他入选了美国国家科学基金会和福特基金会的会员。

二、公允价值理念的信奉者成为会计准则的制定者

学术观点一旦被准则制定者所接受，就会给会计准则留下深深的烙印。罗伯特·T. 施普劳斯 (Robert T. Sprouse) 恰好就是将学术观点付诸实践的主角之一。施普劳斯与斯特林一样，也反对历史成本会计以及与之相关的“实现”原则等理论主张。他与穆尼茨合著的《企业广义会计原则试行公告》(*A Tentative Set of Broad Accounting Principles for Business Enterprises*) 一书于 1962 年被美国注册会计师协会列入《会计研究文集》第 3 辑 (Accounting Research Study No. 3)，该著作主张用“未来的经济利益”来定义资产，提议按照服务潜力的折现值来计量资产，按照可变现净值来计量待售存货。他们建议通过综合反映经营收益、持产利得和物价水平变动的影响来确定利润，以期提高财务报表的可比性和可读性。当时的准则制定者（美国注册会计师协会麾下的会计原则委员会）在震惊之余表示，不敢采用其颠覆性的"创新"结论。时隔11年之后（1973年），施普劳斯被财务会计基金会选中，成为财务会计准则委员会首任七位委员中的一员。公允价值理念于是得以在会计准则中推广。

罗伯特·T. 施普劳斯（Robert T. Sprouse，1922—2007），公允价值会计理念的坚定支持者，1973年起被选派到财务会计准则委员会工作13年，其中有11年担任副主席。

施普劳斯1922年生于圣迭戈。幼年家庭贫困，父母离异后与五位姊妹一起随母亲生活。他是家族中培养的第一个大学生——他的哥哥资助他就读圣迭戈州立大学。施普劳斯在大学时学习不太好，两年后就休学了，他的哥哥收回了对他的资助。之后他当过小工，参军到过德国，并在那里遇到了后来的妻子。

在威尼斯度过蜜月后，施普劳斯1949年回到学校继续攻读学位。1956年在明尼苏达大学获得博士学位。之后到加州伯克利大学、哈佛大学、斯坦福大学工作。1972—1973年任美国会计学会会长。其代表作是与穆尼茨合著的《会计研究文集》第3辑《企业广义会计原则试行公告》。

值得特别提出的另一位公允价值会计的旗手是沃尔特·P. 舒茨（Walter P. Schuetze）。这位传奇人物1957年在得克萨斯大学奥斯汀分校获得学士学位，大学时期就曾思考过盯市会计的问题，而当时的会计教师们从来没有提到过盯市会计。他毕业后进入一家会计公司工作（该公司后来并入毕马威会计师事务所），1965年成为毕马威会计师事务所合伙人，曾参与论证过会计原则委员会的第9～18号意见书。他在毕马威积极地主张盯市会计。在为两家石油公司提供购并服务时，他想到，投资者（购买方）关心的是石油天然气储量的价值而不在乎历史成本数据，历史成本会计对投资者的相关性十分微弱。因此，他深信历史成本数字对投资决策的相关性非常小，其唯一的用途是充当资产的计税基础，而盯市会计的信息对于投资者来说却是绝对必要的。他是公允价值会计的坚定倡导者，毕生积极推广简单的、纯粹的、基于市场价值的财务报告。[①] 1973年，舒茨同样被财务会计基金会选中，成为财务会计准则委员会七位委员之一。舒茨和施普劳斯这两位公允价值会计的"旗手"在财务会计准则委员会的"会师"，拉开了公允价值会计浸入会计准则的大幕。

1974年10月发布的《财务会计准则公告第2号：研究开发支出的会计处理》（SFAS No. 2：Accounting for Research and Development Cost）就是由施普劳斯负责完成的，其核心问题是资产的定义。1975年3月发布的《财务会计准则公告第5号：或有事项的会计处理》（SFAS No. 5：Accounting for Contingencies）是由舒茨负责完成的，其核心问题是负债的定义。1975年10月发布的《财务会计准则公告第10号：外币交易和外币财务报表的折算的会计处理》（SFAS No. 8：Accounting for the Translation of Foreign Currency Transactions and Foreign Currency Financial Statements）是另一位财务会计准则委员会委员唐纳德·J. 柯克（Donald J. Kirk）负责完成的，其核心问题是资产、负债、收益的定义。这三份准则清楚地表明，美国证券市场上的公认会计原则已经开始采用公允价值理念。

---

① 参见SEC Historical Society：Interview with Walter Schuetze. Conducted on February 14，2006，by Robert Colson. www. sechistorical. org。

沃尔特·P.舒茨（Walter P. Schuetze，1932—），公允价值会计的坚定支持者。曾任毕马威会计师事务所合伙人、美国证监会首席会计师。

舒茨1932年出生于田纳西州中南部的一个农场，是德国人的后裔。他先学的德语，其后是英语。幼年时家里很穷，家中的收入只够买基本必需品。1951年朝鲜战争期间舒茨参加美国空军。1955年退役后进入得克萨斯大学奥斯汀分校学习。约翰·A.怀特给他上的第一堂会计学课程照亮了他的一生。1957年获得学士学位后，舒茨进入一家会计公司（后来并入毕马威会计师事务所）工作。1965年成为合伙人。1973年被财务会计准则委员会首任主席马歇尔·S.阿姆斯特朗招募为财务会计准则委员会首届七位委员之一，直至1976年回到毕马威会计师事务所。

20世纪80年代中期，舒茨在美国注册会计师协会兼职担任该协会下设的会计准则执行委员会（ACSEC）主席。1992年，舒茨被任命为美国证监会首席会计师，1995年退休。1997年他被返聘为美国证监会执行部首席会计师，2000—2002年担任该部门的顾问。公允价值是这位著名会计学专家关于财务报告的相关性和完整性等诸多见解中的核心思想。他倡导基于市场价值的财务报告，主张推行尽量简单而纯粹的公允价值会计，从而避免管理层对财务报告的干预。他2004年与彼得·W.沃尔奈泽（Peter W. Wolnizer）合著有论文集《盯市会计：财务会计的发展方向》（*Mark-to-Market Accounting：True North in Financial Reporting*）。

三、准则制定机构内部发生历史成本会计与公允价值会计的冲突

舒茨竭力推广其所信奉的纯粹的公允价值理念，他虽然知道刚刚成立的财务会计准则委员会不可能立即推广盯市会计，但仍然寄

望于它，希望它能逐步允许资产和负债采用盯市会计规则。在制定《财务会计准则公告第 12 号：上市证券的会计处理》（Accounting for Certain Marketable Securities）时，他建议采用盯市会计规则，按照市场价值计量证券投资。当时每份准则需要有财务会计准则委员会七位委员中的五位委员同意才能通过。[①] 对于舒茨的建议，施普劳斯当然大力支持，此外还有亚瑟·A. 利特克（Arthur L. Litke）表示支持。但其余四位委员都支持历史成本会计而反对舒茨的提议。舒茨最后只得闭嘴，对最后通过的第 12 号财务会计准则公告不发表任何反对意见。最终发布的准则没有采用盯市会计，而是允许在证券投资组合的基础上采用成本与市价孰低法（lower of cost or market，LOCOM）。这一经历让舒茨意识到财务会计准则委员会在很长的时间内不可能采用盯市会计，因为只要其大多数委员坚持以历史成本会计为职业信条，就很难看到盯市会计有出头之日。所以他决定离开。1976 年，舒茨离开财务会计准则委员会回到了毕马威会计师事务所。[②]

第四节 储贷危机的治理与盯市会计的出台

盯市会计规则是美国 20 世纪 80 年代的储贷危机（savings-and-loans crisis）之后美国证监会的意旨的体现。一位名为理查德·C. 布里登（Richard C. Breeden）的金融及公司业务律师，是盯市会计

① 财务会计准则委员会共由七名委员组成，其中三名是注册会计师，一名来自经济分析界，一名来自教育界，两名来自工商界。在早期，准则需要至少五票赞成才能通过，中间有相当长一段时间改为四票即可通过，20 世纪 90 年代以后又恢复了五票通过的制度。2008 年 2 月 26 日，财务会计基金会再次调整了准则制定程序：一是将委员数由七名减至五名，投票表决也改为三票通过；二是保留简单多数的投票决策方式；三是修改现行的委员任职标准，必须具有投资方面的经验；四是改变议程制定程序，加强委员会主席的决策权，赋予主席更多的权力，由主席确定项目计划、议程及优先项目。

② 参见 SEC Historical Society：Interview with Walter Schuetze. Conducted on February 14，2006，by Robert Colson. www.sechistorical.org。

出台的主推手。

一、布里登接手处理储贷危机

布里登1972年获斯坦福大学学士学位，1975年获哈佛大学法学硕士学位。1976—1981年供职于纽约Cravath，Swaine & Moore律师事务所（美国最著名的律师事务所之一），1981—1982年在美国联邦政府劳动部供职，1982—1985年任时任美国副总统布什的法律顾问。1989年被时任美国总统布什任命为美国证监会主席。布里登在成功解决储贷危机、组建重组信托公司（Resolution Trust Corporation）等重要决策中充当了重要角色。

理查德·C. 布里登（Richard C. Breeden，1949—），美国证监会前主席，金融及公司业务律师，公允价值会计的主推手。

布里登于1972年获斯坦福大学学士学位，1975年获哈佛大学法学硕士学位。1976—1981年供职于纽约著名律师事务所Cravath，Swaine & Moore，之后曾在政府部门任职，担任时任美国副总统布什的国内事务助理。1985—1988年任贝克博茨律师事务所合伙人。布什当选美国总统之后，布里登被任命为美国证监会主席（1989—1993年）。

布里登就任之后领衔执行《金融机构改革、复苏与强化法》（FIRREA），着力治理储贷机构危机。他为政府成功重组储贷行业（the savings and loan industry）设计了储贷机构再融资方案并组建了重组信托公司。他主张加强执法力度，鼓励股东参与薪酬管理和公司治理。他修改了规则，允许机构投资者公开讨论公众公司的业绩问题而不必担心法律风险。他还创立了“薪酬讨论和分析”规则，要求以图形的形式展示股票的表现，披露股票期权的授予情况及其估价情况，披露薪酬委员会名单。他还积极推动

全球范围内的证券监管及合作。

从美国证监会卸任以后，布里登于1993—1996年任永道会计师事务所国际金融业务部主席。1996年至今任Richard C. Breeden咨询公司主席，为企业重组和陷入困境的公司提供顾问服务，帮助它们解决舞弊、违法、受政府严厉指控或者长期业绩疲软等问题。例如，布里登在2002—2005年被法院指定为世通公司（WorldCom）的破产管理人，该公司如今已改组为一家新公司MCI，Inc.。他还曾参与处理安然公司和报业集团“霍林格国际”（Hollinger International）的问题，曾指导毕马威会计师事务所从涉嫌逃税等犯罪指控中解脱出来。

2006年布里登又创立Breeden Partners及管理机构Breeden Capital Management，并任董事局主席。2007年至今布里登任税务咨询公司H&R Block的非执行董事长。他还是2008年成立的Breeden Partners Europe的创始合伙人。布里登迄今曾在十余家公司供职。

储蓄贷款协会（savings and loan associations，S&Ls；thrifts，）（以下简称“储贷协会”）是萌芽于19世纪初期的，依法在规定地域内吸收存款，专门面向个人消费者提供长期抵押贷款的金融机构。与商业银行相比，其资产负债结构具有“借短贷长”的特征。储贷机构多年来被限制投放30年期的抵押贷款，且其筹资来源限于指定区域。20世纪80年代，美国国会对储贷协会提供了一系列的法律支持①，放开了对它的负债业务和资产业务方面的限制，允许其不受限制地根据市场波动情况自行制定储蓄利率，允许其投资于垃圾债券（junk bond）。联邦存款保险公司（Federal Deposit Insurance Corporation，FDIC）也将储贷协会的存款保险金额从4万美元提高到10

① 如1980年的《储蓄机构放松管制和货币控制法》（Depository Institutions Deregulation and Monetary Control Act）和1982年的《储蓄机构法》（Depository Institutions Act）。

万美元，更成为储贷协会吸引资金的“卖点”。一时间，储贷协会蒸蒸日上，资产业务和负债业务发展迅猛。然而，美联储自 20 世纪 80 年代初起为治理两次石油危机以后日益严重的通货膨胀所实施的高利率政策却导致储贷协会出现了负利差并逐渐陷入危机：储贷协会放出的 30 年期抵押贷款的利率早已锁定在低利率水平（投资利率约为 8%），无法变更；而其负债业务（吸收存款）此时需要承担高达两位数的利息率（筹资利率约为 11%～20%）。这就迫使储贷协会努力开发能够产生正利差的投资渠道。美国国会这时允许它投资于土地，储贷协会遂开始推广“收购开发和建设贷款”(acquisition development and construction loans，ADC loans)。这种贷款的利息率高于储蓄存款利率，所以看起来有正的利差。可是，在开发项目出售之前，储贷机构没有从开发商处收到一分钱。储贷协会这时还孤注一掷地投资于垃圾债券，希望借此弥补“借短贷长”的窟窿。无奈，在经济形势欠佳的大背景下，垃圾债券的回报也相当惨淡。

储贷协会的资产（投放的抵押贷款和购买的垃圾债券）实际上已大幅缩水，但它们并未对贷款计提足够的贷款损失准备，再加上它们仍然以成本计量其所投资的垃圾债券，这就掩盖了其财务状况的真相，延误了治理的时机。1989 年 2 月，美国总统布什推出了挽救储贷协会的计划，美国国会随后推出《金融机构改革、恢复与强化法》，对储贷协会实施了严格的监管。①布里登就是在这个时候被布什任命为美国证监会主席的。他从 1989 年开始遵照《金融机构改革、恢复与强化法》着力治理储贷机构危机。这位律师出身的官员认识到，会计规则是影响金融监管效率的重要因素。于是，1990 年 9 月 10 日他在参议院会长银行、住房及城市事务委员会就金融机构和会计原则事宜作证时，针对债券组合的会计处理方法问题，提出

---

① 储贷危机直到 1995 年才渐渐平息。储贷危机过后，储贷协会经历了合并与兼并风潮，又接二连三被商业银行购买吞并，现在已经所剩寥寥，不再在金融舞台上扮演重要角色。

了采用市场价格列报证券投资、一律按照公允价值计量债券投资的政策建议。①

二、布里登竭力推行盯市会计

布里登 1990 年 9 月 14 日莅临华盛顿特区的丽思卡尔顿酒店，出席所罗门美邦第四届金融服务年会，在其演说《财务报告的恰当角色：以市值为基础的会计》中系统地阐释了他的主张。他承认，历史成本信息在大多数情况下是可靠的，因为它是可验证的、对交易金额的忠实记录。但他认为，以市场行情为基础的信息（market-based information）有助于监管层和投资者对金融机构的真实经济价值（real economic value）和风险暴露做出更有意义的评估；监管层如果知道金融机构的资产和负债的现行市场价值信息，就可以在情况恶化以前采取恰当的监管措施。所以，在变动的经济环境中，现行价值信息比历史成本信息更能精确地测度金融机构的健康程度。反之，如果对证券投资采用历史成本会计，就会赋予金融机构"管理"其利得和损失的"能力"。②因此，会计准则不应当掩盖它们理应反映的市价行情的事实，财务报表应当反映具有流动性的资本市场所提供的可靠的估值数字（reliable valuation）。要求金融机构记录其资产的现行价值（current value）而不是记录其初始成本（original cost），要求所有的证券投资都按照市场价值来列报，应当是金融监管工作的方向。③ 财务会计准则委员会作为美国证监会的亲密助手，立刻领会了顶头上司的意图，当即开始在会计准则中贯彻公允

---

① 参见 Richard C. Breeden. Building Investors Confidence. Vital Speeches of the Day. New York Dec 1, 1990. Vol. 57, Iss. 4 pp. 104–106; SEC, 1990: Annual Report of United States Securities and Exchange Commission [EB/OL]. www. sechistorical. org。

② 一些储贷机构就是这么做的，它们仅仅出售那些市价高于成本的债券，而仍以成本列示那些市值下跌的债券组合。出售赚钱的头寸而保持亏损的头寸，这种做法被称作"利得交易"（gain trading）或"摘樱桃"（cherry picking）。

③ 参见 Richard C. Breeden. *The Proper Role of Financial Reporting: Market Based Accounting* [EB/OL], 1990. www. sec. gov/news/speech/speecharchive/1990speech. shtml # chair。

价值理念。岂料，却遇到了格林斯潘这样的强劲对手——银行家们并不愿意用盯市会计取代具有悠久历史传统的历史成本会计，他们对布里登的意见非常大。① 时任美联储主席的格林斯潘 1990 年 11 月 1 日致信布里登，阐释了商业银行及其监管者对于盯市会计规则的严重关切。在这紧要关头，舒茨再度加入证券市场会计规则制定者的行列，与布里登上演了一出绝妙的双人合奏。

三、舒茨与布里登珠联璧合

舒茨 1976 年离开财务会计准则委员会后，回到了毕马威会计师事务所。在储贷危机愈演愈烈之际，身为毕马威会计师事务所高级合伙人的舒茨对之有切身的体会。毕马威对美国的储贷协会的业务相当了解，其审计客户约占储贷协会的 45%，是业内的领导者。1983 年 2 月，舒茨在毕马威会计师事务所内部通讯中起草了一份内部备忘录，要求客户不得在资产售出并收到款项前确认 ADC 贷款的收入。此举震惊了金融界，但毕马威坚持原定立场。随后，舒茨与美国证监会、美国注册会计师协会频频沟通并到处巡回演讲，在金融和证券行业大力推广其尘封已久的盯市会计理念。舒茨在家中加装了电话专线，没日没夜地接听各种关于 ADC 贷款的求助电话。几年后，美国注册会计师协会、美国证监会等机构都采信了舒茨的立场。1991 年 11 月，美国证监会首席会计师埃德蒙·库尔森（Edmund Coulson）离职加入安永会计师事务所纽约分公司，首席会计师职位一时空缺。舒茨遂申请了美国证监会的首席会计师职位。布里登面试舒茨之后任命他为首席会计师。他们两位的观点惊人地相似，至少对于债券组合的会计处理来说是这样的。1992 年 1 月舒茨走马上任，开始持续地跟美国证监会其他四位委员讨论盯市会计。美国证监会的委员们都曾耳闻目睹过身边的争论，因此，他们都对舒茨的立场表示认可。舒茨开始鞍前马后地帮布里登劝说银行业、

---

① 参见 American Bankers Association. “Bad Ideas: Whose Time Should not Come”, *ABA Banking Journal*, New York. Feb. 1991. Vol. 83 Iss. 2. pp. 37-39, 1990。

储贷协会、保险业按照市场价值记录债券投资组合，推动财务会计准则委员会发布采用盯市会计规则的准则。但是，美国证监会五位委员的认可并不代表会计专业人士的认可，首席会计师办公室的会计专业人士几乎无人支持舒茨的盯市会计建议。① 舒茨也深知历史成本会计是会计师们“吃奶的时候就接受了的理念”，他也不知道该怎么说服会计师们接受他那彻底的公允价值理念，所以他没有办法全面推广公允价值理念。这时候，布里登也不准备把盯市会计推广到证券投资之外的资产项目，因为单是推广证券投资的盯市会计规则这一件事就让他忙得焦头烂额了。于是，布里登和舒茨开始顶着银行业的强大压力推行证券投资的盯市会计规则。②

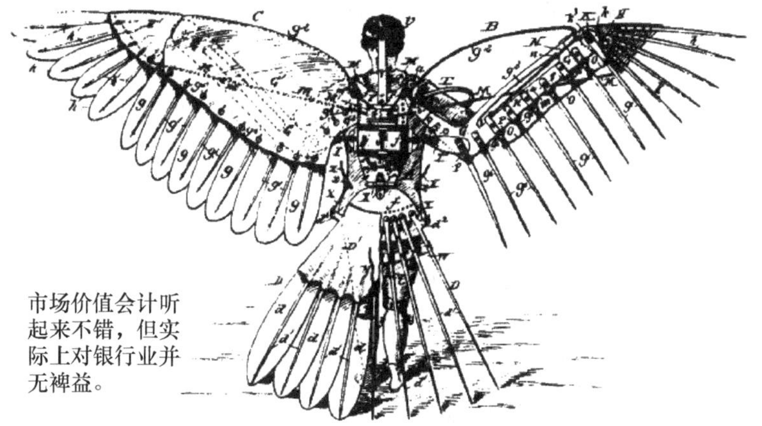

资料来源：American Bankers Association. “ Bad Ideas: Whose Time Should not Come”, *ABA Banking Journal*. New York. Feb. 1991. Vol. 83. Iss. 2. pp. 37-41.

财务会计准则委员会不得不在布里登所代表的证券监管机构和格林斯潘所代表的银行业监管机构之间进行调和，它 1992 年 9 月发布的第 115 号财务会计准则公告的征求意见稿和 1993 年 5 月颁布的

① 出现这种情况是情有可原的。美国证监会主席从来都是由历届新任美国总统任命的，其余四位委员通常一年换一位。自美国证监会 1934 年成立以来，五位委员中鲜有具备会计实践背景者。他们关注信息披露问题胜过关注会计记录问题。

② 参见 SEC Historical Society: Interview with Walter Schuetze. Conducted on February 14, 2006, by Robert Colson. www.sechistorical.org。

《财务会计准则公告第 115 号：特定债券类和权益类证券投资的会计处理》(SFAS No. 115：Accounting for Certain Investments in Debt and Equity Securities) 所推出的会计规则是一套巧妙的折中方案：管理层可根据其意图，将持有的证券指定为交易性证券 (trading securities) 或可供出售证券 (available-for-sale securities) 进行账务处理，前者的处理规则是“以公允价值计量且其变动计入当期损益”，后者的处理规则是“以公允价值计量且其变动计入股东权益”。两者均以公允价值计量，但对利润表的影响不同。这样，既照顾了美国证监会主席布里登的“面子”——“成功地”推行了公允价值理念，又安抚了美联储主席格林斯潘所代表的商业银行——可以根据“意图”记账。强制性的公允价值计价规则加上按意图归类处理的选择权，一个非驴非马的规则就这样问世了。它之所以令人费解，不是因为它太过先进，而是由于它缺乏合理的逻辑。布里登和舒茨终于趁着储贷危机中加强金融监管的舆论浪潮，在财务报表的证券投资项目中“成功地”推行了盯市会计理念。

1993 年，美国总统克林顿任命亚瑟·莱维特为美国证监会主席，布里登结束了其证券监管的职业生涯，再次投身于金融律师的职业生涯。舒茨则在首席会计师任上一直干到 1995 年 3 月退休，1997 年被返聘到美国证监会为证券行业发挥余热，任美国证监会执行部首席会计师，2000—2002 年担任该部门的顾问，这位盯市会计的倡导者在其职业生涯中将其影响力发挥得淋漓尽致。①

从此以后，公允价值会计 (fair value accounting) 大行其道。这种金融分析规则的逻辑是：投资者和证券分析师需要知道企业的价值，而这是无法直接测算的，那么企业就应报告其资产、负债的公允价值，以便投资者用资产的公允价值减去负债的公允价值计算得出企业的净公允价值 (net fair value)，作为其评估企业价值时的

---

① 参见 SEC Historical Society：Interview with Walter Schuetze. Conducted on February 14，2006，by Robert Colson. www. sechistorical. org。

参考值。因此，根据该规则，在每个季度末或年末都应把资产和负债的账面价值调整为公允价值，公允价值与账面价值之差记入利润表或计入股东权益。这套奇特的逻辑已被时下流行的会计论著奉为“国际上最先进的会计理念”。资产负债表中的外币债权债务类项目（外币折算）、交易性金融资产、可供出售金融资产、采用公允价值模式计量的投资性房地产等项目陆续采用了公允价值会计规则。① 证券从业机构对会计规则的这一价值取向颇感满意。2005 年 10 月，美国注册金融分析师协会在一份公告中盛赞财务会计准则委员会的“成就”，并建议把公允价值会计规则推广到所有的资产负债表项目。② 2006 年 7 月，财务会计准则委员会对该建议做出了积极响应，表示拟将公允价值会计规则推广到所有的资产和负债项目；同时表示，财务报告应当以投资者的需要为中心而不必再考虑企业管理层的信息需求。③ 完全的金融分析报告呼之欲出。

第五节　公允价值会计进入我国会计法规

国际会计准则是一套由证监会国际组织④（International Organization of Securities Commissions，IOSCO）向全球各大证券市场推荐使用的公众公司（public company）（即公开发行证券的公司，上

① 对于不采用公允价值会计规则的资产，大多数要采用资产减值会计规则。关于资产减值会计规则的反思，见本书第三章。

② 该文件是由贝尔斯登证券公司、福布斯摩根咨询公司和黑石公司等大型金融机构主笔起草的，堪称证券分析师“指导”会计准则的宣言。

③ 参见 Eugene H. Flegm. “Debate over FASB's Conceptual Framework Ignores Owners and Managers”, *The CPA Journal*, 2006（12）：6-9。

④ 该组织的前身是 1947 年成立的美洲区域协会（Inter-American Regional Association），1983 年改用现名，是证券监管机构最重要的国际合作论坛和证券市场的国际准则主导者，其成员的监管范围覆盖全球 90%的证券市场、100 多个国家和地区。经中华人民共和国国务院批准，中国证监会于 1995 年 7 月加入证监会国际组织。

市公司）信息披露规则。

1973 年 6 月 29 日，澳大利亚、加拿大、英国和美国等国的 16 个公共会计师协会发起成立了国际会计准则委员会，总部设在英国伦敦。该机构试图向国际资本市场推荐其拟定的“国际会计准则”，但是由于美国证监会的抵制而进展缓慢。直到 1995 年，证监会国际组织同意与国际会计准则委员会合作制定国际资本市场信息披露核心准则，国际会计准则才真正令世人瞩目。2000 年，证监会国际组织评估通过国际会计准则委员会的全部 40 项核心准则，并向全球各大证券交易所推荐使用。美国的证券行业见风使舵，在 2001 年依照美国特拉华州公司法注册成立了国际会计准则委员会基金会（IASC Foundation)，控制了国际会计准则委员会并将其名称改为国际会计准则理事会。美国的证券行业从此获得了国际资本市场游戏规则的主导权，准则的名称从此改为“国际财务报告准则”。该基金会宣称，其目标是制定“全球会计准则”(global accounting standards)，推动其应用以及国际趋同（convergence)，从而为世界资本市场的参与者提供高质量的、具有透明度的、可比的信息。① 欧盟 2002 年第 1606 号条例要求在欧盟境内交易所上市的公司自 2005 年起按照经欧盟委员会审核批准的国际会计准则编制合并会计报表②，少数国家（如澳大利亚）和地区（如中国香港）直接采用了国际会计准则作为会计标准，加拿大和墨西哥宣布分别自 2011 年、2012 年起在上市公司中采用国际会计准则。美国的证券行业还通过世界银行和国际货

① 热衷于国际会计趋同的主要势力有三个：其一是国际会计准则理事会；其二是证监会国际组织，它是证券市场国际准则的制定者；其三是国际会计师联合会（International Federation of Accountants，IFAC)，它是“国际趋同”的操作者和受益者。此外，经济合作与发展组织（OECD）和 1982 年联合国经济与社会理事会第 67 号决议所设立的会计与报告国际准则政府间专家工作组也出于不同目的，对会计趋同起到过推波助澜的作用。

② 欧盟所倡导的会计国际“趋同”是以发展欧盟境内统一的金融市场（资本市场）为目标的。这被一些文献误解为欧盟各国的会计法规采纳了国际会计准则。事实上，合并会计报表并不涉及财税管理等公共利益，因为税法原则上不允许合并纳税。欧盟各国企业的单独报表仍然依照本国的会计法规编报。

币基金组织大力推广国际会计准则。[①] 目前，全球超过半数的资本市场接受公众公司按照国际会计准则编制的财务报告。国际会计准则就是在这样的背景下成为我国会计法规的立法蓝本的。

国际会计准则没有原创性的理论指南，它在理论基础和具体规则上一直效仿美国证券市场的公认会计原则（GAAP）。对两者关系史的考察，恰如观赏一出皮影戏。

国际会计准则委员会1998年12月公布的《国际会计准则第39号：金融工具确认与计量》是比照《财务会计准则公告第115号：特定债券类和权益类证券投资的会计处理》等文件写成的。我国2006年2月发布的《企业会计准则第22号——金融工具确认与计量》是借鉴《国际会计准则第39号：金融工具确认与计量》制定而成的。于是，这套毫无理论依据甚至缺乏逻辑的规则便以国际规则之名堂而皇之地进入了我国的会计法规。

第六节　法律制度规定的会计的管理职能

会计作为一个古老的职业，其价值导向是提供具有法律证明力的真实信息，如实地记录、汇总分析和报告特定单位的法律事实，从而证明企业的资产、负债状况和经营业绩。自企业所得税成为主要税种以来，依法记账、依法纳税、依法分配一直是会计工作的主要内容。

一、法律已经明确规定了会计的法定职能

会计信息的主要使用者是注重实体经济发展的企业管理当局、

---

① 美国是世界银行和国际货币基金组织的最大出资人。这两个金融机构给受援助国开出的药方中无一例外都包括彻底的私有化、放松金融管制、开放资本市场和采用国际会计准则。

战略投资者和政府宏观经济管理部门——会计从来就不是以向投资者提供证券估值服务为价值导向的。① 会计信息的真实性，是法律对会计的首要的质量要求。在我国，《公司法》第八章“公司财务、会计”规定了企业分配“税后利润”的程序。而在利润分配之前，需要先行计算税前利润（或称“利润总额”）和所得税。因此，公司法和税法实际上在三个方面对会计工作提出了真实性的要求。兹分述如下：第一，会计工作必须保证其所记录的税前利润是真实的、可分享的，否则“税前利润”减去“所得税”所得到的“净利润”数字难以满足依法分配的要求。第二，会计工作必须提供税务机关认可的“应纳税所得额”数字。根据税收法定原则、税收公平原则和税收效率原则，只有真实的（具有法律证明力的）数据才可能得到税务机关的认可。真实的“税前利润”数字经过纳税调整之后即可计算得到“应纳税所得额”。第三，只有真实的“税前利润”数字减去真实的“所得税”数字才是真实的、可分配的、公司法所称的“税后利润”。法律对会计的要求，代表着社会上稳定的、合理的信息诉求。与此相应的会计理论主张会计报表应当反映有据可查的历史成本（historical cost），强调记录收入、费用从而计算企业利润，重视反映企业管理层的经营能力或受托责任（accountability），这种理念被称作“历史成本会计”（historical cost accounting）。作为对比，没有哪一部法律要求会计为证券投资者提供估值服务。我国《证券法》中只是基于公平、公正、公开的原则，要求企业履行信息披露义务，并没有要求会计提供估值服务。美国的联邦证券法也只是授权美国证监会制定信息披露规则，但从未在法律中强调会计要为证券估值服务。

二、只有根据法律事实记账才能保证会计信息的真实性

在理论上，对会计信息的“真实性”存在“客观事实”和“法

---

① 参见周华、戴德明、刘俊海：《会计准则的价值导向与财务会计的目标定位》，载《经济管理》，2009（7）。

律事实”这两种不同的理解。国际会计准则把“真实性”理解为按照“客观事实”记账。基于这一理念，它要求会计反映观测到的“客观证据”，记录企业资产和负债的公允价值。国际会计准则主张，会计的基本职能就是反映企业的实际财务状况、反映“经济实质”，而公允价值会计恰能帮助投资者评估企业的“真实”价值，从而具有“透明度”。作为对比，传统的会计观念则把“真实性”理解为按照“法律事实”记账。会计工作者认为，并非任意一种记录行为均可称为会计，并非任意一种表格都可以称作会计报表。会计特指对企业的法律事实的记录行为。法律事实是指能够引起企业的法律关系的产生、变更和消灭的事实，包括法律行为和法律事件。会计报表只应反映企业的法律事实，唯如此方能确保会计报表的法律证明力。

三、企业经营管理和国民经济管理均需要具有法律证明力的历史成本会计信息

企业经营管理和国民经济管理都需要公司会计师①提供具有法律证明力的财产权利、债务状况和业绩等的信息。② 一方面，企业经营管理中每天都要使用历史成本会计信息来加强管理控制。所有的公司，不论是公众公司还是非公众公司，为了保证对生产经营活动的必要控制力，都必须保留采用历史成本会计进行记载的会计账簿。③另一方面，国民经济管理中的计划管理、产业结构管理、财政管理、货币管理诸方面均依赖于可靠的企业会计信息，税收监管、银行业监管、保险监管等经济监管领域更需要历史成本会计信息的支持。④

① 有别于“公共会计师”，“公司会计师”泛指供职于企业、政府及非营利组织等特定机构的会计工作者。

② 参见杨纪琬、阎达五：《开展我国会计理论研究的几点意见——兼论会计学的科学属性》，载《会计研究》，1980（1）。

③ 参见娄尔行、张为国：《确保合理分配是会计的一项职能》，载《会计研究》，1991（5）。

④ 参见马寅初：《财政学与中国财政——理论与现实》，北京，商务印书馆，2001。

这就要求会计信息必须具备公信力和公益性。而法律是最大多数利害关系人所认可的社会行为规范，因此，根据法律事实记账的历史成本会计是具有公益性和公信力的会计信息。

历史成本会计能够保证会计报表的法律证明力，具有客观、可靠、易于理解等诸多优点；它能够贯彻到所有的报表项目，确保会计报表具有统一的合理逻辑；它是企业经营管理和国民经济管理的必要的信息基础。历史成本会计信息是具有公益性和公信力的信息，在微观层面上，对企业管理层、贷款人、投资者等利害关系人都有证明效力，在宏观层面上，更是税收监管、金融监管、价格监管、市场秩序监管、国民经济统计等的重要信息来源。①

无论在哪个国家和地区，都不可能缺少依法记账、依法纳税、依法分配的管理活动——会计。会计法规实际上是民商法、经济法的实施细则和运行基础，其特征是要求企业依照民商法记录企业的财产权利、债务和股东权益，依照经济法（主要是税法）界定企业的收入、费用和利润。民商法和经济法直接决定了日常会计工作必须遵循的规则，会计法规应当内在地与民商法、经济法保持一致。在当今世界民商经济法的立法模式中，法国的会计法规和税法一直保持着紧密的协作关系，其税法直接引用《会计总方案》；德国的《商法典》中直接规定了企业会计规则；在美国，虽然联邦层面上不可能出现会计法规，但各州的法律依然构造出了各自的会计法规。②这些规则无论是否以汇编的会计法规的形式独立存在，都构成了具有法律约束力的规则，它们都不是以投资者为中心而是强调公益性和公信力的。

① 有观点指责历史成本会计不能及时反映市场行情的变化，这一观点实属出于对会计的误解。会计仅在市场行情形成法律事实时（即影响到企业的法律关系时），才需进行记录，否则有悖会计的功能定位。

② 美国证监会所主导的、适用于跨州发行的公众公司的公认会计原则，并不是联邦的法律法规，但它在1978年以前也一直是坚持历史成本会计立场的。

第七节　国际会计准则的缺陷及其潜在危害

我国会计学术界过度迷信外国经验，误把美国资本市场上并不先进的证券信息披露规则当作美国的联邦会计法规，把国际会计准则当作最先进的会计规则，所形成的“一边倒”的理论环境不利于会计立法的集思广益。如果以会计的法定职能来审视国际会计准则和美国证券市场的公认会计原则，则不难发现，它们均不适合作为我国会计法规的立法蓝本。

盯市会计规则由于存在严重的顺周期效应而在美国次贷危机中扮演了很不光彩的角色。在国际社会的强烈谴责下，国际会计准则理事会于 2008 年 10 月 13 日匆忙修改了金融工具的公允价值会计规则，试图遏制盯市会计的负面影响。

一、盯市会计的发展史对我们的启示

第一，盯市会计是针对储贷危机的一个合理的反应，它原本是证券监管当局为了提高金融监管信息的及时性而设计的金融信息报告规则。可以通过另行编制财务报告，来满足证券监管当局和某些证券投资者对市场价值的信息需求，而没有必要干扰传统的会计程序。但是，监管机构却不恰当地把盯市会计规则楔入了历史成本会计规则，导致财务报表非但未能彻底地贯彻盯市会计规则，还对传统上的历史成本会计造成了损害。究其原因，主要有两个方面。一方面，金融投资机构及金融监管机构作为盯市会计的主要倡导者，它们忽视了会计本身的价值。传统上，会计是以加强企业经营管理和国民经济管理为中心的、根据法律事实记账的管理活动，历史成本会计才是具有法律证明力的信息。而金融投资机构一再向财务会计准则委员会表示，公允价值信息对它们来说比历史成本更为相关。美国注册金融分析师协会 2005 年甚至致信美国证监会和财务会计准则委员会，提议用公允价值会计取代历史成本会计。[①] 另一方面，会计准则的制定者出于自身利益的考虑，宁愿把会计规则搞得越来越繁杂而不是要求企业清晰地同时分别列报现行市价和历史成本信息。如果社会公众认识到在资产和负债的历史成本会计信息之外单列公允价值信息更为可行，那么财务会计准则委员会乃至国际会计准则理事会很可能都要解散。

第二，盯市会计并不适合列入法律规范。它本身与根据法律事实记账的要求背道而驰，其推出过程比较随意，并且不是作为法律法规而是作为证券市场上的信息披露规则推出的。美国证券市场上的公认会计原则的制定程序（due process）与立法程序颇有几分相似，但实质上存在重大差别：（1）其参与者均为证券从业机构及其职员，如会计师事务所（注册会计师）、证券公司（注册金融分析师）、上市公司（财务经理）、证券监管机构（美国证监会、证券交易所）、金融投资公司（养老基金、保险公司）等。由于采用了“决策有用观”的价值导向，因此，税务机关、统计机构、宏观调控机构均未列席。这表明了会计准则的非公益性。（2）其规则的拟定过程受证监会主席个人好恶的影响甚大，而迄今为止证监会主席无一具有会计专业的实践经验，他们拥有的是金融分析经验。而会计与金融分析分别面向历史和面向预期，具有根本的不同。（3）其规则的决定过程通常只需要财务会计准则委员会中的简单多数同意即可通过，并不要求在理论上经过充分的论证。

第三，盯市会计是布里登、舒茨等证券行业从业人员在掌权期间强行推行的证券分析规则，不但不能代表社会经济的整体利益，甚至不能代表金融界的整体利益。美国证监会主席布里登和首席会计师舒茨是盯市会计规则的始作俑者。财务会计准则委员会在 20 世纪 70 年代曾否定过时任委员舒茨的主张，首席会计师办公室的职员

---

① 参见 Michael R. Young, Paul B. W. Miller, Eugene H. Flegm. “The Role of Fair Value Accounting in the Subprime Mortgage Meltdown”, *Journal of Accountancy*, 2008 (5): 34-39。

在 20 世纪 90 年代初也曾反对时任首席会计师的舒茨的主张。而以美联储为代表的商业银行业自 1990 年以来更是长期反对布里登亲手推出的盯市会计规则。盯市会计所代表的仅仅是证券行业的利益。

来自实务界的一家之言——“财务会计准则委员会和公共会计师行业凭什么那么牛?”

财务会计准则委员会俨然是美国最牛的单位。

公共会计师行业自视甚高，他们不愿意为了金融部门和经济发展而修改会计规则，哪怕是仅仅修改一条会计规则。

就连美联储这个全美甚至可能是全世界最保守的机构都反对公允价值会计，由此我们可以想象会计准则出现了什么问题。

——罗伯特·D. 麦克提尔（Robert D. McTeer）

（麦克提尔在美联储系统供职达 36 年，其中有 14 年担任达拉斯联邦储备银行董事长兼 CEO、联邦公开市场委员会委员，2007 年 1 月成为国家政策分析中心（National Center for Policy Analysis）的 Distinguished Fellow。）

第四，盯市会计并不是国际先进经验，也不是会计发展的必然趋势。盯市会计规则把会计导入了金融分析规则的逻辑通道。盯市会计被照搬照抄进入国际财务报告准则之后，一些研究者遂误以为盯市会计是国际上最先进的会计理念，是会计发展之大势所趋——那实在是由于不了解相关的史实所导致的错觉。“国际财务报告准则”这一名称准确地阐释了资本市场导向的所谓“会计理论”的实质：国际财务报告准则本质上是一套金融报告规则、证券信息披露规则。

二、国际会计准则的本质是一套缺乏合理逻辑的金融分析规则

1. 公允价值仅仅是一种金融预期而不是法律事实，它属于金融

分析而不属于会计的范畴。至于会计主体所观测到的公允价值，它虽然是“事实”，满足国际会计准则所反复强调的客观性、真实性、可验证性等要求，但它并不是与观测者自身有关的“法律事实”。前已述及，国际会计准则所认定的真实性是宽泛性的“客观事实”而不是法律事实。它把资产定义为“由于过去的事项而控制的、预期会导致未来经济利益流入企业的经济资源”，强调了预期因素。而“法律事实”意义上的资产是指企业的物权、债权、知识产权等财产权利。在本章开篇的例子中，企业因股票升值而增记的资产 600 万元仅仅是一种预期——预期即刻变现所能得到的利益，它并不具备任何法律证据的支持。会计程序具有信息集成的特征，若欲保证会计的真实性，就不应向会计程序中添加不具有法律证明力的信息；如果确需记录某些市价行情信息，则可在会计程序之外另行列报而不必劳烦会计工作者。事实上，除基金公司、投资银行等少数金融机构外，大多数企业都是通过生产产品或提供劳务而直接从事实体经济活动的，它们除特殊情形外很少考虑变卖长期资产或提前清偿债务，因此，强制要求它们在会计管理中进行具有清算性质的会计操作是很不合理的。为了保证会计对企业经营管理和国民经济管理的支持作用，就必须强调会计记录的根据法律事实记账的基本原则，禁止缺乏法律证据的会计行为。

2. 国际会计准则所秉持的“决策有用性”之目标导向，为会计规定了不可能完成的任务。金融理论告诉我们，金融市场和商品市场具有根本性的差异，股票等金融资产的价格不是由供给和需求所决定，而是由金融市场上多头（bull position；long position）和空头（bear position；short position）的预期（expectation）所决定的，林林总总的金融估值模型中，没有哪个是举世公认的。世上没有哪个行业能够算出企业的价值，会计行业也不例外。退而言之，即便把公允价值会计规则推广到所有的资产、负债项目，所计算出的“净公允价值”也不代表企业的价值。会计报表对证券投资的作用被过分地夸大了，事实上，华尔街自 1792 年形成证券市场直至 20 世纪初，并未要求定期公布会计报表，但证券市场还是照常运转了

100 多年。[①] 会计资料仅仅是投资决策的信息来源之一，会计难以胜任证券估值之角色。

3. 国际会计准则不具备公益性和公信力，不是普适性的规则。一国的财富是由该国实体经济部门创造的产品和劳务所决定的，证券投资者之间的交易本身并不创造价值。因此，以“决策有用观”为目标导向的国际会计准则并不具有公益性和公信力。事实上，国际会计准则仅仅是资本市场的游戏规则，其适用范围主要限于资本市场。除了客观地记录企业的真实交易等法律事实（包括法律行为和法律事件）外，会计不可能做到让所有的投资者感到“有用”。

4. 公认会计原则并非美国法律，国际会计准则亦非国际公约，它们的许多规则缺乏合理的逻辑。公认会计原则主要适用于向美国证监会和联邦存款保险公司备案的公众公司和银行业金融机构，它不可能取代各州的会计法规。国际会计准则的性质与公认会计原则相同，并不属于国际法的范畴。就其制定主体而言，国际会计准则理事会并非立法机构，其人员构成与美国财务会计准则委员会相似，主要由会计公司（会计师事务所）、报表编制者（上市公司）和金融分析师（投资银行）等证券市场参与者的代表组成。就其制定程序而言，要比严格的立法程序差很多。国际会计准则的推出，只需经过 14 位理事中的 2/3 多数通过即可，其中大多是美国证券市场的公认会计原则的改编版，以至于许多缺乏合理逻辑的规则是从美国证券市场照搬照抄而来。

当然，也应该看到国际会计准则中的一些合理成分，公允价值理念并非一无是处。倡导采用公允价值会计规则的利益集团主要是证券分析师（以注册金融分析师协会、欧洲投资者协会为代表）和证券监管机构（以美国证监会为代表）：前者认为公允价值信息有助于评估企业的价值，而后者认为公允价值信息有助于评估企业的投资头寸、便于实施动态的风险监管。其实他们的愿望是有一定道理的，也很容易满足——只要把缺乏法律证据支持的公允价值信息在

① 参见普雷维茨、莫里诺：《美国会计史——会计的文化意义》，187～336 页，北京，中国人民大学出版社，2006。

会计报表之外另行列报就行了，根本没有必要把公允价值信息纳入会计程序之中去进行会计处理。他们的信息诉求缺乏法律依据，根本就不属于会计的法定职责。

三、持续推行国际会计趋同战略的潜在危害

1. 企业会计账簿和会计报表的法律证明力将会受到损害。国际会计准则所强调的，不是根据法律事实记账，而是要求企业报告其资产和负债的公允价值信息。然而，根据公允价值会计规则和资产减值会计规则对资产账面价值的调整都是缺乏法律证据支持的。缺乏法律证据支持的信息涌入会计报表，削弱了会计报表的法律证明力。

2. 税法、公司法、统计法等法律的微观运行基础将会被削弱。会计报表法律证明力的缺失，势必导致多重后果：其一，利润表中的“利润总额”与应纳税所得额之间的差异被拉大了，“净利润”也无法直接用于利润分配，利润表的作用被严重削弱，这对依法纳税和依法分配造成了障碍，削弱了税法和公司法的微观运行基础。税收（尤其是企业所得税）具有较强的会计信息依赖性，依法治税客观上需要有稳定合理的企业会计法规提供支持。企业所得税法及其实施条例与企业会计准则进行了细节协调，但是不得不避开所有包含预期因素的项目。企业报送的会计报表往往不被税务机关认可，这加大了企业的税收遵从成本和税务机关的监管成本。[①] 利润分配方面，执行会计准则体系的企业均需要复核其税后利润的算法并慎重确定利润分配的方式。中国证监会早在 2007 年就针对证券公司的利润分配问题做出了规定：证券公司可供分配利润中公允价值变动收益部分，不得用于向股东进行现金分配。其二，缺乏法律证据的会计信息在国民经济统计中如何处理，也是亟须研究的问题。宏观经济调控所需要的统计数据需要严

① 在会计法规以“决策有用观”为目标的情况下，企业仍然需要依法纳税、依法分配。这实际上迫使企业至少设置两套账务体系，加大了其法律遵从成本，无疑是对社会资源的浪费。从中受益的是公共会计师行业——“会计”服务、税务服务以及与之有关的咨询服务是它的主要利润来源。

格地剔除会计准则中的金融预期因素的影响。其三，对企业业绩的评价也变得更加困难。由于会计报表中包含了大量的金融预期因素，因此，会计准则体系下的资产、负债、股东权益、收入、费用和利润等财务会计数据以及资产负债率、净资产报酬率等财务指标都被扭曲了，很难可靠地用于企业业绩评价。因此，分析和评价财务业绩时就需要剥离预期因素，另行计算不包含金融预期的财务指标。

3. 金融监管将会受到直接的冲击，监管成本将会加大且监管效果将会受到影响。其中，银行业监管受到的冲击最大，国际社会对会计准则的指责也大多是围绕这一问题展开的。由于商业银行资本充足率监管指标体系是以会计报表为基础的，因此，会计报表中大量的金融预期因素对资本监管造成了极大的影响。公允价值会计导致银行会计报表上的资本规模随市场行情而波动，而资本的变动在资本监管规则的约束下则会以放大十倍左右的幅度影响到其放贷能力。① 资本监管与公允价值会计的联动效应迫使银行业关注短期而不是关注长期，这对于发挥商业银行的信用中介职能十分不利。② 因此，应当将银行业监管规则与公允价值会计剥离开来，避免公允价值会计的顺周期效应危及商业银行的贷款能力。银行业的资本监管仍应以具有法律证明力的历史成本会计为基准。

总之，国际会计准则和美国证券市场的公认会计原则在理论上存在重大缺陷，若推广到所有企业则会对实体经济造成损害。它们不适合作为我国会计法规的立法蓝本。

第八节 结论与政策建议

储贷危机与次贷危机这两次金融危机极为相似，甚至连金融界

① 参见 American Bankers Association. “Bad Ideas: Whose Time Should not Come”, *ABA Banking Journal*, 1991 (2): 37-39。

② 正因为如此，美国银行家协会和联邦存款保险公司自 1990 年以来一直坚决反对公允价值会计规则。

对待会计准则的态度也极为相似：每次金融危机之后，会计准则都会被当作替罪羊。所不同的是：储贷危机之后，盯市会计被视为良方妙药引进会计准则；而次贷危机之时，盯市会计却被大家纷纷责骂。

会计法规的构成要件有三项：一是记账方法；二是民商法（主要是公司法）；三是经济法（主要是税法）。在三者之中，只有记账方法是可以趋同的①，而法律（民商法和经济法）是不可能趋同的②，因此，会计法规不可能实现“国际趋同”。国际会计准则是一套金融分析规则而不是国际法，若把它植入国内法律，则会对企业经营管理和国民经济管理产生较大影响，从而阻碍实体经济的发展。我们认为，我国应着眼于满足实体经济发展的需要，根据我国法律原则和自主文化传统加紧完善企业会计法规体系，将之普遍地适用于所有的企业；同时，可借鉴国际会计准则作为公众公司的信息披露规则，要求公众公司同时提交遵循中国会计法规编制的会计报表和遵循国际会计准则编制的信息披露文件。如此，可解决国内需求与国际趋同之间的矛盾，引导企业管理专注于实体经济发展而非金融交易，夯实宏观经济调控的决策基础。

第一，切实完善会计法规体系，其中，尤其应当尽快完善会计报表体系。会计法规应当遵循我国的民商经济法律制度，可考虑将会计制度融合在民商经济法律制度之中，确保会计制度与财税法、公司法的和谐一致。

应当看到，历史成本会计信息是对法律事实的忠实记录，它对于依法纳税、依法分配具有不可替代的价值，因而是社会经济统计、宏观经济调控、税收监管、经济秩序监管等方面所必需的信息；而公允价值信息能够增强公众公司财务信息的透明度，能够帮助企业管理当局考量其决策的机会成本，而且对于投资者和金融监管当局

① 目前，借贷记账法已经成为比较流行的记账方法，“会计是国际通用的商业语言”正是就此而言的。

② 例如，欧共体曾经发布过旨在协调成员国的公司法的指令，但收效甚微。

尽快识别投资决策和金融监管的问题所在并采取相应的对策也具有一定的积极意义。因此，历史成本信息和公允价值信息分别具有不可替代的价值导向。而现行的国际会计准则在本质上既不是舒茨所倡导的盯市会计，也不是历史成本会计，而是盯市会计、资产减值会计楔入历史成本会计之后所形成的奇怪的混合物，它在理论上很不成熟，在实践上也存在很多问题。为建立良好的市场法制和稳定的会计制度，我们建议，在财务报表中分两列同时分别列报现行市价和历史成本信息，如此编制的财务报表在信息有用性上将会优于仅仅列报历史成本信息、仅仅列报公允价值信息或者将两者混合起来予以列报的情形。如此，可妥善解决遵循国内法律和谋求国际趋同的矛盾。

应尽快完善会计报表体系，会计报表体系应当区分法律事实和金融预期，对不具有法律证明力的公允价值信息实施隔离处理，以期切实增强会计资料的法律证明力。既可以考虑采用会计报表与金融分析表的分离式设计（即在两套报表中分别列报历史成本信息和公允价值信息），也可以考虑在一套会计报表中并行列示历史成本信息和公允价值信息。这样，可解决确定可分配利润、评价企业业绩、提供法律证明力、为宏观经济调控提供真实的统计数据等前述一系列难题。完善后的会计法规体系不仅是会计师、审计师的行业规则，还是法官、检察官、税务官员等的司法和执法规则，这将使会计报告更有意义。应改革会计立法的机制设计，法学专家应在会计立法机构中占较大比例。

第二，银行业、保险业、证券等的金融监管规则应一律与会计法规挂钩而不是与国际会计准则挂钩。国际会计准则认定的服务对象是证券投资者，它拒绝将金融稳定作为其目标之一。在这种情况下，资本监管规则应当以历史成本会计为基础。银行业的资本充足率监管报告和风险监管报告以及保险业的偿付能力报告编报规则都应在具有法律证明力的财务会计报告的基础上调整生成（如图 2—1 所示）。我们认为，如果银行会计能够根据法律事实记账、编制具有法律证明力的历史成本会计报表，那么计算银行业监管指标时的繁琐程度将会大大降低，这将使银行会计工作更为简单也更有价值。会计立法机构应当尽快设计出具有公信力和公益性的法定的财务会计报告体系，以便为金融监管提供具有法律证明力的可靠信息，从而提高监管效率并减少银行会计工作中无谓的劳动量（如图 2—1 所示）。此外，动态的风险监管应当另行收集公允价值等补充信息，而不应将不属于法律事实的信息纳入会计程序。

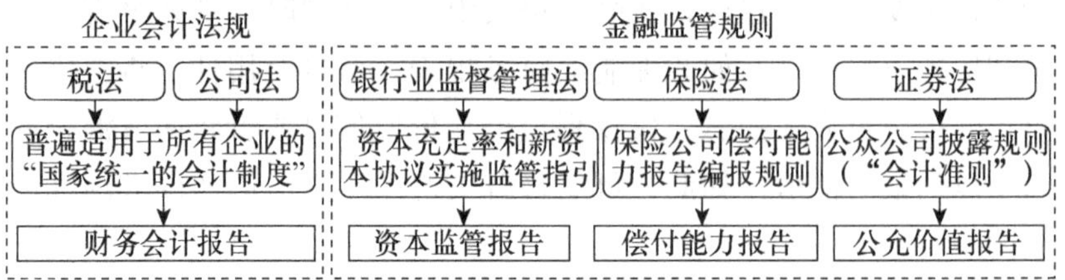

图 2—1　会计法规与金融监管规则的区分及其协作机制

综上所述，国际会计准则和美国证券市场上的公认会计原则并非具有国际先进水平的会计法规，它们不应被用作我国企业会计制度的立法蓝本。我国会计立法不应仅仅盯住发展资本市场并以瓦解民商法与经济法为代价而追求“国际趋同”。会计立法对法律体系和经济发展的意义不容低估，不宜把它留给会计界单独作决定。为了建设良好的市场法制和稳定的会计制度，我国应按照本国法律原则尽快完善企业会计法规体系。

附录 1　学术界的一家之言——斯特林 1980 年的访谈

会计要彻底改革

越来越多的会计人员认识到，他们一向所遵循的会计程式（那个可以追溯到 15 世纪、自初创复式簿记时起一直沿用下来的程式）能够向投资者提供的切合实用的，并能据以作出财务决断的信息，简直少得可怜。

为此，作为替会计职业界制定工作规范的机构，财务会计准则委员会一致在呼吁有识之士提出改良的建议。其中，最激进的

意见之一是莱斯大学商学院院长罗伯特·斯特林所提出的。他认为，会计人员所要计量的应为“脱手”价值（exit value），这就是，一家企业在可以出售其资产，并且至少在理论上说不再从事经营活动的情况下的资产的市场价格。会计人员理应以这些经验为依据来陈报一家公司的净值以及净值的变化，而把现在所用的那套繁琐的程式弃置不顾。

毫不奇怪，斯特林的经历跟大多数会计师有明显的不同。他除了当会计学教授以外，还教授和研究过经济学和自然科学。他的见解虽与公认会计原则大相径庭，但从最近的事态发展来看，他的理论主张可能正是财务报表的发展方向。诸如美国证监会要求石油和天然气公司在报表上揭示其石油天然气储备蕴藏量的现值，便属一例。斯特林指出，由通货膨胀引起的会计难题只是一种表面现象。根本性的问题在于，企业会计报表上尽是些无用的数字。试以令人侧目的石油公司利润为例。只要你用来计算收益的乃是一整套称之为折旧和摊销的规则，你就休想提供切合实用的数据。那就是为什么主张要把会计建立在脱手价值或市场价值的基础之上。会计要致力于把一家公司的现状正确地描绘出来，这是唯一的出路。经理们在斟酌一笔新的投资时所了解到的信息，比账簿里的数字有用得多。

企业管理层倒是应该把因拥有某些资产所流入的现金，跟出售这些资产所能得到的现金作比较。根据把它们拿到市场上去出售所能得到的价钱来看，各种资产可能还未被充分地利用起来。

诚然，以实际成本为基础的会计是耗费较低的算账方法。历史成本会计仅仅是把成本归集起来，再把它们分配一下，如此，一切就算完事了。作为对比，计量各种资产的市场价值就耗费较大。而现行的财务报表是提高生产率的一重障碍。它没有强制经理们去思考他们现在所干事情的机会成本。因此他们可以痛痛快快照原来经营的方式去经营，而对公司资源是否被充分利用不屑一顾。

很久以前，企业经理和注册会计师们不知怎么形成了这样的成见，认为会计不可能是一门根据经验行事的科学，有些东西是无法计量的。于是，他们笃守法规，依照惯例作出报告。

当记者问到你所主张的会计制度会不会把股票价格哄抬上去时，斯特林说理论上是会的，因为股票是股东对公司资产所拥有的请求权，而公司资产的账面价值相对于市场价值而言普遍偏低。但是之所以说理论上如此，是因为还没有任何人在账上记载过市场价值，所以还无法测知这种会计做法对股票价格会产生什么影响。

记者提问，“在会计报表上列示市场价值，其现实可行性如何?”斯特林回答，没有市价的事例显然是存在的。但是会计人员可以通过回归分析，利用类似资产的价格来推算模拟价格。在科学领域里，如遇到计量问题，有时也要根据类似物的价格进行推算。每家企业至少有若干种资产是可以通过市场价值来计价的。斯特林并不认为，在进行任何会计变革以前一切计量问题都得解决。就现状来说，我们甚至没有按照有价证券的市值来记账。

记者说，“我能想象出资产和负债都按市场价值计价所形成的资产负债表。但怎样根据市场价值来计算收益呢?”斯特林指出：“收益的计算很简单，就是上年和下年资产负债表上的净额之差。现在你可以明白，我的建议对年度报表所做的主要变革，就是把分配成本的做法废除了。我就是要取消这种武断地切割成本的做法。”

关于税金怎么计算，斯特林说：“税金按什么计算？政府要求怎么办企业就应该怎么办。但我认为，税金应该按照资产价值的年度变化额计征，这是最公允、最不偏不倚的办法。”

斯特林说：“一旦你承认了现金存量的重要性，那么只要再向前迈一小步，你就会把它推广到企业所持有的其他资产，因为说到底，一切都可以转换成现金。市场价值是什么？它就是现金的对等物。”

谈到构想中的上述财务报表怎么个编法、谁去制定准则时，斯特林指出，迄今仍无人动手制定相应的准则。会计之从科学入手还是从法规入手，两者的区别尽在于此。关于审计师会不会消失的问题，斯特林说："不会。不过他们得从象牙塔里走出来。他们不能再去充任分配成本的专家，而要成为熟悉市场价值的专家。实际上，直到 20 世纪 30 年代为止，审计师所干的，只不过是核对一下人们分类账里算术上的正确性，如此而已。"

资料来源：原文载于 1980 年 1 月 14 日美国《财富》杂志。中文译稿摘自娄尔行：《会计要彻底改革——〈幸福〉杂志记者玛丽·格林鲍姆访问罗伯特·斯特林教授记》，载《外国经济与管理》，1980（10）。

附录 2　会计管理工作者的一家之言——弗莱格姆的忧虑

会计正处在十字路口

（尤金·H. 弗莱格姆（Eugene H. Flegm），供职于通用汽车公司，历任会计主管、总审计师（auditor general）。拥有注册会计师、注册舞弊督察（Certified Fraud Examiner，CFE）职业资格。）

会计准则制定者的理念转变为偏好以公允价值为计量基础的会计，这个重大的转变为那些心怀不轨的企业管理层提供了便于捏造利润数字的记账方法（measurement basis）。如果这些记账方法被心怀不轨的经理利用，势必造成严重的后果。

注册会计师关注审计收费之多寡胜过关注审计本身。一些观察家还提及了工商管理硕士（MBA）项目中道德准则的缺失。"我们培养出了训练有素的人。可是如果某些愤世嫉俗的观察家批评我们同时训练出了很多罪犯，我们应当不会感到惊讶。"美国国会对监管机构的资助不足使得问题恶化了，美国证监会没有足够的人手能够像艾略特·斯皮策（Eliot Spitzer）那样开展深入的调查。注册会计师的职业价值观是不确定的。所有这一切，再加上向公允价值计量基础的转变，导致公共会计师存在的必要性面临严重的质疑。

花旗集团因为业务的问题和辞退三位高管而一次性花去了80亿美元。2005年它花20亿美元平息安然股东的集团诉讼，2004年花25.8亿美元平息世通公司投资者的集团诉讼。摩根大通、巴克莱、瑞士信贷第一波士顿、美林、多伦多道明银行（Toronto Dominion Bank）、加拿大皇家银行、德意志银行、苏格兰皇家银行均有诉讼案件有待处理。

20世纪70年代后期，美国联邦贸易委员会（FTC）认为公共会计服务是一种商品，因此，它允许会计师做广告并相互竞争。从那时起，注册会计师行业开始走下坡路，讨好客户的压力越来越大。2001年，美国注册会计师协会的自我监督机制被公众公司会计监督委员会（PCAOB）取代。

1934年美国证监会成立时，注册会计师行业只有五项“原则”。卡门·布劳希望由美国注册会计师协会来制定公众公司会计规则。于是，美国注册会计师协会于1936年设立了会计程序特别委员会，但进展乏力。在等待两年之后，布劳失去了耐心，告知美国注册会计师协会如果它再不采取行动，他就亲自动手干。1938年，在布劳的劝说下，美国证监会的全部五位委员以3∶2投票决定把规则制定权转授给美国注册会计师协会。要知道，1934年的《证券交易法》并未授权美国证监会转授信息披露规则制定权。但此后并无权威机构反对其授权行为。之后的35年，学术界和美国注册会计师协会在制定准则时紧紧抱团。1959年，它们决定为会计准则制定一套理论基础。作为对比，1940年佩顿和利特尔顿的著作虽然流传最广，但一直未被准则制定机构正式认可。会计原则委员会成立时，美国注册会计师协会邀请施普劳斯和穆尼茨为其撰写一份理论大纲。他们两位拿出的是《会计研究文集》

第 3 辑《企业广义会计原则试行公告》。但会计原则委员会认为该文件过于激进，未予采用。

1976 年，财务会计准则委员会发布了一个革命性的文件——《会计概念框架讨论备忘录》(the Discussion Memorandum on the Conceptual Framework for Accounting)，颠覆了会计传统。虽然自 1940 年佩顿和利特尔顿的著作出版以来利润表和配比观念一直是财务报告的重点，但财务会计准则委员会还是把重点转向了资产负债表。这份文件的理论依据是特鲁布鲁德报告中所主张的收益的经济学概念。该报告提出："收益（利润）的会计计量固然应当采用经济效益的概念，但更应当直接采用现金流量作为衡量标准。"

后来担任通用汽车公司董事长的托马斯·A. 墨菲（Thomas A. Murphy）和罗杰·史密斯（Roger B. Smith）参加了这些会议。1967 年我加入通用汽车时墨菲是主计长，他是后来的财务会计基金会的创始出资人。1976 年财务会计准则委员会发布概念框架讨论备忘录后，时任常务副董事长的墨菲安排我代表公司撰写反馈意见，我就援引佩顿和利特尔顿的著作，强烈捍卫历史成本计量基础。

我代表通用汽车出席公司报告委员会（Committee on Corporate Reporting，现名为 Financial Executive International）的活动达 17 年之久，一直竭力劝说财务会计准则委员会不要追求所谓的经济学上的利润概念。

加里·普雷维茨和我一起与美国会计学会共同组织会计学术界与公司经理的对话达 10 年之久，我坚持尽力向学术界陈述企业会计的实务状况。以至于一位教授说我们是"钻到鸡窝里的狐狸"。

对于审计师来说，会计数据应当是可审计的（auditable）；对于公司管理当局来说，会计数据应当有助于评价企业分部和企业整体的业绩。

财务会计准则委员会的一位委员说，你们别想参与准则制定，我们就是要控制你们。但财务会计准则委员会的工作干得实在差劲。它抛出的准则为安然、Qwest、Global Crossing和帕玛拉特提供了大利工具去愚弄股东。它不但没有解决问题，反而本身就是一个大问题。衍生工具是极难估计的。财务会计准则委员会的准则要求按照虚拟的市价记录衍生工具，还要求折算30年期的合同的现值，这样的规则必然导致差错。

"安然事件中最离奇的事情是，他们的所作所为不是错误的，反而是正确的。安然并没有忽视规则和监管条例，相反，该公司的管理层利用会计规则达到了不可告人的目的。"

估值的问题源自财务会计准则委员会的概念框架。特鲁布鲁德的报告所提出的目标导向表面上看是在倡导经济学上的收益概念，其实只不过是个虚幻的口号。他们没有考虑到，相当一部分人是不诚实的，是不道德的，那种人时常会利用别人的诚实来达到可耻的目的。而且，他们根本就没有认识到，规则制定者的责任是减少会计的主观性，而不是去增加会计的主观性。更重要的是，它把会计为所有者考核代理人的职能转变为为潜在的投资者报告企业的潜在价值。

令人惊奇的是，包括美国国会和美国证监会在内的监管机构都没有批评财务会计准则委员会的助长舞弊的过错。《萨班斯-奥克斯利法案》也对这一点只字未提。公众公司会计监督委员会仅仅关注事务所的行为，却没有关注规则本身的不合理性。

贝瑞思福德对公允价值会计的评论很有趣。他虽然偶尔为之辩护，但却反对普遍地使用该规则。他认为：第一，很多情况下，无论出于何种目的，公允价值的确定都是极其困难的，甚至是不可能的。第二，如此得出的会计数据对财务报表的使用者而言不会有什么好处。第三，如此得出会计数字是企业经理人难以理解的，这就导致他们更加不信任会计数字。预计弃置费用就是这样奇怪的东西，会计准则要求企业以预计的公允价值记录这样一种"负债"。

以公允价值计量利润的计划将导致收入的会计处理比我们现

在刚刚适应的繁杂规则还要复杂。公允价值无疑在某些情况下是有益的，但问题在于，财务会计准则委员会企图将其适用范围扩展到常人难以理解的程度。

我个人认为，公允价值会计仅仅在“成本与市价孰低法”和换股合并时评估公允价值这两种情形下是恰当的。

我认为，财务会计准则委员会在推行公允价值会计时是傲慢无理的。他自我标榜是在维护自由的企业制度和支持美国资本市场的发展。公允价值的捍卫者也一再强调公允价值比历史成本更具相关性。我倒认为，如果数据是不可靠的，那么它不可能是相关的，历史成本的可靠性远远比公允价值会计下的概率密度数值更加值得珍视。

财务会计准则委员会没有认识到，企业面临的最大的风险是战略风险。市场份额、产品质量、产品设计水平、市场响应速度、有才能的员工、领导力、伦理道德水平这些因素都会影响到利润。

如果继续奔向公允价值会计，那么我们将不仅会看到越来越大的舞弊案，还会拥有三套账簿：一套记录历史成本数据，用于加强管理（控制）和评价经理与职工的业绩；一套用于纳税申报；另一套专门按照监管机构的要求采用公允价值会计编报会计报表。

美国共有约 490 万家企业，而只有约 1.7 万家受美国证监会管辖。要求所有企业都采用公认会计原则的设想是不可能的。显然，财务会计准则委员会关注的是为证券投资界服务。我认为它是在拿着鸡毛当令箭。美国证监会应当认真地亲自履行 1934 年《证券交易法》赋予它的职责，完全承担起制定信息披露规则的责任。它应当重新强调以历史成本作为会计计量基础。历史成本数据才是审计师有能力审计的数据，才是评价业绩的依据。这样才能降低会计的主观性，同时有助于提供可审计的数据。继续奔向公允价值会计，将会导致独立公共会计师行业的终结。

公司会计师（corporate accountant）的目标不应当是为短期的投机者服务，而应当为长期的所有者服务，应当着眼于加强管理控制、防范舞弊。

资料来源：Eugene H. Flegm. "Accounting at a Crossroad", *The CPA Journal*, New York. Vol. 75, Iss. 12. Dec. 2005, pp. 16-22.

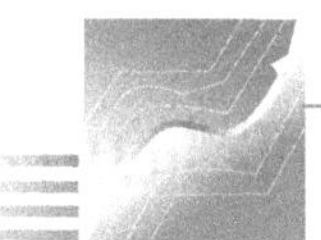

第三章　资产减值会计的合理性辨析

理论界往往以谨慎性原则（或稳健性原则）为名对资产减值会计大加颂扬，但从其实施效果来看，资产减值会计规则是一套默许企业管理当局操纵会计数据的失当规则。散见于现行企业会计准则体系的资产减值会计规则分别以“客观证据”“确凿证据”“减值迹象”为减值测试的触发条件，然而那些触发条件就本质而言并不属于法律事实，相应的记账行为缺乏法律证据（原始凭证）的支持，这就导致资产减值会计所生成的信息缺乏公益性和公信力。根据我国《会计法》的规定，“任何单位不得以虚假的经济业务事项或者资料进行会计核算”，据此，在缺乏证据的情况下对会计账簿的篡改应当被认定为违法行为。显然，资产减值会计违背会计原理、违背法律原则，在证明力上应当归于无效。为保证会计信息的公益性和公信力，资产的升值或减值信息只应在会计程序之外予以补充披露，而不应进入会计程序进行处理。

第一节　“甜饼罐”和“大洗澡”：问题的引入

自1988年《国营商业会计制度》规定商品削价准备金制度以来，资产减值会计在我国会计法规中落地生根并迅速扩张，如今已推广到大多数资产项目。与之相对应的，是会计实务中屡屡出现的利用资产减值会计规则操纵利润数据的现象。“甜饼罐”和“大洗澡”是企业利用资产减值会计规则进行“合规造假”的常见手法。

“甜饼罐”（cookie jar）是指企业管理层利用资产减值会计规则，计提各种资产减值准备（即减记计提当年的资产和利润），留待以后年份需要“做大资产和利润”时增记资产和利润，从而达到随意调节各期利润数据的目的。例如，某公司以900万元入账的库存商品，在下一年以1 000万元售出。则在如实记账的情况下，其利润总额在购入当年为0，在下一年为100万元（如图3—1所示）。若其在购入库存商品的当年年底记录资产减值损失和存货跌价准备300万元，则下一年的利润总额就会变成400万元（如图3—2所示）。显然，该公司所计提的存货跌价准备（如图3—2中第一年的阴影部分所示）可以随时用于“做大”后续年份的利润总额——这不就是“欲扬先抑”的手法吗？故而，存货跌价准备就像是企业管理层给自己准备的甜饼罐，可随时用于满足“饥饿”的企业管理层对于利润数据的欲望。总体来看，现行企业会计准则体系允许存货跌价准备、坏账准备、持有至到期投资减值准备等资产减值准备在以后期间转回，这意味着，企业甚至不必出售资产也能够在账上“做出”利润。至于固定资产减值准备、无形资产减值准备等会计准则不允许转回的项目，企业也可以通过出售资产的方式“做出来”营业外收入。显然，会计法规一旦允许企业在没有法律证据（即原始凭证）的情况下计提减值准备，则必然陷入难以遏制企业造假的被动境地。

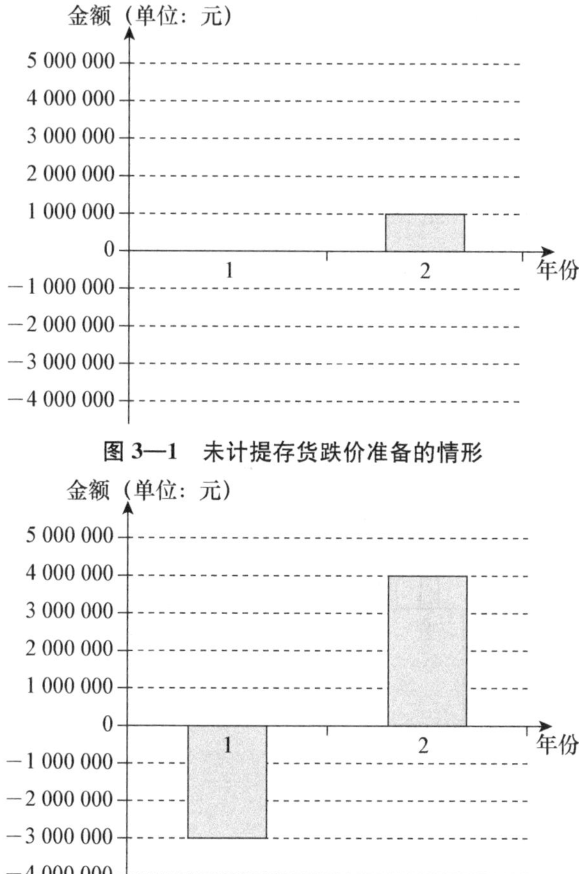

图 3—1　未计提存货跌价准备的情形

图 3—2　计提存货跌价准备的情形

“大洗澡”（big bath）是指企业管理层利用资产减值会计规则，计提巨额的各种资产减值准备（从而记录巨额的亏损），然后在以后年份逐步转回资产减值准备。例如，某公司新一届管理层刚刚上任，预测该公司未来十年每年均亏损 10 万元（如图 3—3 所示）。如何使业绩变得更为好看？管理层决定，在第一年计提存货跌价准备 1 000 万元，然后在后续的 9 年每年都转回存货跌价准备 100 万元，如此，就可以把“连续十年亏损”转变为“一年亏损、九年盈利”（如图 3—4 所示）。看到这里，读者大概就能理解为什么新官上任三把火大多会选择“让我一次亏个够”了。

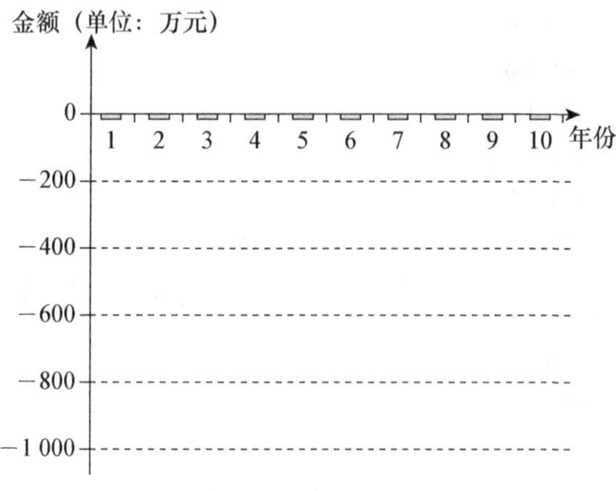

图 3—3　实际的业绩

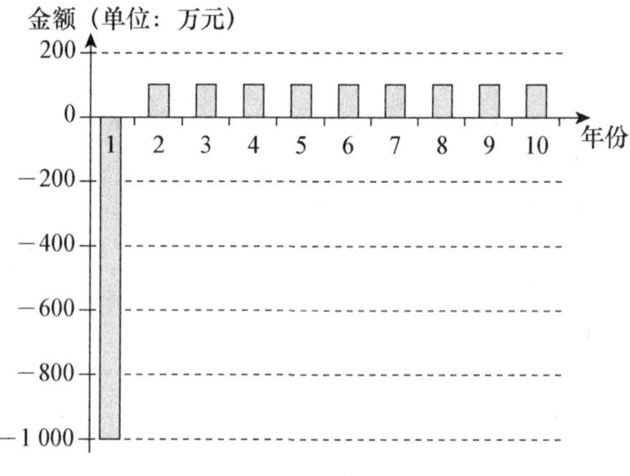

图 3—4　“大洗澡”之后的“业绩”

我国现行企业会计准则体系规定，资产负债表日，存货应当按照成本与可变现净值孰低计量。存货成本高于其可变现净值的，应当计提存货跌价准备，计入当期损益。企业应当在资产负债表日判断固定资产是否存在可能发生减值的迹象。存在减值迹象的，应当估计其可收回金额。资产的可收回金额低于其账面价值的，应当将资产的账面价值减记至可收回金额，减记的金额确认为资产减值损失，计入当期损益，同时计提相应的资产减值准备。企业应当在资产负债表日对贷款及应收款项的账面价值进行检查，有客观证据表明该金融资产发生减值的，应当计提减值准备，将该贷款及应收款项的账面价值减记至预计未来现金流量现值，减记的金额确认为资产减值损失，计入当期损益。可见，资产减值的触发条件均缺乏法律事实的支持。上述“可变现净值”，是指在日常活动中，存货的估计售价减去至完工时估计将要发生的成本、估计的销售费用以及相关税费后的金额。企业确定存货的可变现净值，应当以取得的确凿证据为基础，并且考虑持有存货的目的、资产负债表日后事项的影响等因素。“可收回金额”，应当根据资产的公允价值减去处置费用后的净额与资产预计未来现金流量的现值两者之间较高者确定。显然，资产减值的计量（即可变现净值、可收回金额、现值的计算）存在较强的主观性。

可以看出，有了资产减值会计规则，利润数据就变成了任人打扮的小姑娘。减记资产时不要求具备法律证据，只要求具备所谓的确凿证据（对于存货）或者客观证据（对于金融资产）①，对于固定资产、无形资产等长期资产，甚至只要具备减值“迹象”（indication）即可考虑进行减值测试。显然，管理当局拥有较大的自由度。实务中，上市公司往往通过计提资产减值准备来做小资产、做小利润，随后再通过转回资产减值准备或变卖资产等方式做大资产、做大利润。业界人士甚至将资产减值会计列为“久用不衰的十大会计魔法”之一：“巨额计提，秘密准备，各种版本的故事层出不穷。”②即便对于不拟操纵利润数据的公司而言，实际上也并不存在判断减值合理性的标准。一个经典的案例是，南方证券 2004 年被行政接管后，9 家上市公司作为其债权人所计提的资产减值准备比例各异，最低为 15%，最高为 100%。何为妥当？无人知晓。有鉴于此，为遏制企业

① 例如，对于应收账款、贷款、债券投资（持有至到期投资），只要求具备“客观证据”（objective evidence）。客观证据不一定构成法律事实。这是因为，相当多的客观证据可能仅仅是记账主体所观测到的、与其本身无关的客观事实，而不一定是导致其法律关系产生、变更或消灭的事实。

② 2003 年第 27 期《证券市场周刊》封面文章《会计魔方》是国内权威媒体首次比较系统地指控资产减值会计规则导致上市公司“合规造假”问题，见马贤明、郑朝辉：《会计迷局》，11～13 页，59～65 页，大连，大连出版社，2005；郑朝晖：《资产减值会计与利润操纵》，载《商业会计》，2001（11）。

利用资产减值会计规则操纵会计数据的现象，我国《企业会计准则第8号——资产减值》作出了禁止转回该准则所规定的资产减值准备的规定。但是，企业若变卖已计提减值准备的长期资产，则可规避上述限制。足见，一旦允许企业计提资产减值准备，则限制措施皆徒然。

2010年9月，美国财务会计准则委员会发布其与国际会计准则理事会合作完成的《财务会计概念公告第8号：通用目的的财务报告的目标》，删除了概念框架中的“谨慎性”原则等失当概念。① 作为对比，直到我们所效仿的榜样亲自去纠正错误，我国学术界仍未意识到“国际先进经验”的失当性。资产减值会计规则为何、如何、应否进入我国会计法规？这一系列问题成为掣肘我国会计立法导向的重大疑难。本章追溯分析最近20余年我国会计理论和会计立法的历史流变，力求厘清域外资产减值会计规则的演进历程，从而阐明资产减值会计规则的方向性偏差，提出改“资产减值会计”为“历史成本会计＋公允价值披露”的对策建议。

第二节　西风东渐：谨慎性原则在我国的推广

资产减值会计的快速传播，是在谨慎性原则的名义下进行的。谨慎性（prudence）原则又称稳健性（conservatism）原则，主张记录资产市场价值的下跌、记录预计负债，从而达到不高估资产、不低估负债的效果。② 如此计算的利润数据当然也就更低。这一理论主张的始作俑者是美国证券市场上的公认会计原则。谨慎性原则具有很强的迷惑性。我国一些研究者出于借鉴域外先进经验的

① 参见 Financial Accounting Standards Board，2010：Conceptual Framework for Financial Reporting—Chapter 1 and Chapter 3；International Accounting Standards Board，2010：Conceptual Framework for Financial Reporting。

② 例如，我国《企业会计准则——基本准则》第十八条规定，企业对交易或者事项进行会计确认、计量和报告应当保持应有的谨慎，不应高估资产或者收益、低估负债或者费用。

良好意愿，“不慎”把谨慎性原则当作国际先进经验引入我国。这是资产减值会计得以入侵会计理论体系并在会计法规体系中迅速膨胀的重要原因。学术界和立法机构分别采用了不同的口号来推广谨慎性原则。

一、学者们的自由探索

1979年，有文献在介绍国际会计准则时引入了“谨慎从事”的原则。① 1981年，有文献声称，“采用稳健原则符合国际会计惯例，还能有助于改善投资环境和促进外向型经济”，“按成本与市价孰低法进行存货计价，很明显地会减少‘留存收益’，容许‘秘密盈余’的存在。这确实是这个计价方法的严重缺点，不应当为它隐讳。‘不预计可能的收益，只预计可能的损失’是人们按稳健原则行事的表现。但只要会计对象包括不肯定性，只要人们还找不到唯一科学的估价标准，而需要从几个不同计价方法中加以选择，我们的会计原则也应当是‘稳妥’，而绝不是‘冒险’和‘浮夸’”。这样，到了1988年，又有文献提出“市场经济的瞬息万变和经济业务的不确定性，是会计上采用稳健原则的必要条件……会计基本假设和基本原则也是稳健原则存在的直接原因和条件。……更重要的是采用稳健原则符合国际会计惯例，还能有助于改善投资环境和促进外向型经济”。足见，我国学术界在引入谨慎性原则之初，便已将其混同为伦理上的美德。如此一来，反对它简直就像是挑战道德底线。反对者往往被一记闷棍击倒：难道为人处世不该谨慎一些吗？

二、围绕商品削价准备的争论

1988年，我国财政部、商业部发布的《国营商业会计制度》规定了商品削价准备金制度，自当年7月1日起执行。这是谨慎性原则在我国会计法规中的最早应用。② 围绕是否应当计提商品削价准

① 参见袁际唐：《国际会计准则》，载《外国经济与管理》，1979（5）。
② 但该制度并没有明确地提出谨慎性原则。

备，会计界存有激烈的争论。支持者提出，为避免在商品报废或削价时记录当月的大量财产损失，导致利润减少，应该建立商品削价准备，每月按库存商品平均结存额的一定比例进行预提，计入营业成本。① 反对者针锋相对地指出：预提商品削价准备的做法，从哲学的观点来看，不符合马克思主义的认识论。建立商品削价准备，人为地使不稳定的利润达到稳定或均衡，这种强求客观实际服从主观意志的做法，不符合马克思主义认识论，在经营上将会导致决策失误。从会计原则来说，在商品尚未发生削价损失时，就预先提取"削价准备金"，违反了客观性、真实性原则，将会导致会计报表数字不实，因此，这种做法不符合会计核算的要求。② 还有同志正确地指出，"拿西方国家的稳健原则来说，有些内容似已带有'未来'的色彩。例如，提存坏账准备、削价损失准备，以及在充分反映原则下的或有负债、未来成本等等都是在考虑'未来'将发生的种种问题并采取相应措施"③。应当说，这种生动活泼的理论争鸣对于会计立法具有一定的参考价值。

1992 年，谨慎性原则再次成为财政部举办的会计准则国际研讨中的热门话题。官方发表的综述文章指出，"关于稳健原则在会计准则体系中的地位，向来是我国会计界讨论得最多的问题。……对于稳健原则的确切含义及其在会计准则体系中的地位问题，尚未取得共识。……制定中国会计准则可以参考在稳健原则前提下所采取的一些具体会计核算办法。稳健原则并不是随处可用的，如果没有节制，有可能成为企业隐瞒利润或调节盈利水平的手段。西方国家的会计准则也不完全是遵循稳健原则的。因此，我们在制定中国的会计准则时，对稳健原则必须持慎重的态度。最近财政部发布的《企业会计基本准则（草案）》，没有将稳健原则作为一般原则，仅将其

---

① 参见王镜芝：《商业企业要搞好商品削价的核算》，载《广西财务与会计》，1987 (3)。

② 参见刘治平：《预提商品削价准备金质疑》，载《广西财务与会计》，1987 (8)；刘治平：《再谈"预提商品削价准备金"质疑》，载《广西财务与会计》，1988 (12)。

③ 沈含澧：《试论会计原则和会计改革》，载《会计研究》，1988 (2)。

体现在具体经济业务的规定中，这样处理是比较合适的”①。应该说，立法机关对域外新颖概念的认识是清醒的。

三、会计法规采信“谨慎性”原则

虽然谨慎性原则饱受争议，但它还是被写入了1992年出台的一系列会计法规。1992年5月23日发布的《股份制试点企业会计制度》第二十三条允许股份制试点企业按照应收账款余额的规定比例提取坏账准备并计入当期损益。6月24日发布的《外商投资企业会计制度》允许外商投资企业计提坏账准备和存货变现损失准备。② 11月30日发布的《企业会计准则》首次把谨慎性原则列作企业会计的一般原则，允许企业计提坏账准备。该准则第十八条规定，“会计核算应当遵循谨慎原则的要求，合理核算可以发生的损失和费用”；第二十七条中规定，“应收账款可以计提坏账准备金。坏账准备金在会计报表中作为应收账款的备抵项目列示。各种应收及预付款项应当及时清算、催收，定期与对方对账核实。经确认无法收回的应收账款，已提坏账准备金的，应当冲销坏账准备金；未提坏账准备金的，应作为坏账损失，计入当期损益”。12月30日发布的《商品流通企业会计制度》延续了1988年的《国营商业会计制度》关于商品削价准备的规定。之后，资产减值的范围逐渐扩大（见表3—1）。

1997年东南亚金融危机之后，我国会计法规制定者愈发推崇谨慎性原则，试图通过资产减值会计“挤干企业资产的水分”，“提高资产质量”。1998年1月27日发布的《股份有限公司会计制度》以及1999年第四季度财政部先后颁布的《股份有限公司会计制度有关

---

① 骆小元、陈毓圭、李玉环：《改革与实践——会计准则国际研讨会综述》，载《会计研究》，1992（2）。

② 《外商投资企业会计制度》第二十二条中规定，“企业计提坏账准备，可于年度终了根据应收账款、应收票据等应收款项或者放款的年末余额，按照不超过3%的比例计提”。年度终了，企业的商品、产成品或者可以对外销售的自制半成品，如有因残次、陈旧、冷背等原因而造成的其可变现净值低于账面实际成本的，经主管财政部门或国务院有关主管部门批准，可以将损失计入本年销售成本，并同时作为存货变现损失准备单独核算，在资产负债表中作为存货的减项反映。

表 3—1　　我国会计法规中资产减值会计的引进过程

	1992a	1992b	1992c	1998	1999	2000
应收账款的坏账准备	○	○	○	●	●	●
存货跌价准备	—	○	●	⊙	●	●
短期投资减值准备	—	—	—	⊙	●	●
长期投资减值准备	—	—	—	⊙	●	●
其他应收款的坏账准备	—	—	—	—	●	●
委托贷款减值准备	—	—	—	—	—	●
固定资产减值准备	—	—	—	—	—	●
在建工程减值准备	—	—	—	—	—	●
无形资产减值准备	—	—	—	—	—	●

注：●表示义务性规定；○表示授权性规定；⊙表示仅对 B 股、H 股和境外上市公司作要求。

1992a：《股份制试点企业会计制度》　1992b：《外商投资企业会计制度》
1992c：《企业会计准则》和分行业会计制度　1998：《股份有限公司会计制度》
1999：财会字［1999］第 43，49 号　2000：《企业会计制度》

会计处理问题补充规定》和《股份有限公司会计制度有关会计处理问题补充规定问题解答》要求股份有限公司按规定计提短期投资跌价准备、坏账准备、存货跌价准备、长期投资减值准备（俗称“四项计提”）。① 会计法规制定者指出，“（1999 年）新修订的《会计法》第二十六条特别规定，公司、企业的会计核算要贯彻稳健原则。主要是针对现阶段一些公司、企业存在虚列、多列资产、负债、所有者权益，虚列或隐瞒收入，随意调整利润的计算和分配方法，编造虚假利润或者隐瞒利润等行为而作出的。……我国近年来已经发布实施的具体会计准则、股份有限公司会计制度及有关规定，已在致力于贯彻上述会计原则，以促使公司、企业在市场竞争中防止虚假繁荣和‘泡沫’现象”②。

① 《股份有限公司会计制度》要求 A 股公司对应收账款计提坏账准备，要求 B 股、H 股和境外上市公司计提“四项准备”。1999 年的两份文件要求所有的股份公司均应计提“四项准备”，同时将其他应收款也列入计提坏账准备的范围。

② 刘玉廷：《新修订的〈会计法〉所实现的若干重要突破》，载《会计研究》，2000（1）。

2000 年 12 月 29 日发布的《企业会计制度》“充分体现《企业财务会计报告条例》对会计要素尤其是资产定义的要求，将资产减值范围扩充到固定资产和无形资产”。该制度首次提出了“资产减值”的概念，在“四项计提”的基础上又加上了委托贷款减值准备、固定资产减值准备、在建工程减值准备和无形资产减值准备，从而将资产减值会计推广到八个报表项目（俗称“八项计提”）。[①] 该制度还把资产减值明细表规定为资产负债表的第一附表。之后陆续发布的具体会计准则也给出了类似的规定，如《投资》（1998 年制定、2001 年修订）、《存货》（2001 年制定）、《固定资产》（2001 年制定）、《无形资产》（2001 年制定）等四份准则均规定有资产减值会计规则，这些准则适用于股份公司。2006 年 2 月 15 日，财政部发布与国际会计准则“实质性趋同”的企业会计准则体系，资产减值会计规则扩大到投资性房地产、生物资产和商誉等报表项目（见表 3—2）。

表 3—2　　资产减值会计规则的复杂性

资产准备	计算依据	减值的比较基准	会计依据
坏账准备	CAS22	未来现金流量现值	客观证据
持有至到期投资减值准备	CAS22	未来现金流量现值	
贷款减值准备	CAS22	未来现金流量现值	
存货跌价准备	CAS1	可变现净值	确凿证据
消耗性生物资产跌价准备	CAS1	可变现净值	
生产性生物资产减值准备	CAS8	可回收金额	减值迹象
投资性房地产减值准备	CAS8	可回收金额	
固定资产减值准备	CAS8	可回收金额	
在建工程减值准备	CAS8	可回收金额	
无形资产减值准备	CAS8	可回收金额	
商誉减值准备	CAS8	可回收金额	—
长期股权投资减值准备	视情形而定	分别比照 CAS8 和 CAS22 处理	

注：表中 CAS 表示“企业会计准则”，会计依据是指触发资产减值测试的条件。

① 《企业会计制度》在第二章“资产”中专设“资产减值”一节，系统性地规定了资产减值会计规则。这是《企业会计制度》的一大特色。

除表3—2所示的减值准备以外，建造合同、租赁、所得税、石油天然气开采等准则还要求企业分别考虑计算建造合同的减值、未担保余值的减值、递延所得税资产的减值以及油气资产等的减值。这就是说，资产负债表上只有少数几个资产项目①不进行资产减值会计处理，除此以外的资产项目都要考虑做减值处理。

第三节　正本清源：谨慎性原则的失当性

谨慎性原则无论从理论基础还是从实践效果来看都是失当的。

1. 谨慎性原则在中外学术界一直存有争议。中外会计理论家均认识到，谨慎性原则与财务会计概念框架所规定的真实反映、中立性、可比性诸原则存在明显的矛盾，导致会计理论难以自洽。

美国著名会计学家A.C.利特尔顿指出，成本与市价孰低法等规则的存在，仅仅是传统惯性的结果，但很多传统做法早已失去存在的理由。直到20世纪20年代物价猛涨时，企业才经常在资产计价上背离历史成本原则。大萧条之前，调高资产账面价值成为流行，大萧条之后，调低资产账面价值大行其道。这两次调整账簿记录的历史事实也表明，调整账簿记录以反映不断变化的外部条件的做法没有多大的用途。试图使财务报表数字反映价值的做法，只能导致会计信息的公信力的丧失，因为价值是主观性的评价，它因人而异，因时而异，甚至因地而异。②

在我国，著名会计理论家和实践家潘序伦先生早在20世纪30年代就曾撰文批判谨慎性原则。潘序伦先生指出：谨慎性原则在理论上是自相矛盾的，“即在市价跌落时，承认其未实现损失，而在市

---

① 这几个报表项目是：货币资金、交易性金融资产、可供出售金融资产、采用公允价值模式计量的投资性房地产和采用公允价值模式计量的生物资产。

② 参见［美］利特尔顿：《会计理论结构》，177页，263～270页，北京，中国商业出版社，1989。

价高涨时，不承认其未实现利益是也”，此种矛盾方法，对于损益计算“诚可尽其歪曲之能事，实是会计原理上及实务上之大患也”；该原则导致计算工作至为繁重，极不经济；该原则并不能达到稳健之目的，反而“有利于”操控利润数字。[①] 80 年代，当一些学者误把谨慎性原则当作国际会计惯例进行宣传时，以杨纪琬先生为首的会计理论家针锋相对地提出反对意见，但未能阻挡谨慎性原则浸入会计法规的进程。针对 1992 年 11 月 30 日财政部正式发布的《企业会计准则》删除草案中的“合法性”原则、增加“谨慎性”原则这一动向，杨纪琬先生指出，“我倒建议在修改会计准则或者制定具体应用会计准则时加上‘合法性’这一条。我过去有个基本意见，不能把‘谨慎性’作为一条普遍适用的原则……这个意见现在基本不变。有人建议加进成本与市价孰低法，我认为要慎重。……规定‘谨慎性’原则的国家也不一定就完全按照它来处理业务，比如确认未实现的汇兑收益，分期确认长期合同的收入都没有体现谨慎性原则。谨慎性原则是不是国际惯例关系不大，不能认为‘谨慎性’原则是一项国际惯例我们就一定要用，也不能因为它不是一项国际惯例我们就一定不能用，关键要看能不能在中国普遍使用”[②]。遗憾的是，质疑域外理论的声音被铺天盖地的“国际化”论调淹没了。

2. 公共会计师行业和证券监管层的有识之士一贯反对谨慎性原则。在实践中，资产减值会计是管理层“合规操纵”会计报表的利器。财经媒体持续热议的“大洗澡”“甜饼罐”等术语是对资产减值会计的生动刻画。公共会计师行业、证券交易所和美国证监会的领军人物在 20 世纪的不同时期不约而同地提到了谨慎性原则的显著弊端。

曾于 1914—1916 年任美国会计师协会会长的波特·乔普林指

① 参见潘序伦：《存货估价问题》，载《立信会计季刊》，1931 年第 2 卷第 3 期；潘序伦：《存货计价论》，载《立信会计季刊》，1949 年第 2 卷第 16 期。转引自《潘序伦文集》，146～166 页，464～493 页，上海，立信会计出版社，2008。

② 杨纪琬：《对当前几个会计问题的思考》，载《会计研究》，1996（2）。

出，谨慎性原则是不合理的，没有任何惯例能够证明低估资产、设立秘密准备的合理性。会计师们必须坚定地坚持“既不高估资产，也不低估资产”的原则。在大多数情况下，谨慎性原则“有助于”企业管理层滥用管理权，但会计报表无论如何不应该误导报表读者，因此，资产的价值波动必须以附加信息的形式予以补充披露，而不应当进入会计程序进行处理。①

1930年12月6日，纽约证券交易所上市委员会行政助理霍克西（J. M. B. Hoxsey）在美国会计师协会年会上发表题为《服务于投资者的会计》的长篇演讲。他指出：“在我看来，企业账目是否应当采取谨慎性的态度，那根本就不是公共会计师应该操心的事。会计师的本业很简单，那就是准确地向普罗大众传递真实的画面。如果说企业账目主要是为债权人服务的，是为亲自参与管理、了解企业经营的所有细节的资本所有者服务的，那么，那种额外记录高额折旧、额外记录高额营业费用、为或有事项设置超高额准备金、低估存货金额等各种试图‘做小’资产和净资产的做法，也许危害不大。但人们何苦如此自己愚弄自己，却是令人费解的。现如今，如果考虑到投资者的需要，谨慎性原则就更不可取了。投资者有权利知道有关企业财务情况的‘事实’。会计师凭什么人为地‘做小’资产和利润数字呢？那么做对于投资者来说太不公平了！谨慎性原则会导致投资者误以为当前的股价过高且缺乏合理解释，从而抛售其原本应该持有的股票。谨慎性原则还会导致投资者误以为被投资单位拥有一些其无法理解的领先优势，从而继续持有本该卖出的股票。从这两种情况来看，谨慎性原则的作用都是加剧市场波动和恐慌心理”②。

1998年9月28日，美国证监会主席亚瑟·莱维特在纽约大学法

---

① 参见 J. Porter Joplin，1914：Secret Reserves. *Journal of Accountancy*，Iss. 6 (December)，pp. 407-417。

② J. M. B. Hoxsey，1930：Accounting for Investors. *Journal of Accountancy*，Issue 50 (October)，pp. 251-284.

律与商务中心发表题为《数字游戏》的著名演讲，痛批常见的利用秘密准备等规则漏洞进行利润平滑的操作手法。[①] 随后，美国证监会集中整治商业银行随意调节贷款减值准备的问题，但最终不了了之。其结果是，贷款减值准备的计算规则在次贷危机期间为千夫所指，至今仍是国际难题。

3. 谨慎性原则被剔除出财务会计概念框架。公认会计原则制定者早在20世纪80年代初就承认谨慎性原则存在导致会计理论框架难以自洽的问题，并最终于2010年9月从其概念框架中删除了谨慎性原则。

1980年5月，财务会计准则委员会发布第2号财务会计概念公告。该公告用较大篇幅阐释了谨慎性原则的缺陷："保守主义至今仍缺乏理论支持。《会计原则委员会公告第4号》指出：通常情况下，资产和负债的计量都是在不确定的情况下进行的。从历史上看，管理者、投资者、会计师在把握可能的出错方向时，往往倾向于低估而不是高估净利润和净资产。这样就形成了保守主义的惯例"；"谨慎性原则导致财务报告出现偏差，它与其他信息质量特征（如真实性、中立性、可比性及一致性等）是冲突的"；"谨慎性原则产生于以资产负债表为主要（甚至是唯一）的会计报表的年代，那时候企业较少对外公布利润等经营业绩信息。当时，银行等债权人是会计报表的主要使用者，申请贷款的企业越是低估其资产，银行越是感到安全"，"但当企业开始对外定期公布业绩信息以后，谨慎性原则的问题开始逐渐显现。如果本期低估资产数字，则以后期间的利润数字将会被高估。有经验的会计师很快发现，很难长期持续地低估资产和利润。《会计研究公报第3号》早就论述过这一问题，该公告认为'资产应当按照重估日的市价记录而不是记录保守估计的价值'。《会计研究公报第29号》循此思路创设了成本与市价孰低法（lower of cost or market rule，LOCOM）"；"本委员会强调，任何企图低估业绩的做法都有损于会计信息的可靠性和完整性，从长远来看都是行不通的。那种行为，无论多么谨慎而为，都不符合本公

① 参见［美］莱维特：《数字游戏》，载《证券市场导报》，2002（5）。

告的精神。……估计盈余数字时的任何偏差，无论是过度保守（overly conservative）还是谨慎不足（unconservative），受影响的只是利润或损失的记录时点，而利润或损失的总额从长期来看并不会受到影响。因此，没有理由倾向于高估或者低估，否则必将导致一些报表使用者受益而另一些人受损”。该公告正确地指出，“本公告认为，如果把事实告诉报表读者，让他们根据事实形成自己的观点，则财务报表的可靠性必然会大大增强。这应当是会计发展的方向”。遗憾的是，该公告的正确立场长期未能得到贯彻。① 谨慎性原则非但没有被剔除出公认会计原则体系，反而更加“生猛”地侵入固定资产、无形资产等长期资产项目。

2010 年 9 月，财务会计准则委员会和国际会计准则理事会分别发布两者合作完成的概念框架，从理论框架中删除了“审慎性”（prudence）或“稳健性”（conservatism）原则，以求解决该原则所导致的会计理论框架的内在冲突。

4. 资产减值会计的非法性。与资产减值会计高歌猛进相伴随的，是学术界的普遍叫好。学术界给资产减值添加了种种光环，盛赞资产减值会计“有利于挤干资产和利润的水分”“有利于做实利润”……总之，它“有利于提高会计信息质量”。会计法规制定者和一些研究者误以为谨慎性原则有助于提高会计信息质量——他们引进资产减值会计的动机是好的，但是，他们忽略了对域外理论应有的扬弃，不仅导致现行的规范性文件违背法律的规定，还导致法律内部产生冲突。

我国《会计法》规定，“各单位必须根据实际发生的经济业务事项进行会计核算，填制会计凭证，登记会计账簿，编制财务会计报告。任何单位不得以虚假的经济业务事项或者资料进行会计核算”（见该法第九条）。全国人民代表大会常务委员会法律工作委员会在立法释义中指出：这一规定具体包括四层含义：一是会计核算应当真实反映单位的财务状况和经营成果，保证会计资料的真实性；二

① 概念公告说到底也仅仅是规则制定者迫不得已时的挡箭牌而已，很难说它有什么实质性的作用。

是会计核算应当准确反映单位的财务状况，保证会计信息的准确性；三是会计核算应当具有可验证性，即会计信息应当源于可以被客观证据加以证明的经济活动信息，而不应建立在主观臆断和个人意见的基础上；四是任何单位都不得以虚假的经济业务事项或者资料进行会计核算。“本条所规定的各单位应当以实际发生的经济业务或事项进行会计核算，还有一层含义是法律规定的会计核算是一种事后核算，是对已经发生的经济业务事项所进行的事后记录、计量和反映，不包括对经济活动事前的预测、决策和管理控制等内容。”① 据此，记账行为必须具备原始凭证，在缺乏证据的情况下对会计账簿的篡改应当被认定为违法行为。②

作为对比，散见于现行准则的资产减值会计规则分别以“客观证据”“确凿证据”“减值迹象”为减值测试的触发条件（见表3—2），然而那些触发条件就本质而言并不属于法律事实，相应的记账行为缺乏法律证据（原始凭证）支持，这就导致资产减值会计所生成的信息缺乏公益性和公信力。因此，资产减值会计违背会计原理、违背法律原则，在证明力上应当归于无效。自从资产减值会计规则被引入我国会计法规以来，它就一直与利润操纵紧密相连。它允许企业在缺乏原始凭证的情况下记账，从而导致企业的会计造假“合规化”。与此相对应的是，一些研究者对“会计造假合规化”问题置若罔闻，不仅不反思国际准则的缺陷，还反过来呼吁有关部门努力为推行国际准则创造实施环境。其逻辑实不足取。③

总之，我国一些研究者和会计法规制定者疏于批判，导致资产减值会计这一失当规则涌入我国的会计理论体系和会计法规体系。如果他们了解域外资产减值会计规则的演进历程，相信他们会认同潘序伦先生

① 卞耀武：《中华人民共和国会计法释义》，56～57页，北京，法律出版社，2000。

② 《会计基础工作规范》要求，除结账和更正错误的记账凭证可以不附原始凭证外，其他记账凭证必须附有原始凭证。

③ 法的规范作用包括对本人行为的指引作用、对他人行为的评价作用、对一般人行为的教育作用、对当事人行为的预测作用、对违法行为人的强制作用。会计法规本身应当直面现实，而不应虚构一个“人人都不会滥用会计准则中的主观性条款”的实施环境。

和杨纪琬先生的真知灼见，不再把资产减值会计列入我国的会计法规。

第四节　追本溯源：资产减值会计规则之形成

追溯公认会计原则的演进历程可以发现，现行资产减值会计规则是会计规则制定者的各种权宜之计的大杂烩。

一、公共会计师行业推崇谨慎性原则

会计史学家指出，稳健主义之所以备受尊崇，主要有三个原因：第一，在中世纪的欧洲，面临审计压力的庄园管家倾向于尽量低估资产，这种具有自保性质的保守做法对他更为安全。这被认为是谨慎性原则的起源。第二，英国的会计师为了避免法律风险，防止从资本中分配红利，倾向于故意低估资产价值和利润。成本与市价孰低法受到推崇。第三，美国的公共会计师行业为了讨好商业银行业，把谨慎性原则列为职业信条。美国在19世纪末尚未形成全国性的资本市场（资本市场以地方性、区域性市场为主），企业周转所需资金主要源于银行借款。这一时期，美国的公共会计师行业以商业银行为主要客户，主要通过验证企业资产负债表中的流动资产和流动负债而谋生存，以至于周转资本的安全边际和2∶1的流动比率成为银行授信的标准。对于商业银行来说，它们更需要了解发生预期损失（而不是获取利润）的可能性，它们提出了谨慎性原则的要求，喜欢按存货的成本与市价孰低法有意减低贷款申请人的资产账面价值，鼓励申请贷款的企业计提坏账准备。于是，公共会计师行业便把谨慎性原则列入了自己的职业信条。[①] 美国会计师协会在起步阶段为了讨得美联储的欢心，献上了《统一会计》这部统一的会计制度草案，美联储先是于1917年直接予以发布，后又于1929年以《财务报表

---

① 参见［美］查特菲尔德：《会计思想史》，26～38页，108～184页，191～192页，北京，中国商业出版社，1989。

的验证》为题予以发布。这两份文件均规定，存货计价只可采用“成本与市价孰低法”。支持谨慎性原则的是英国出身的会计师（如乔治·O. 梅、阿瑟·L. 迪金森等）以及受他们影响的美国的会计师们（如重编过劳伦斯·R. 迪克西的审计著作的罗伯特·H. 蒙哥马利）。蒙哥马利认为，稳健性是资产计价（尤其是存货计价）中最安全的办法，否则就可能对银行家和债权人构成欺骗。①

注册会计师大多拥护谨慎性原则。谨慎性原则给企业管理层提供了调节利润的便利，赋予管理层以“自由之手”，他们从而有机会向股东报告不实的情况。但注册会计师行业所喜爱的谨慎性原则是一个违背证券法的立法精神的理念。遗憾的是，1934 年成立的美国证监会自成立后很长一段时间里只顾忙着反对公众公司记录资产升值的做法，而疏于慎重应对谨慎性原则，对谨慎性原则采取了默许的态度，这导致公众公司基于谨慎性原则的会计实践在美国证监会成立前后变化不大。②谨慎性原则从而得以进入公认会计原则并逐步扩张（见表 3—3）。

表 3—3　　　　公认会计原则中主要的资产减值会计规则

发布时间	公认会计原则的文件名称	核心内容
1941 年 2 月	《会计研究公报第 8 号：收益与盈余公积的汇总列报》(ARB 8：Combined Statement of Income and Earned Surplus)	表达了支持企业以预计损失或代价冲减当期利润的倾向
1942 年 1 月	《会计研究公报第 13 号：战争期间的特殊准备的会计处理》(ARB 13：Accounting for Special Reserves Arising Out of the War)	允许以预计损失或代价冲减当期利润
1946 年 10 月	《会计研究公报第 26 号：使用特殊战时储备的会计处理》(ARB 26：Accounting for the Use of Special War Reserves)	同上

① 参见 Herbert C. Freeman，1912：Auditing—Theory and Practice. *Journal of Accountancy*，(Oct). Vol. 14，Iss. 4，pp. 341－345。

② 参见普雷维茨、莫里诺：《美国会计史——会计的文化意义》，300～301 页，北京，中国人民大学出版社，2006。

续前表

发布时间	公认会计原则的文件名称	核心内容
1947年7月	《会计研究公报第28号：一般准备金的会计处理》(ARB 28：Accounting Treatment of General Purpose Contingency Reserves)	计提一般准备金应当调整资本公积，不应冲减当期利润
1947年7月	《会计研究公报第29号：存货计价》(ARB 29：Inventory Pricing)	存货计价采用成本与市价孰低法，调整额冲减当期利润
1947年8月	《会计研究公报第30号：流动资产与流动负债：营运资本》(ARB 30：Current Assets and Current Liabilities：Working Capital)	上市证券采用成本与市价孰低法，调整额冲减当期利润
1947年10月	《会计研究公报第31号：存货的准备金》(ARB 31：Inventory Reserves)	同第29号会计研究公报
1953年6月	《会计研究公报第43号：会计研究公报重述与修订》(ARB 43：Restatement and Revision of Accounting Research Bulletins)	第3章A节、第4章分别同第30号、第29号会计研究公报
1971年3月	《APB意见书第18号：普通股投资的权益法》(APB Opinion No. 18：The Equity Method of Accounting for Investments in Common Stock)	记录投资价值的非暂时性下跌，冲减当期利润
1975年3月	《财务会计准则公告第5号：或有事项的会计处理》(SFAS No. 5：Accounting for Contingencies)	要求确认预计负债
1975年12月	《财务会计准则公告第12号：上市证券的会计处理》(SFAS No. 12：Accounting for Certain Marketable Securities)	短期投资的成本与市价孰低法
1993年5月	《财务会计准则公告第114号：债权人对贷款减值的会计处理——修订FASB第5，15号准则公告》(SFAS No. 114：Accounting by Creditors for Impairment of a Loan—an amendment of FASB Statements No. 5 and 15)	要求按照贷款的账面价值与未来现金流量现值之差记录贷款减值准备

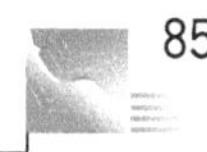

续前表

发布时间	公认会计原则的文件名称	核心内容
1995 年 3 月	《财务会计准则公告第 121 号：长期资产减值和待售长期资产的会计处理》(SFAS No. 121: Accounting for the Impairment of Long-Lived Assets and for Long-Lived Assets to Be Disposed of)	若存在减值，要求按照账面价值与公允价值之差记录资产减值损失
2001 年 8 月	《财务会计准则公告第 144 号：长期资产减值及处置的会计处理》(SFAS No. 144: Accounting for the Impairment or Disposal of Long-Lived Assets)	记录长期资产减值损失

二、美国证监会禁止记录资产的升值

20 世纪早期，采用“现行价值”或“评估价值”进行计量，从而记录资产重估增值的现象相当普遍，资产负债表中往往包含了长期资产的评估增值（如固定资产、无形资产），偶见有谨慎地减记资产的案例（如通用电气曾将某项资产减记至 1 美元）。大萧条之后，美国证监会倾向于更“谨慎”的会计，禁止公众公司采用现行价值、评估价值计量长期资产。① 美国证监会委员罗伯特·E. 海利（Robert E. Healy）曾参与联邦贸易委员会（FTC）在美国证监会成立之前所组织的对企业界的调查，他反对记录资产市值的增加，他愤慨地抨击“在某些州，除了地下室的炉灰，你可以将所有的东西资本化”。海利自 1934 年至 1946 年长期担任美国证监会委员，在他任期内，美国证监会大力支持采用历史成本会计计量长期资产，在审核注册文件时限制使用“评估价值”。到 1940 年，记录长期资产增值的做法几乎不见了。② 作为对比，资产减值会计被认为是对历史成本

---

① 参见 R. G. Walker, 1992: The SEC's Ban on Upward Asset Revaluations and the Disclosure of Current Values. *Abacus*, Mar, Vol. 28, Issue 1, pp. 3-35; Stephen A. Zeff, 2007: The SEC Rules Historical Cost Accounting: 1934 to the 1970s. *Accounting and Business Research*, Vol. 37, Iss. 3, pp. 49-63。

② 参见财政部会计准则委员会组织翻译：《市值会计研究——遵照〈2008 年紧急经济稳定法〉第 133 节的报告和建议》，34 页，北京，中国财政经济出版社，2009。

会计的修正，受到重视并得以推广。

三、准备金会计的出台和资产减值会计规则的快速推进

美国1933年《证券法》把跨州发行证券的公众公司的审计权赋予公共会计师行业，美国证监会1938年把公认会计原则的制定权转授给了美国注册会计师协会，从此，美国注册会计师协会既拥有审计权又拥有会计规则制定权，把自己绑定于证券市场的战车上。但该行业并没有致力于加强会计监管，而是竭力迎合公众公司管理层的利益诉求。1941年2月，会计程序委员会（美国注册会计师协会麾下负责制定公认会计原则的机构）在其发布的《会计研究公报第8号：收益与盈余公积的汇总列报》中透露了它支持企业用预计的代价或损失冲减当期利润的态度。这一倾向在1942年1月发布的《会计研究公报第13号：战争期间的特殊准备的会计处理》中得以体现。

1. 一般准备金和存货跌价准备的出台。第二次世界大战结束后，在通货膨胀的大背景下，企业管理层开始批评历史成本会计，他们说利润被“高估”了。会计程序委员会同样是拿出“准备金会计”（reserve accounting）予以应对，允许企业管理层针对或有事项、存货和战事善后事项等记录准备金，并于1946年10月发布《会计研究公报第26号：使用特殊战时储备的会计处理》①，1947年7月发布《会计研究公报第28号：一般准备金的会计处理》和《会计研究公报第29号：存货计价》，1947年10月发布《会计研究公报第31号：存货的准备金》。其中，为防止企业操纵利润数字，提取一般准备金时直接调整资本公积，而不冲减利润表项目。

这些文件象征性地禁止企业利用准备金操纵利润数字，但实际效果是“此地无银三百两”。美国证监会对会计程序委员会允许公众公司设置“未来损失准备金”的做法非常愤慨。② 在谨慎性原则下所

---

① 1951年7月，会计程序委员会撤销了关于战时准备金的第13号和第26号会计研究公报。

② 参见普雷维茨、莫里诺：《美国会计史——会计的文化意义》，343～345页，北京，中国人民大学出版社，2006。

记载的数字缺乏原始凭证的支持，因此，依会计原理即可完全否定谨慎性原则的合理性。但这一原则却被公共会计师行业一而再、再而三地予以推广。

2. 短期投资跌价准备的出台。1947 年 8 月，会计程序委员会发布《会计研究公报第 30 号：流动资产与流动负债》，要求公众公司在上市证券（marketable securities）市价低于成本时，将账面价值减记至市价。但未规定是否在市价恢复时转回计提的减值准备。

上述存货跌价准备、一般准备金和资产减值准备处理规则被 1953 年 6 月发布的《会计研究公报第 43 号：会计研究公报重述与修订》完整接纳。

3. 长期股权投资减值准备的出台。1971 年 3 月，美国注册会计师协会麾下的会计原则委员会（Accounting Principles Board，APB）公布《APB 意见书第 18 号：普通股投资的权益法》，要求公众公司把非暂时性的投资价值下跌计入当期损益。

4. 应收款项的坏账准备与预计负债会计处理规则的出台。1975 年 3 月，财务会计准则委员会发布《财务会计准则公告第 5 号：或有事项的会计处理》，规定了坏账准备的计算规则，要求公众公司衡量应收账款的可收回程度（the collectability of receivables），对应收款项计提坏账准备并冲减当期利润。该准则还规定了预计负债的会计处理规则。该准则第 8 段规定，如果在资产负债表日能够证明资产已经减值或负债很可能发生，且能够合理估计损失金额，则应在利润表中记载该项或有损失。该准则创造性地将可能性区分为很可能（probable）、合理可能（reasonably possible）、极小可能（remote），令人拍案惊奇。预计负债的会计处理规则的出台，表明谨慎性原则已经从资产项目扩展到负债项目。

5. 短期证券投资的成本与市价孰低法的出台。1975 年 12 月发布的《财务会计准则公告第 12 号：上市证券的会计处理》，要求以证券投资组合为基础采用成本与市价孰低法对上市证券进行会计处理。短期投资跌价准备的计提和转回均计入当期损益。

6. 基于未来现金流量现值的贷款减值规则的出台。1977 年

6月发布的《财务会计准则公告第15号：贷款人和借款人关于债务重组的会计处理》规定，已经计提减值的贷款在重新协商其贷款条款之后，应继续以初始金额列示，不确认合同条款的变更。这一规则在20世纪80年代成为储贷协会不确认巨额贷款损失的托词。储贷危机之后，1993年5月发布的《财务会计准则公告第114号：债权人对贷款减值的会计处理》推出了全新的、运用现值算法进行单项贷款减值测试的规则。该准则与《财务会计准则公告第5号：或有事项的会计处理——修订FASB第5，15号准则公告》一道，形成了如下规则：对于单项金额较大的债权，应进行单项测试，以账面价值与未来现金流量现值之差计算贷款损失准备；对于单项金额非重大的债权，应与单项测试未减值的部分一起打包进行组合测试，采用余额百分比或数学模型计算贷款损失准备。

折现值的应用标志着资产减值会计规则发展到了新阶段——折现值的计算完全是主观确定的。这一事态反映了公认会计原则制定者对会计原理的漠视，暴露了公认会计原则缺乏理论基础的真实局面。业界人士指出，折现规则出台的后果是，“证券发行人不仅把未来贴现了，他们还把来世贴现了”①。

这套规则被原样写入《国际会计准则第39号：金融工具确认与计量》和我国的《企业会计准则第22号——金融工具确认与计量》。次贷危机期间，贷款减值会计规则与公允价值会计规则一道，遭到了国际财经界的强烈谴责。2014年出台的《国际财务报告准则第9号：金融工具》引入了“预期信用损失”概念，从而使得贷款损失准备（loan loss allowance）的计算摆脱了此前国际会计准则第39号要求只有在具备“客观证据”（objective evidence）时才能对“已发生损失”计提贷款损失准备的规定。这套规则的设计思路与《巴塞尔协议》的银行业监管规则如出一辙，它反映了

① 普雷维茨、莫里诺：《美国会计史——会计的文化意义》，231～237页，北京，中国人民大学出版社，2006。

国际会计准则理事会试图取悦巴塞尔银行监理委员会等金融组织的立场。这是一套基于五级分类、预期信用损失等银行业审慎监管理念的新算法，它并没有多少科学依据，贷款减值准备的主观性依然很强。①

7. 固定资产减值准备和无形资产减值准备规则的出台。1995年3月，《财务会计准则公告第121号：长期资产减值和待售长期资产的会计处理》规定，如果存在某些事项或环境变化表明企业持有自用的长期资产（long-lived assets）与某些可辨认的无形资产的账面价值难以收回，则应复核其可回收性（recoverability），以判断是否减值。会计主体应当估计使用和处置该资产的预期未来现金流量，若资产的预期未来现金流量合计数（不折现、不考虑利息）小于其账面价值，则应记录减值损失；反之，则无须记录减值损失。减值损失的计量应当以该资产的公允价值为基础，以账面价值超过公允价值的差额来计量。公允价值是指资产在活跃市场中的公开报价，没有市场报价的，可以用现金流量折现、期权定价模型、基本分析等估值方法来确定。作减值处理之后，不得调整以前已经记载的减值额，即禁止转回已经确认的资产减值准备。该准则以5∶2的投票结果通过。投反对票者认为，公允价值的提法不妥，因为资产本身仍在使用过程中，在企业内部根本不存在资产交换这回事，这种规则背离了以交易为基础的历史成本会计。由于很难找到长期资产的活跃市场报价，且准则所提出的各种估值方法主观性过大，因此，长期资产的减值基本上全部是估算的，很不可靠。② 但反对票未能阻挡该准则的出台。《财务会计准则公告第144号：长期资产减值及处置的会计处理》延续了这一规则。

---

① 贷款减值属于对未来的估计，它本身与会计毫无关联，因此，无论如何都不可能设计出符合会计原理的贷款减值规则。

② 值得注意的是，该准则本身并不提倡采用未来现金流量现值。准则制定者认为，折现率的确定是很困难的，主观性过大，因此，该准则不采用折现算法。作为对比，《国际会计准则第36号：资产减值》格外推崇现值算法。这一事实是“国际会计惯例”的不存在性的例证之一。

四、公认会计原则制定者的矛盾态度

会计程序委员会指出，固定资产通常情况下应当以成本为基础进行会计处理，任何企图让资产账户反映现行价值的做法既是不可行的也是不明智的。① 会计原则委员会和财务会计准则委员会也都认识到，财务会计的旨趣是反映既往的交易和现时的状况（而不是未来的交易或状况），会计报表旨在反映已经发生的事项的历史信息，历史信息是财务会计和财务报表的基本数据。② 上述立场与资产减值会计格格不入。公认会计原则的制定者明知正确的做法是“历史成本会计＋公允价值披露”，但出于自身利益的考虑，仍然选择了迎合公众公司的管理层，最终形成了资产减值会计与公允价值会计并列的怪现状。

综观资产减值会计的各项规则，它们是由美国注册会计师协会和财务会计准则委员会这两个机构七拼八凑制定而成的，不存在统一的理论依据和规则体系。作为对比，我国学术界对域外学说的顶礼膜拜态度值得反思。

第五节　解决之道：改“资产减值会计”为“历史成本会计＋公允价值披露”

面对域外缺乏合理逻辑的资产减值会计规则及其理论主张，我国会计立法当如何应对？

一方面，应该看到，资产减值信息对某些利害关系人具有一定

---

① 参见 Committee on Accounting Procedures，1940：Accounting Research Bulletin No. 5：Depreciation on Appreciation，paragraph 2. Issued by American Institute of Accountants。

② 参见 Accounting Principles Board，1970：Basic Concepts and Accounting Principles Underlying Financial Statement of Business Enterprises，Issued by American Institute of Accountants；Financial Accounting Standards Board，1975：Statement of Financial Accounting Standard No. 5：Accounting for Contingencies。

的参考价值，因此，应当允许和鼓励企业以适当的形式披露资产减值信息。如果不允许企业提供资产减值信息，那么当企业资产大幅减值而企业财务报表却未提供此类信息，则有可能对相关利害关系人造成误导。谨慎性原则的支持者往往以德国《商法典》、巴塞尔资本监管协议等域外经验为例来论证资产减值会计的合理性。但那些例证多是从计算清算价值的角度来利用会计报表的。德国商法强调谨慎性的目的是保护商业银行等债权人的利益。以美联储、巴塞尔委员会为代表的银行业监管机构基于审慎监管理念，大力倡导计算贷款损失准备等各种“拨备”。这些情形下，谨慎性原则的应用已经背离了会计的“真实反映”职能，因此，并不具有借鉴意义。

另一方面，资产减值信息可能对某些人有用，但这并不意味着此类信息就有资格进入会计程序进行处理。虽然资产减值会计规则的出台目的可能不是为了造假，但它毕竟为管理当局随心所欲地计算净利润打开了方便之门。因此，问题的症结不是不需要资产减值信息，而是以何种方式提供资产减值信息。历史经验一再证明，会计和审计的发展趋势是力图使会计记录与企业可核查的客观事实保持一致，并尽可能使会计的结果免受企业管理当局的鲁莽和错误意图所左右。为了实现帮助管理当局和其他人士了解企业的真实状况这一首要目标，会计必须对数据进行如实的分类、正确的浓缩和充分的报告。① 诚然，企业是在不确定性环境中运营的，或许对外公布自己的财务状况和经营成果时尽量“低调”是一种有益的姿态，但这并不构成要求会计处理过程也尽量“低调”的理由。非会计专业人士（尤其是经济学家和证券分析师）一般认为，财务报表中的历史成本数据对于证券投资决策存在“有用性”方面的局限性。但会计的目标是帮助人们了解企业的财务状况和过往业绩而不是直接帮助投资者炒股。可能人们对利润的理解互有差异，但利润表中列示的利润数据应当基于社会公认的会计概念，不要强求它仅仅反映某

① 参见［美］利特尔顿：《会计理论结构》，170～263页，北京，中国商业出版社，1989。

个利益集团的看法。为了帮助企业管理当局、股东和有关监管机构了解企业的真实状况，会计必须根据法律事实记账，对数据进行如实的分类、正确的浓缩和充分的报告。因此，历史成本会计是不可或缺的。

综上所述，以“历史成本会计＋公允价值披露”取代资产减值会计，应当是会计立法的改进方向。会计法规应当强调，会计数据必须是根据法律事实记账的结果，同时，可以授权企业在具有法律证明力的会计信息之外另行进行低调的评估（如对资产和利润数字统一进行某种程度的低估）并披露预期数据。如此，既可以保持会计信息的公益性和公信力，又可以满足报表使用者多层面的信息诉求。这一方案具有成本低、效益高的优点，具有推行的必要性和可行性。

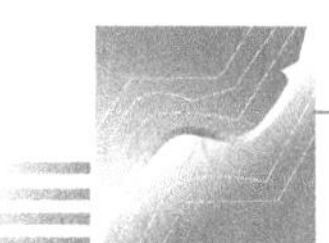

第四章　权益法：以讹传讹的“国际惯例”

权益法自20世纪90年代被当作“国际惯例”引入我国以来，一直是理论界和实务界颇感困惑的问题。研究表明，权益法是公共会计师行业默认的证券市场上的操作手法，目的是在会计报表中列报股权投资的“价值”，设计思路与合并报表相似，故又被称作“单行合并”。权益法缺乏理论依据，本质上是一套金融分析规则而非会计规则，它在全球资本市场中的传播是一个以讹传讹的过程。国际的未必就是先进的。我国学者应当秉持学术操守，扬弃域外理论，发扬本土学说，着力创建体现中国气派的会计理论体系，为中国社会科学的发展做出原创贡献。

第一节　会计法规借鉴域外规则：问题的引入

国际会计准则为股权投资规定有成本法（cost

method)、权益法（equity method)、交易性金融资产（held-for-trading financial asset）和可供出售金融资产（available-for-sale financial asset）等四套规则。四者之中，权益法最为令人费解。① 其设计思路是把被投资方的所有者权益金额按投资方的持股比例合并记入投资方的会计报表（权益法正是因此得名），因此，又被称作“单行合并”(one-line consolidation)（见图 4—1)。国际准则规定，权益法适用于能够与其他合营方一起对被投资方实施共同控制(joint control）的权益性投资（即“对合营企业投资”），以及其持有的能够对被投资方施加重大影响（significant influence）的权益性投资（即“对联营企业投资”）。如果投资方拥有被投资方表决权股份达到 20%，国际准则就认为该投资方对被投资方具有重大影响。

投资方

资产负债表

资产	金额	负债及股东权益	金额
资产:		负债:	
……		……	
……		……	
长期股权投资		……	
……		股东权益:	
……		……	
资产总计		负债及股东权益总计	

利润表

项目	金额
……	
……	
权益法下的投资收益	
……	
利润总额	
减：所得税	
净利润	

被投资方

资产负债表

资产	金额	负债及股东权益	金额
资产:		负债:	
……		……	
……		……	
……		……	
……		股东权益:	
……		……	
资产总计		负债及股东权益总计	

利润表

项目	金额
……	
……	
……	
……	
利润总额	
减：所得税	
净利润	

图 4—1 权益法——“单行合并”示意图

① 学术界对其余三者的设计机理比较明了。交易性金融资产和可供出售金融资产的会计规则是 20 世纪 90 年代美国银行业监管机构（如美联储）与美国证监会斗法的结果，它们虽然缺乏理论依据，但毕竟还易于理解。参见周华、刘俊海、戴德明：《法律制度、金融预期与会计准则》，载《中国人民大学学报》，2009 (6)。成本法具有简洁直观、易于操作的优点，因此备受实务工作者欢迎。

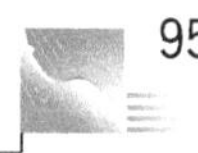

权益法在20世纪80年代被一些学者当作国际先进经验引入我国，之后逐渐被写入我国会计法规（见表4—1）。1992年5月发布的《股份制试点企业会计制度》规定，"企业对其他单位的投资如占该企业资金总数半数以上的，长期投资应按权益法记账"。同年6月份发布的《外商投资企业会计制度》规定，"向其他单位投资和股票投资的核算，一般采用成本法。企业的投资占被投资企业资本总额或者股本总额25%以上，且企业对被投资企业的经营管理有重大影响力的，也可以采用权益法"。同年11月发布的《企业会计准则》规定，"股票投资和其他投资应当根据不同情况，分别采用成本法或权益法核算"。1998年1月发布的《股份有限公司会计制度》延续上述立场，但调整了权益法的起始适用标准。该制度规定，"公司对其他单位的投资占该单位有表决权资本总额20%或20%以上，或虽投资不足20%但有重大影响，应采用权益法核算"。同年2月份发布的《企业会计准则——投资》规定，"投资企业对被投资单位具有控制、共同控制或重大影响的，长期股权投资应采用权益法核算"。2000年12月发布的《企业会计制度》重申了上述规定："企业对被投资单位具有控制、共同控制或重大影响的，长期股权投资应当采用权益法核算。通常情况下，企业对其他单位的投资占该单位有表决权资本总额20%或20%以上，或虽投资不足20%但具有重大影响的，应当采用权益法核算。"2006年2月发布的《企业会计准则第2号——长期股权投资》缩小了权益法的适用范围，从此，权益法仅仅适用于对被投资方具有共同控制或重大影响的情形，其计算规则也有重大变化。①

表4—1　　我国会计法规中权益法的演变

发文时间	法规名称	适用情形	供参考的表决权比例
1992年5月	《股份制试点企业会计制度》	—	[50%，100%]
1992年6月	《外商投资企业会计制度》	重大影响	[25%，100%]

① 现行的权益法是以被投资方股东权益的公允价值数据为基础的，作为对比，原初的权益法是以被投资方股东权益的账面价值数据为基础的。

续前表

发文时间	法规名称	适用情形	供参考的表决权比例
1998 年 1 月	《股份有限公司会计制度》	重大影响	[20%，100%]
1998 年 2 月	《企业会计准则——投资》	控制、共同控制、重大影响	[20%，100%]
2000 年 12 月	《企业会计制度》	控制、共同控制、重大影响	[20%，100%]
2006 年 2 月	《企业会计准则第 2 号——长期股权投资》	共同控制、重大影响	[20%，50%]

然而，权益法既缺乏理论依据又缺乏实践基础。会计理论和法学理论都无法对权益法给出合理的解释。① 权益法下的资产和利润数据缺乏法律依据，实务工作者和研究者难以解释权益法益处何在。“重大影响”的判断缺乏合理依据，为什么以 20%作为权益法的起始适用标准呢？迄今没有任何文件能够证明这一标准的合理性。正是由于这一系列问题长期没有得到解决，因而导致我国会计法规对权益法的规定多有变更（见表 4—1）。迄今为止，仅有少量文献对权益法进行反思。② 本章基于法学和经济学的交叉学科研究视角，运用“根据法律事实记账”的理论观点，尝试解开这一长期困扰业界同仁的难题。

第二节　权益法的理论缺陷与潜在危害

一、权益法的理论缺陷

第一，权益法的采用与否取决于企业管理层的意图与判断。会

① 参见 Christopher Nobes. “ An Analysis of the International Development of the Equity Method”, *Abacus*, Vol. 38, Iss. 1, Feb. 2002, pp. 16-45。

② 参见 Paul Rosenfield, Steven Rubin. “ Contemporary Issues in Consolidation and the Equity Method”, *Journal of Accountancy*, Vol. 159, Iss. 6, June 1985, pp. 94-97; Christopher Nobes. “An Analysis of the International Development of the Equity Method”, *Abacus*, Vol. 38, Iss. 1, Feb. 2002, pp. 16-45; R. C. Graham, C. E. Lefanowicz, K. R. Petroni. “The Value Relevance of Equity Method Fair Value Disclosures”, *Journal of Business Finance & Accounting*, Vol. 30, Issue 7, Jan. 2003, pp. 1065-1088。

计原则委员会《APB 意见书第 18 号：普通股投资会计核算的权益法》为了给实务操作提供基本一致的操作标准，提出以直接或间接持股 20%为“重大影响”的判断标准。① 该委员会的全部 22 位委员中，有 5 位委员投反对票，一个主要原因是，他们反对以“20%”作为“重大影响”的判断条件。② 面对实务界的质疑，1981 年 5 月财务会计准则委员会发布的第 35 号解释公告指出，20%的持股比例仅仅是参考性的标准，实践中需要结合具体情况进行综合判断。于是，重大影响的判断标准变得更为模糊。显然，“重大影响”的判断往往难免受企业管理当局的利润操纵动机的“重大影响”。经验分析表明，对于持股比例介于 20%～50%区间的投资方来说，现实中的确存在这种借助“重大影响”的判断而选择使用成本法或权益法从而操纵报表数据的可能性。③

第二，权益法混淆了法律主体之间权利义务的界限。权益法并不能够解释投资方由于该项投资行为所获得的权利和所承担的义务。依照公司法的规定，被投资方本身是承担有限责任的公司法人，拥有独立的法人财产权。在出资之后，投资方的出资便形成被投资方的企业法人财产权，投资方对出资的财产不再拥有财产权，而仅仅凭其出资拥有股东权。因此，投资方不应当将被投资方的资产、负债乃至股东权益的变化记到自己的账簿上。④ 作为对比，权益法下根

---

① 该文件承认，这只是一个重要的“假定”（presumption），“重大影响”的判断是主观性的，其影响因素众多；因此，该文件仅仅略略举例说明而未能予以穷尽（Gunther, 1971）。会计原则委员会坦承，在明知并不存在明确标准的情况下，它之所以仍然规定一个判断“重大影响”的分界点，这只是出于统一操作规则的考虑（Driscoll, 1971）。

② 另一个关键分歧是，部分委员反对以企业合并的操作手法进行权益法的账务处理。但奇怪的是，委员们都不反对将权益法作为公认会计原则。

③ 参见 Samuel P. Gunther. “Several Comments on APB Opinion No. 18: The Equity Method of Accounting for Investments in Common Stock”, *CPA: Certified Public Accountant*, Vol. 41, Iss. 10, Oct. 1971, pp. 751-752; Eugene E. Comiskey, Charles W. Mulford. “Investment Decisions and the Equity Accounting Standard”, *The Accounting Review*. Vol, 61, No. 3, July 1986, pp. 519-525。

④ 参见 Paul Rosenfield, Steven Rubin. “Contemporary Issues in Consolidation and the Equity Method”, *Journal of Accountancy*, Vol. 159, Iss. 6, June 1985, pp. 94-97。

据被投资方的股东权益数据来调整投资方的账簿数据的做法混淆了法律主体之间的权利义务的界限。

第三，权益法下的记账行为大多缺乏法律依据，建立在预期而非事实的基础之上。权益法要求投资方在得知被投资方利润表中出现净利润时，按照以其持股比例乘以该“净利润”所计算出的理论上的分享额，增记资产（股权投资）和利润。但是，如此增记的资产和利润仅仅是金融预期而非法律事实，并无法律证据表明投资方的财产权利和业绩有实际变动。[①] 虽然在投资方能够对被投资方施加控制、共同控制或重大影响的情况下，投资方往往预期其能够按照投资比例分享被投资方的利润，但那仅仅是预期而已，它们是否能够实现，在记账时尚无证据能够提供佐证。根据权益法所记录的投资收益并不必然带来真正的股利收入。待到分派红利时再按照成本法增记利润，是更为合理的做法。当被投资方出现亏损时，权益法要求投资方减记资产、减记利润，这同样也是把预期当做现实，仍属失当的记账行为。权益法对报表读者的误导性由此可见一斑。

第四，权益法是对合并报表操作规则的简化，而合并报表编报规则本身就是缺乏合理理论依据的金融分析规则。早在 20 世纪 30 年代就有学者指出，把被投资方的资产和利润数据纳入投资方的财务报表的做法毫无意义。[②] 合并报表中的数据不能用于纳税申报，不能用于利润分配，缺乏原始凭证支持，从而不具有公信力和公益性。[③] 同样，作为合并报表编报规则的变体，权益法的正当用途尚不明确，现行法律不承认权益法。例如，依据现行企业所得税

---

① 权益法下记载的投资收益仅仅在被投资方把全部净利润 100%作利润分配处理的情况下才能成立。

② 参见 E. L. Kohler, H. T. Scovill. “Some Tentative Propositions Underlying Consolidated Reports”, *The Accounting Review*, Vol. 13, No. 1, Mar. 1938, pp. 63-77。

③ 税法基于税收公平原则和税收效率原则，只承认具有法律证据的账簿资料，因此，原则上不允许多个企业合并纳税。利润分配乃是由各个企业独立依法而为，因此，合并报表并无大用。

法，除另有规定外，股利性所得的确认时间为被投资单位在会计上作利润分配时，投资方不得将被投资企业的亏损确认为自己的投资损失。①

总之，权益法在理论上缺乏合理依据，在实践中缺乏法律依据（原始凭证）。当前并存的四种会计处理规则体现了在会计报表中列报股权投资的三种思路。第一种思路是用付出的成本（cost）来列示，此即成本法，属于典型的历史成本会计理念。第二种思路是按照用投资方的持股比例乘以被投资方股东权益的账面价值所计算出的理论价值来反映，此即权益法。权益法往往被视为历史成本会计的一种变体，采用权益法时也要考虑减值测试。② 第三种思路是用股权投资的市价来反映，这种思路体现为“交易性金融资产”和“可供出售金融资产”这两种会计处理规则。股权投资的三种会计处理理念、四种操作规则并存的事实反映了美国证券市场上的公认会计原则的体系性缺陷，迄今尚无文件能够给出合理的解释。③ 如何设计统一的股权投资核算规则，仍是有待求解的重大疑难问题。在这种情况下，权益法之“流行”实在值得反思。

二、权益法的潜在危害

权益法下所形成的会计信息缺乏法律证据，受企业管理层意图的影响甚大。因此，它对企业经营管理和国民经济管理具有一定的负面影响。

第一，权益法下作增减记载的“资产”并非资产、“利润”亦非利润。在被投资方拥有账面净利润的情况下，投资方按照权益

① 参见国家税务总局教材编写组：《企业会计准则与税收》，146 页，北京，中国财政经济出版社，2004。

② 参见财政部会计准则委员会组织翻译：《市值会计研究——遵照〈2008 年紧急经济稳定法〉第 133 节的报告和建议》，25 页，北京，中国财政经济出版社，2009。

③ 参见 R. C. Graham，C. E. Lefanowicz，K. R. Petroni，“The Value Relevance of Equity Method Fair Value Disclosures”，*Journal of Business Finance & Accounting*，Vol. 30，Issue 7，Jan. 2003，pp. 1065-1088。

法所增记的资产并不是其实际拥有的财产权利，它仅仅是预期的而不是实际的财产权利；所增记的“投资收益”也不是利润，它不但不符合依法纳税的信息需求，还会带来所得税会计处理上的递延所得税。最终形成的净利润并非公司法所称的“税后利润”，因而不能用于利润分配。① 权益法下所生成的资产和利润数据的正当用途尚不明确。

第二，公允价值规则与权益法的捆绑使用更是加剧了问题的严重性。现行的权益法的操作规则与之前相比，最大的变化在于，新准则套用企业合并的思路，引入了隐性商誉、负商誉等奇特的规则。如果说此前的权益法是把长期股权投资的账面价值盯到“持股比例×被投资方股东权益的账面价值”，那么当前版本的权益法就是把长期股权投资的账面价值盯到“持股比例×被投资方股东权益的公允价值”。权益法本身就广受争议，公允价值思路的引入显然使问题变得更为复杂。

第三，权益法下的会计信息缺乏法律证据，是无法审计的。由于“重大影响”的判断最终取决于管理层意图，中介审计（即注册会计师审计）缺乏判断标准，因此，无法对之实施审计。② 监管层也难以对企业实施权益法的正当性施加监管措施。企业业绩评价和国民经济统计如何处理权益法下查无实据的数据，也是一个相当棘手的问题。

总之，权益法试图让会计报表反映股权投资的“价值”，这是会计学所力不能及的。当今时代，没有哪一个学科能够科学地计算股权的价值，林林总总的金融估值手法中没有哪一个是被普遍

---

① 在欧洲，有的公司直接将根据“持股比例×被投资方股东权益”所计算出的理论份额在报表中列作“不可分配的公积金”（undistributable reserves），这表明它们对权益法的潜在误导性有所认识。参见 Christopher Nobes. “An Analysis of the International Development of the Equity Method”, *Abacus*, Vol. 38, Iss. 1, Feb. 2002, pp. 16-45；周华、刘俊海、戴德明：《质疑国际财务报告准则的先进性》，载《财贸经济》，2010 (7)。

② 参见 Christopher Nobes. “An Analysis of the International Development of the Equity Method”, *Abacus*, Vol. 38, Iss. 1, Feb. 2002, pp. 16-45。

接受的。要解决当前权益法所造成的困境，就必须首先认清它的真实面目。

第三节　以讹传讹：“国际先进经验”如何形成

域外流行的权益法并不是公共利益诉求推动的结果，而是金融分析理念的体现。它实际上是作为合并报表编报程序的替代品出现的。早在20世纪30年代就有人倡导以权益法代替繁琐的合并报表编制程序。① 在英国，它自始即适用于所有的对子公司的投资，在美国，它最初仅适用于未列入合并报表的对子公司的投资。后来，随着20世纪60年代金融投资活动的日趋活跃，权益法的适用范围得以扩大到并不拥有控制权的股权投资。伴随着20世纪六七十年代投资银行业的快速发展，企业间的交叉投资比较普遍，投资比例低于简单多数控股（majority ownership）的股权投资日渐增多，如对合营企业（associates）和合资企业（joint ventures）的股权投资。由于这种情形下会计规则不要求编制合并报表，而投资方却倾向于在实际收到股利之前先行记录潜在的盈亏，于是就出现了倡导及时反映被投资方的盈亏信息的呼声，权益法的适用范围从而得以扩大到那些并不拥有控制权的股权投资。② 可见，权益法实际上把合并报表的思路推广到了并不拥有控制权（通常是指持股比例低于50%）的股权投资。这时的它已不再是合并报表编报程序的替代品，而是一种金融估值技术。

---

① 在多重控股的情形下，权益法可以使合并报表的编制工作简化为简单的算术。参见 W. E. Dickerson，J. Weldon Jones. “Observations on ‘The Equity Method’ and Intercorporate Relationships”，*The Accounting Review*，Vol. 8，No. 3，Sep. 1933，pp. 200－208。

② 参见 P. T. Driscoll. “Consolidated Financial Statements and the Equity Method of Accounting”，*CPA：Certified Public Accountant*，Vol. 41，Iss. 8，Aug. 1971，pp. 567－571。

一、英国公共会计师行业抛出“20%”的起始适用标准

在英国，权益法最初的用途是作为合并报表的替代手段，在20世纪的前10年，权益法的使用比完全合并（full consolidation）还要普遍并一直延续使用到20年代。① 30年代时，原先采用权益法进行核算的股权投资，要么改为完全合并，要么不被列入合并范围，权益法的适用范围遂变更为不具有控制权的股权投资。实务操作中的混乱局面引起了英国公共会计师行业的关注，他们把权益法列为头号议题，迈出了“创新”的第一步。20%的起始适用标准的国际趋同，是在毫无理论依据的情况下由英国的公共会计师行业率先提出的。

1970年6月26日，英格兰及威尔士特许会计师协会麾下的会计准则指导委员会发布第1号标准会计实务公告的征求意见稿——《对联营公司经营成果的会计处理》，率先提出以20%作为权益法的起始适用标准，要求企业采用权益法核算持股比例达到20%的股权投资。没有任何档案文件、研究资料能够解释当时制定这一规则的理论依据。一个可能的解释是，当时采用权益法的公司British Ropes Limited（现名Bridon International）在持股比例为20%的情况下采用了权益法，这是当时采用权益法的最低持股比例标准，会计准则指导委员会可能是出于包容企业会计实务惯例的考虑，而把它规定为权益法的起始适用标准。② 1971年1月，英格兰及威尔士特许会计师协会发布《标准会计实务公告第1号：对联营公司经营成果的会计处理》，要求以20%的持股比例作为权益法的起始适用标准。

二、美国公共会计师行业照搬英国同行的“经验”

在美国的证券市场上，公认会计原则最初规定权益法适用于

① 参见J. R. Edwards, K. M. Webb. “The Development of Group Accounting in the United Kingdom to 1933”, *Accounting Historians Journal*, Vol. 11, No. 1, 1984, pp. 31-62。

② 参见Christopher Nobes. “An Analysis of the International Development of the Equity Method”, *Abacus*, Vol. 38, Iss. 1, Feb. 2002, pp. 16-45。

未列入合并报表的对子公司投资。之后，权益法的适用范围逐步扩大。

1959 年 8 月，会计程序委员会（Committee on Accounting Procedures，CAP）发布的《会计研究公报第 51 号：合并财务报表》第一段开宗明义地提出了一个假定：“如果一家公司对其他公司存在控制性的金融利益，则在此情形下，合并报表比单个报表更能够体现公允列示的要求。”该文件支持采用权益法核算未列入合并报表的对子公司投资①，或者以成本法列示并辅以附注披露。1966 年 12 月，会计原则委员会发布的《APB 意见书第 10 号：1966 年汇总意见》第 3 段要求企业采用权益法核算未列入合并报表的对子公司投资（指持股比例不低于 50%的投资），不再允许采用成本法核算未列入合并报表的对子公司投资。

为了制定统一的权益法操作规则，会计原则委员会和美国证监会产生了分歧。对于满足什么条件才算具有重大影响，二者谁也无法说服对方。会计原则委员会的项目组最初倾向于以 10%的持股比例作为起始适用标准，但美国证监会的官员则倾向于以 25%为标准。试想，又有谁能够拿得出公认的“重大影响”的判断条件呢？为解决这一分歧，会计原则委员会在 1970 年 3 月决定放弃己见，接受美国证监会官员的意见。但当它在 7 月份得知英国同行 6 月份提出的 20%标准之后，于 10 月份做出决定，改为向英国同行“看齐”。② 次年，会计原则委员会主席德弗利斯（Philip L. Defliese）奔赴伦敦学习英国同行的经验。

---

① 《会计研究公报第 51 号：合并财务报表》规定，如果企业虽然持有多数股权但实际上并不拥有控制权，或者该控制权是暂时性的，或者子公司的业务性质迥异于母公司，则允许不把该子公司列入合并范围。此前的会计研究公报第 43 号第 12 章规定，境外经营的子公司可以不列入合并范围。

② 参见“Three Nations Join in Common Standards”，*Journal of Accountancy*，October 1970。

菲利普·L. 德弗利斯（Philip L. Defliese，1915—1997），曾任会计原则委员会委员（1964—1972 年），其中，于 1970—1972 年担任会计原则委员会末任主席。1974—1975 年担任美国注册会计协会会长。

德弗利斯 1915 年生于纽约市，1931 年高中毕业后进入 New York Title & Mortgage 公司工作，同时在纽约城市学院（City College of New York）夜校学习会计学和教育学，1938 年以优等生身份获得学士学位。他被提拔到公司的会计部门工作。

1938 年他转往纽约市的一所高中任“常任代课教师”（permanent substitute），讲授会计学数年。在此期间，继续在纽约城市学院夜校学习，1940 年获得硕士学位（工商教育专业）。他还通过了纽约大学的博士课程，但未获得博士学位。1942 年加入永道会计师事务所，一年后（1942 年）加入美国海军直至第二次世界大战结束，曾在太平洋和阿拉斯加服役三年，1946 年作为中尉光荣退伍。1947 年获得注册会计师执业资格，1947—1948 年任阿德菲大学（Adelphi University）助理教授，1948 年回到永道会计师事务所，1956 年任合伙人。1962—1968 年任永道会计师事务所的会计审计事务全美主管，代表该会计师事务所与美国证监会打交道。1968—1976 年任管理合伙人和执行委员会主席。1977 年退休后供职于哥伦比亚大学，1988 年任荣誉教授。

德弗利斯曾兼任佩斯大学教授（1950—1956 年），财务会计准则委员会咨询委员会委员（1973—1974 年），还曾担任多家公司的董事和国防部顾问。1972 年获得美国注册会计师协会金质奖章。1975 年被维拉诺瓦大学（Villanova University）授予商学荣誉博士学位。

英美公共会计师行业就这样“达成共识”，随后陆续发布了各自的规则文本。1971 年 3 月，会计原则委员会发布《APB 意见书第 18 号：普通股投资会计核算的权益法》，要求采用权益法核算未列入合并报表的对子公司的投资，并将权益法的适用范围拓展到对合资企业（corporate joint venture）的普通股投资。[①] 该文件提出，在投资方持股比例低于简单多数的情况下，若其能够对被投资方的经营及财务政策施加重大影响（significant influence），则应采用权益法核算；这是因为，权益法能够妥当地记录股权投资所对应的经济资源的增减变动，而且比成本法更能够体现权责发生制的要求。[②] 为了给实务操作提供一致的评价标准，该文件规定以20%的直接或间接持股比例为“重大影响”的判断标准。

《APB意见书第18号：普通股投资会计核算的权益法》摘录

本文件取代会计原则委员会第10号意见书的第2～4段，修订会计研究公报第51号的第19～21段。本文件归纳了现行实务的做法，要求采用权益法核算对子公司的普通股投资，并将权益法的适用范围拓展到对合资企业（corporate joint venture）的普通股投资。依照1940年《投资公司法》成立的投资公司的股权投资除外。【第1段】

“控制”通常是指拥有多数的（50%以上）发行在外的有表决权的股票。会计研究公报第51号第1段指出，“一般认为，在一家公司能够控制另一家公司的情况下，合并报表比单个报表更有意义，能够更公允地列报母子公司的财务状况和经营成果”。【第3～4段】

现行会计实务中，对于不存在控制权的股权投资和对合资公司的股权投资，常常采用成本法或权益法进行会计处理。一般地，采

---

① 在当时的会计实务中，对于不存在控制权的股权投资和对合资公司的投资，常常采用成本法或权益法进行会计处理。一般地，采用成本法的情形较多，偶见采用权益法者。参见W. E. Dickerson, J. Weldon Jones. “Observations on ‘The Equity Method’ and Inter-corporate Relationships”, *The Accounting Review*, Vol. 8, No. 3, Sep, 1933, pp. 200-208。

② 会计原则委员会认为，如果投资方能够影响被投资方的财务与经营决策，则权益法最为合适，因为投资方有责任对其投资回报负责，因而，把被投资方的盈亏按比例记录下来的做法是妥当的。

用成本法的企业较多，也有企业采用权益法。另外，还有个别公司针对上市证券（marketable securities）采用了一种成本法的变体——成本与市价孰低法，即在市场价格呈现非暂时性下跌时进行减记处理。【第5段】

在“成本法”下，投资方以其投资代价记录其股权投资后，在收到股利时记录投资收益。所收到的股利超出应享有份额（按照累计净利润和持股比例计算）的部分作为清算性股利。如果被投资方出现非暂时性业绩滑坡，则应减记该项投资。

在“权益法”下，投资方以其代价记录其股权投资后，在每一个会计期末都要调整该项股权投资的账面价值，按照根据被投资方的净利润（或净损失）乘以投资比例所计算的调整额增记（或减记）该项投资，同时增记（或减记）投资收益。如此，投资方的该项股权投资的账面价值一直等于被投资方的股东权益乘以投资方的持股比例所得到的乘积。如果被投资方出现非暂时性业绩滑坡，则应减记该项投资。【第6段】

由于企业间的股权投资常常出现投资比例低于简单多数控股（majority ownership）的情形，因此，就出现了倡导及时反映投资盈亏信息的呼声。

有人认为采用市场价值对投资进行账务处理是最恰当的，无论市价是高于还是低于成本。但是，市场价值法（market value method）仅仅在特殊的场合下才宜采用。虽然会计原则委员会认为在某些情形下该方法是最佳的列报方式，但是它认为若欲推广该方法还需要进行进一步的研究。【第9段】

还有人认为权益法是最恰当的。会计原则委员会认为，权益法能够妥当地记录股权投资所对应的经济资源的增减变动，而且比成本法更能够体现权责发生制的要求。【第10段】

如果投资方能够影响被投资方的财务与经营决策，则权益法是最为恰当的会计处理方法。因为投资方要对其投资负责，因而，按比例记录被投资方的盈亏的做法是妥当的。【第11段】

> 有人认为，如果投资方所持的投资比例低于简单多数，则成本法是唯一合适的方法。因为在被投资方宣告发放股利之前，投资方并没有任何要求权，因此，不应按比例记录被投资方的净盈亏。【第 13 段】
>
> 本委员会重申，投资方在合并财务报表中应当采用权益法核算其对境内子公司的股权投资。并且，本委员会将权益法的适用范围扩展到对境外子公司的股权投资。母公司应当采用权益法核算对子公司的股权投资。【第 14 段】
>
> 本委员会认为，在投资方持股比例低于简单多数的情况下，如果其能够对被投资方的经营及财务政策施加重大影响（significant influence），则应采用权益法。为了给实务操作提供一致的评价标准，本委员会提出以直接或间接持股 20%为“重大影响”的判断标准。【第 17 段】
>
> 在计算持股比例时，不应当考虑潜在表决权（potential voting privileges）。【第 18 段】
>
> 会计原则委员会的 17 位委员投了赞成票，5 位委员投了反对票。所有委员都不反对将权益法列入公认会计原则（GAAP）。关键分歧在于，一些委员反对以“20%”等主观标准作为“重大影响”的判断条件，反对以企业合并的操作手法进行权益法的账务处理。

英美公共会计师行业所认可的 20%起始适用标准被原样写入国际会计准则委员会 1976 年 6 月发布的《国际会计准则第 3 号：合并财务报表》，“国际惯例”就这样出台了（见表 4—2）。从此以后，直到公允价值会计兴起，权益法的设计思路未见有实质性变化。①

---

① 当然，权益法的这种“稳定性”并不等价于证明该规则的合理性。我们认为，其之所以长期保持稳定性，与“成本与市价孰低法”长期盛行的原因相同，它们都是企业管理层合规操纵会计数据的利器。

表 4—2　　　　权益法“20%”起始适用标准的传播过程

发文时间	发布机构	文件
1970 年 6 月	英格兰及威尔士特许会计师协会（附属机构：会计准则指导委员会）	《标准会计实务公告第 1 号：对联营公司经营成果的会计处理（征求意见稿）》
1971 年 1 月	同上	《标准会计实务公告第 1 号：对联营公司经营成果的会计处理》
1971 年 3 月	美国注册会计师协会（附属机构：会计原则委员会）	《APB 意见书第 18 号：普通股投资会计核算的权益法》
1976 年 6 月	国际会计准则委员会	《国际会计准则第 3 号：合并财务报表》
1978 年 7 月	欧共体理事会	第四号公司法指令（即第 78/660 号指令）
1983 年 6 月	同上	第七号公司法指令（即第 83/349 号指令）
1989 年 4 月	国际会计准则委员会	《国际会计准则第 27 号：合并的财务报表与单个的财务报表》 《国际会计准则第 28 号：对联营企业投资的会计处理》

三、欧共体公司法指令借鉴国际会计准则

在欧洲，权益法的操作方法一度是五花八门。丹麦在 20 世纪 70 年代允许母公司在其单个报表中采用权益法。法国和意大利也允许母公司在其单个报表中采用权益法，但采用者较少。英国和德国仅仅允许在合并报表领域采用权益法。鉴于欧共体各成员国会计法规关于权益法的具体规定存在明显差异，欧共体理事会 1978 年 7 月发布的第四号公司法指令（即第 78/660 号指令）因此做出了关于使用权益法的授权性规定而不是强制性规定（见该指令第 59 条）。第四号公司法指令照搬了英国公共会计师行业抛出的 20%起始适用标准，使得这一标准得以进入成员国的公司法。① 1983 年 6 月的欧共体第

① 欧共体公司法指令对各国的公司法有重大影响，由此导致权益法成为很多国家公司法中的授权性规定。权益法的 20%起始适用标准先是莫名其妙地由英国的公共会计师行业于 1970 年率先推出，1978 年 7 月被欧共体第四号公司法指令吸纳，1983 年 6 月被欧共体第七号公司法指令吸纳。之后，英国的公司法根据欧共体公司法指令接受了 20%的起始适用标准。这样，20%的起始适用标准就在英国完成了“出口转内销”的全过程。

七号公司法指令（即第 83/349 号指令）延续了第四号公司法指令的立场。[①] 这一系列事实生动地说明，会计规则的国际趋同实际上是在脱离逻辑和脱离法律的轨道上高速前进，权益法的传播是国际会计趋同的一个真实侧面。

在缺乏理论依据的背景下，权益法的流行不能不说是盲从的结果。澳大利亚对待权益法的态度就从抵制转向全面引进，出现了 180 度的大转弯。澳大利亚的会计规则制定者鲜明地提出，权益法是一种估值方法而不是一种合并报表编制方法，这表明他们看清了权益法的实质，他们实际上是把金融估值方法列入了会计规则。[②]

总之，权益法在完整的合并报表编报规则形成之前，被用作合并报表编报规则的替代方法；之后，一度被用于核算未列入合并范围的子公司；“所有子公司均列入合并范围”规则出台以后，权益法的适用范围遂改变为无控制权但具有重大影响的股权投资。权益法的大多数用途都是失当的，与其说它是一种会计方法，不如说它是一种金融估值技术更为恰当。[③] 权益法从来就不是什么国际先进经验，它没有资格充任股权投资的会计处理规则。实践中，权益法的实际效果是投资方拿被投资方的数据来填充自己的报表，“拿别人的报表编自己的故事”，它是投资方在财务报表上“自我膨胀”的工具。

第四节　改进股权投资的会计处理规则：基于“根据法律事实记账”理论主张的改进方案

一、解读“股东权”

依法理而论，企业以股东的身份对外投资所形成的财产权利统

① 参见 Christopher Nobes. “An Analysis of the International Development of the Equity Method”, *Abacus*, Vol. 38, Iss. 1, Feb. 2002, pp. 16-45。

② 参见 M. C. Miller, K. Leo. “The Downside of Harmonization Haste: The Equity Accounting Experience”, *Australian Accounting Review*, Vol. 7, No. 2, 1997, pp. 2-15。

③ 参见 Christopher Nobes. “An Analysis of the International Development of the Equity Method”, *Abacus*, Vol. 38, Iss. 1, Feb. 2002, pp. 16-45。

称为股东权（shareholder's rights）。股东权的产生晚于物权和债权，关于股东权的理论研究方兴未艾、亟待加强。[①]

第一，股东权是民事权利的一种，是一种特殊的社员权。[②]“广义的股东权，泛指股东得以向公司主张的各种权利，故股东依据合同、侵权行为、不当得利和无因管理对公司享有的债权亦包括在内；狭义的股东权，则仅指股东基于股东资格而享有的、从公司获取经济利益并参与公司经营管理的权利。”[③] 股东权既包含财产权利，也包含非财产权利。会计学所涉及的股东权概念仅为狭义的股东权，且侧重于财产权利。

第二，股东权与物权既有联系又有区别。对于投资方来说，通常是从股权投资所代表的股东权的意义上去理解，而不是从物权的意义上去理解的。结合股权流通的便利性来说，对有限责任公司的股权投资是难以从物权的意义上去理解的。[④] 因此，企业财务会计报告中所提及的股权投资，应当从股东权的角度来理解。

第三，会计程序只能记载股东权的取得成本而难以反映股东权的确切价值。股东权是多种抽象的财产权利的总称，对它很难给出定价。这与债权形成鲜明对照。在真实交易价格形成之前，并不存在公认的股东权定价规则。记账者所能观测到的只是股东权的实际成交价格，此即“历史成本”（historical cost）。至于股票的最新市价，它所反映的仅仅是边际投资者（marginal investor）或者说少数转让股权的投资者所形成的交易价格，并非就全部股权而言的股权价值。因此，股票的最新市价既非“公允”亦非“价值”，对股权投

---

① 作为对比，通说认为，物权和债权是保护财产静态安全和动态安全的两大民事权利，具有成熟的理论体系。

② 社员权又称“成员权”，是指社团法人的社员（成员）对社团法人享有的独特的民事权利，有别于物权和债权。社员对社团法人出资、取得社员资格后，即对其出资丧失了所有权。社团法人作为独立民事主体对社员的全部出资及其孳息享有民法上的所有权。参见刘俊海：《现代公司法》，170～179页，北京，法律出版社，2008。

③ 刘俊海：《股份有限公司股东权的保护（修订本）》，45～58页，北京，法律出版社，2005。

④ 参见刘俊海：《现代公司法》，45～48页，北京，法律出版社，2008。

资采用公允价值会计规则的做法值得商榷。

二、股权投资的会计处理规则的改进方案

会计是以依法记账、依法纳税、依法分配为主要内容的管理活动，其目标是为企业经营管理和国民经济管理提供具有法律证明力的财产权利和业绩信息。① 根据法律事实记账所生成的会计信息（即历史成本信息）具有公益性和公信力，根据法律事实记账是会计保持其行业价值的底线。② 基于“根据法律事实记账”的基本原则，我们认为，“历史成本会计＋公允价值披露”（即平行列报股权投资的实际代价和估值信息）的方案是最佳的解决方案（见表4—3）。

表4—3　　资产负债表中股权投资的列报

资产	金额	市值或估值	负债及股东权益	金额	市值或估值
资产：			负债：		
……			……		
……			……		
股权投资			股东权益：		
……			……		
……			……		
资产总计			负债及股东权益总计		

注：阴影虚线部分所列数据仅供参考，无法律证据支持。

具体而言：投资时，应当按照实际投资代价入账；持有投资期间实际收到的现金股利和利润，一律据实计入当期投资收益。这一方案具有较强的可行性，可以保证企业对股权投资的增减记载以法律事实为依据。股权投资的会计规则不再计提资产减值，不采用权益法，不采用公允价值会计理念，会计核算工作将会更加简单明了。

① 参见杨纪琬、阎达五：《开展我国会计理论研究的几点意见——兼论会计学的科学属性》，载《会计研究》，1980（1）；娄尔行、张为国：《确保合理分配是会计的一项职能》，载《会计研究》，1991（4）。

② 参见周华、戴德明、刘俊海：《财产权利的计量规则与企业利润的可分享性》，载《财贸经济》，2008（7）。

市值或估值信息放在以阴影虚线标示的区域，仅供感兴趣的读者参考，报表下方需要特别提示“阴影虚线部分所列数据仅供参考，无法律证据支持”。会计信息使用者需要对比股权投资的成本和报酬①，因此，会计信息应当反映事实。法律事实与金融估值隔离处理以后，读者可以各取所需，这样可以避免权益法下的会计信息对报表读者的误导性。上述新方案能够在降低信息成本的同时提高信息质量。这一思想实际上在1940年利特尔顿和佩顿合著的《公司会计准则导论》一书中就已出现，并完整地体现于美国会计学会1966年的《会计基本理论公告》一书中。

作为对比，权益法下股权投资的账面价值既非投资成本，亦非公允价值，而是大致按照“持股比例×被投资方的股东权益的账面价值（或公允价值）”所计算出的理论份额，既缺乏理论意义，又不具备实践价值。②

综上所述，股权投资的处理规则应当统一简化为“历史成本会计+公允价值披露”的规则，这样才能确保会计规则坚持“根据法律事实记账”的基本原则，从而维护会计信息的公益性和公信力。

权益法的“国际化”生动地说明，所谓的国际通行的会计处理方法也可能缺乏坚实的理论依据。因此，对于国际趋同，我国应当保持冷静的态度。会计的使命是告诉人们真实的局面，其旨趣是为企业经营管理和国民经济管理提供具有法律证明力的信息，它并不是证券行业的附庸。

---

① 参见夏冬林：《财务会计：基于价值还是基于交易?》，载《会计研究》，2006（8）。

② 参见 Christopher Nobes. “An Analysis of the International Development of the Equity Method”, *Abacus*, Vol. 38, Iss. 1, Feb. 2002, pp. 16-45；周华、戴德明、刘俊海：《财产权利的计量规则与企业利润的可分享性》，载《财贸经济》，2008（7）。

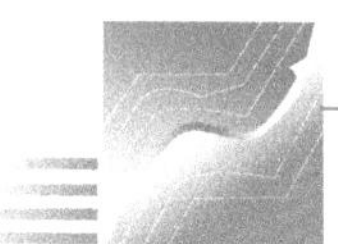

第五章　会计规则中的“资本化”与“费用化”之争

——从研发支出的税收与会计处理谈起

企业研发支出的会计处理对资产和利润数字具有显著影响，上市公司利用研发支出的会计处理规则操纵财务数据的现象时有发生。现行的“附条件的资本化”规则存在主观性较强的问题，导致报表数据存在较大的操纵空间。理论界对研发支出的会计处理规则尚存争议。本章基于“根据法律事实记账”的理念，采用经济学和法学的规范研究范式，提出了一个改进方案。我们建议在会计报表中创设“税前扣除权”项目，列报企业当期发生的、与当期收入没有直接因果关系的研发支出。如此，可简化会计处理工作，提高会计报表的有用性，同时也可为税收监管、财务分析、业绩评价等提供便利。

第一节 引 言

现行会计规则中引入的资本化规则（capitalization）存在主观性较强的问题，在实践中引起了诸多争议。上市公司利用借款费用资本化和研发支出资本化会计规则操纵财务数据的现象时有发生。企业在某一会计期间所发生的研究和开发支出（简称“研发支出”），通常与当期收入没有直接因果关系，而且金额较大，如何对其进行会计及税务处理，一直是重大疑难问题。① 在这一问题上并不存在公认的国际惯例，国际财务报告准则（以下简称“国际准则”）和美国证券市场上的公认会计原则所设计的研发支出会计规则存有重大差异。② 国际准则主张“附条件的资本化”（selective capitalization），公认会计原则却倾向于“费用化”（expensing）。我国2006年发布的《企业会计准则第6号——无形资产》（以下简称《无形资产》）借鉴国际准则，推出了“附条件的资本化”规则。《无形资产》准则规定，企业内部研究开发项目应当区分为研究阶段和开发阶段。研究是指为获取并理解新的科学或技术知识而进行的独创性的有计划调查，开发是指在进行商业性生产或使用前，将研究成果或其他知识应用于某项计划或设计，以生产出新的或具有实质性改进的材料、装置、产品等。研究阶段的支出，应当于发生时计入当期损益，即作“费用化”处理。开发阶段的支出，只有同时满足规

---

① 参见 Joseph R. Olive, 2003: Accounting and Tax Treatment of R&D: An Update. *The CPA Journal*, 7. pp, 46–49; Hugh C. Willmott, Anthony G. Puxty, et al., 1992: Regulation of Accountancy and Accountants: A Comparative Analysis of Accounting for Research and Development. *Accounting, Auditing & Accountability Journal*, Bradford, Vol. 5, Iss. 2, pp. 32–56。

② 参见 Sylwia Gornik-Tomaszewski, Miguel A. Millan, 2005: Accounting for Research and Development Costs: A Comparison of U.S. and International Standards. *Review of Business*, Spring; Vol. 26, Iss. 2, pp. 42–47。

定的五项条件的才能确认为无形资产。①

鉴于研发支出的会计规则事关重大，关系到会计报表是否能够为国民经济管理（如税收征管）和企业经营管理（如业绩评价）提供管理支持②，因此，本章基于新视角剖析老问题，运用法学和经济学交叉学科研究方法，提出了一个协调会计制度与税收法规的建议方案。

第二节　对四种备选处理方案的理论分析

1974 年 10 月，财务会计准则委员会发布《财务会计准则公告第 2 号：研发支出的会计处理》（FASB No. 2：Accounting for Research and Development Costs），要求公众公司采用“费用化”规则，把研发支出作为当期费用计入当期损益。③ 此举为美国证监会治下的公众公司所惯常采用的资本化规则画上了句号。该公告由罗伯特·T. 施普劳斯负责起草，核心问题是资产的定义。该准则在结论基础部分提到四种备选方案，即：（1）费用化；（2）全部资本化；（3）附条件的资本化；（4）在专门项目中予以累积，待到结果明朗时再做处理。以下分别给出理论分析。

一、关于“费用化”

财务会计准则委员会当时的七名成员一致投票赞成采用“费用化”规则，理由如下：一方面，研发项目是否成功具有高度的不确定性，即使研发成功，产品在市场竞争中失败的概率仍然很高，因

① 这五项条件是：完成该无形资产以使其能够使用或出售在技术上具有可行性；具有完成该无形资产并使用或出售的意图；无形资产产生经济利益的方式，包括能够证明运用该无形资产生产的产品存在市场或无形资产自身存在市场，无形资产将在内部使用的，应当证明其有用性；有足够的技术、财务资源和其他资源支持，以完成该无形资产的开发，并有能力使用或出售该无形资产；归属于该无形资产开发阶段的支出能够可靠地计量。

② 参见刘曜、谭志和：《研发支出会计处理与会计分期》，载《财会通讯》，2009（10）。

③ 这一原则性规定存有个别例外。例如，《财务会计准则公告第 86 号：对外出售、租赁等外销型计算机软件成本的会计处理》规定，开发软件时，若发现产品具有技术可行性，则可将研发支出计入产品成本。

此，研发支出是否能够带来未来收益，具有不确定性；另一方面，由于研发支出与未来收益之间缺乏显著的直接因果关系，因此，即使未来能够取得收益，也很难对研发支出与未来期间的收益进行配比。财务会计准则委员会据此认为，直接把研发支出计入当期费用，是简单明了且杜绝后患的最佳方案。

我国会计法规一度曾支持“费用化”规则。1998 年 1 月发布的《股份有限公司会计制度》要求对研发支出一律作“费用化”处理，即全部计入当期管理费用。2001 年 1 月发布的《企业会计准则——无形资产》第十三条规定，“自行开发并依法申请取得的无形资产，其入账价值应按依法取得时发生的注册费、律师费等费用确定；依法申请取得前发生的研究与开发费用，应于发生时确认为当期费用”。《〈企业会计准则——无形资产〉讲解》指出，会计准则之所以提倡“费用化”规则，主要基于以下理由：由于不存在划分研究阶段和开发阶段的客观标准，因此，资本化规则实际上给某些企业利用会计规则调节利润留下了空间；研发项目存有风险，是否成功存在重大不确定性，能否为企业带来经济利益也存在重大不确定性。综合上述考虑，会计准则仅仅允许在研发项目形成知识产权时，按注册费、律师费等开支确定无形资产的入账价值。

“费用化”规则是一种“一刀切”式的规则，具有简单明了、易于监督实施的优点，能够确保不同企业之间的会计信息的可比性。这种处理方法还比较保守，可以起到遏制利润操纵的作用。然而，在“费用化”规则下，资产负债表中无法反映研发项目所形成的、可能具有重要价值的知识产权等无形资产，利润表中的业绩数据会因研发支出的费用化处理而降低，因此，相对于资本化规则而言，“费用化”规则不利于企业维护良好的业绩形象。正因为如此，“费用化”规则备受高科技企业所诟病。①

---

① 参见 Donald A. Corbin，1975：Accounting Standards for Research and Development. *Management Accounting*. Oct. Vol. 57，Iss. 4，pp. 47-48；B. Lev and T. Sougiannis，1996：The Capitalization，Amortization，and Value Relevance of R & D. *Journal of Accounting and Economics*，February，pp. 107-138。

二、关于“全部资本化”

“全部资本化”是指将研发支出全部计入资产项目，作挂账处理（如以“无形资产”的名义列在资产负债表中）。《财务会计准则公告第 2 号：研发支出的会计处理》第 51～52 段讨论了这一方案，认为如此处理必然造成资产和利润数字的虚假繁荣，助长投资者的非理性预期，因此，该准则否决了“全部资本化”的备选方案。

三、关于“附条件的资本化”

鉴于“全部资本化”规则具有明显的缺陷，仅具理论意义而缺乏实践价值，因此，实务中的资本化规则多是指“附条件的资本化”。国际会计准则委员会 1978 年 7 月发布的《国际会计准则第 9 号：研究与开发活动的会计处理》大力倡导“附条件的资本化”规则。该准则被 1998 年 12 月发布的《国际会计准则第 38 号：无形资产》取代，但“附条件的资本化”规则得以保留并延续至今。其立场与公认会计原则形成鲜明对照。①

英国的会计准则推崇“附条件的资本化”规则，但这多为政界干预和立法干预之结果，而非理论界缜密论证的结晶。在英国，1985 年《公司法》第四章第三节规定，基础研究（pure research; basic research）和应用研究（applied research）所发生的支出不应当列作资产。这种立法导向的后果是出现了企业研发支出过少的问题。英国贸易与工业部（Department of Trade and Industry）的调研报告认为，研发支出过少，是投资者过度关注短期业绩的结果。有鉴于此，英格兰及威尔士特许会计师协会 1989 年 1 月修订的《标准会计实务公告第 13 号：研究与开发的会计处理》在《公司法》允许的范围内采用了“附条件的资本化”。该公告把研发活动区分为基础研究、应用研究和开发三个阶段。其中，基础研究和应用研究的支

---

① 此例足以说明，在某些重要领域并不存在“会计国际惯例”，至少对于研发支出的会计处理来说是这样的。

出一律作费用化处理，开发阶段的支出若满足规定的条件①则可作资本化处理（见该公告第 25 段）。此举实际上是对《公司法》的规定的变通处理。

除英国外，日本和法国的会计规则也在特定情形下采用了“附条件的资本化”。②

但《财务会计准则公告第 2 号：研发支出的会计处理》第 53～57 段对“附条件的资本化”给予猛烈抨击，其反对理由是：如果人为地强行规定两种会计规则，则必然需要主观地区分不同规则的适用条件；作资本化处理的研发支出仅仅是符合规定条件的那一部分而不是全部的研发支出，这就会导致资本化数额完全取决于企业管理层的意图。因此，财务会计准则委员会认为“附条件的资本化”并不比“费用化”更妥当。

四、关于“在专门项目中予以累积，待到结果明朗时再做处理”

《财务会计准则公告第 2 号：研发支出的会计处理》第 58～59 段考虑了一个建议：在资产和费用之外另行设置特殊项目记载研发支出，该项目列示于资产负债表的资产项目下面或者列示为股东权益的抵减项，如果研发成功则将该项目转换为资产项目，否则就直接予以注销。这个建议方案的优点是揭示了研发支出的结果的不确定性，能够起到避免草率判断的作用。但有反对意见认为，在特殊项目中累积研发支出的做法不利于证券分析师评估企业的盈利能力，而且这种特殊项目很难运用现有的会计理论予以解释，因此会导致财务比率计算的复杂化。最终，财务会计准则委员会否决了这一提议。

公认会计原则与国际准则之间的上述分歧显然是国际会计趋同

---

① 这些条件是：（1）该项目是正式立项的研发项目；（2）相关的专属支出是可确指的；（3）从技术可行性和市场前景来看，该项目的结果是可以合理确信的；（4）未来的收入能够弥补全部代价；（5）拥有充足的资源支持该项目的完成。

② 参见 Paul E. Nix，David E. Nix，1992：A Historical Review of the Accounting Treatment of Research and Development Costs. *The Accounting Historians Journal*，June，Vol. 19（1），pp. 51-78。

的障碍。2002年10月，财务会计准则委员会与国际会计准则理事会宣布了双方的会计准则趋同计划，研发支出的会计处理是其短期趋同计划之一。但2004年4月它们在着手解决此事时意识到，研发支出的会计规则实际上涉及大量的基础概念问题，于是，它们将注意力转向概念框架的趋同，研发支出的趋同计划就此搁置，至今仍未取得任何实质性进展。这一事实启发我们，研发支出究竟应当适用什么样的会计规则，这一问题需要我们运用新的理论视角去求解。

第三节　对于“附条件的资本化”规则的进一步评价

一、现行的会计理论无法拆解资本化规则所带来的困局

长期以来，我国会计界为资本化规则提供的理论依据，是流行一时的“划分资本性支出与收益性支出”原则。其逻辑是：若该项支出的受益期间仅为当期，则为收益性支出，计入当期损益；若该项支出的受益期间为多个期间或者该项支出形成了资产，则为资本性支出，在资产负债表中列示。[①] 然而，该原则却难以用于解决研发支出的会计问题。这是因为，该原则之所以存在，恰是因为在研发支出发生时并不知道该项支出究竟是属于资本性支出还是属于收益性支出。[②]

二、法律事实是检验会计规则的合理性的试金石

根据我国公司法、税收征收管理法、企业所得税法、会计法等法律的规定，会计应当为企业经营管理和国民经济管理提供具有法律证明力的财产权利和业绩信息。根据法律事实记账是会计保持其

---

① 我国1992年11月发布的《企业会计准则》第二十条规定，“会计核算应当合理划分收益性支出与资本性支出。凡支出的效益仅与本会计年度相关的，应当作为收益性支出；凡支出的效益与几个会计年度相关的，应当作为资本性支出”。

② 如果某项开支已经形成了确定性的财产权利（如物权、债权、知识产权等），则企业可径行根据相关法律事实记录其资产的增加。

行业价值的底线，唯如此方能保证会计数据的公益性和公信力。把真实的局面告诉人们，是会计职责之所在。以此而论，域外理论所提出的费用化、资本化和附条件的资本化这三套方案并不是合理的会计规则。兹分述如下。

1. “资本化”或“附条件的资本化”均不适合用作会计规则。[①] 原因有四个方面。其一，资本化处理下所记载的资产缺乏原始凭证（法律证据）的支持。在研发支出发生后，并无法律证据表明企业的物权、债权、知识产权等财产权利有所增加，根据会计原理来看，缺乏原始凭证（法律证据）的记账行为并非“会计”。其二，既然资本化规则在理论上难以成立，那么对之施加的任何限制必然也无法达到目的，因此，附条件的资本化也是不合理的——恰如财务会计准则委员会的第 2 号准则第 53～57 段所言，附条件的资本化规则最终必然导致资本化数额完全取决于企业管理层的意图。其三，资本化规则或附条件的资本化规则导致利润数字的有用性大大降低。完全资本化会导致利润数字虚高，附条件的资本化会加大利润数字的主观性。其四，资本化的规则赋予企业管理当局较大的自由度，从而加剧（而不是缓解）了报表读者的信息不对称。

2. 研发支出的“费用化”亦不妥当。企业并无理由直接把当期的研发支出计入当期费用，原因在于，企业能否从中受益以及何时从中受益均处于不确定状态。虽然在研发支出发生时没有证据表明该项开支必然能够带来未来收益，但这并不意味着研发支出总是失败的（Bierman and Dukes，1975）。[②] 虽然费用化的处理结果符合谨慎性原则，但那是以毫无理由地贬抑企业的财务形象、误导报表读者为代价的，那种做法对于企业的研发决策具有负面影响（Horowitz and Kolodny，1981）。[③]

---

① 参见王化成：《论借款费用的非资本化》，载《财会月刊》，1996（8）。

② 参见 Harold Bierman，Jr.，Roland E. Dukes，1975：Accounting for Research and Development Costs. *Journal of Accountancy*，Apr. Vol. 139，Iss. 4，pp. 48－55。

③ 参见 B. Horowitz and R. Kolodny，1981：The FASB，the SEC，and R & D. *The Bell Journal of Economics*，Spring，pp. 249－262。

三、“附条件的资本化”带来的困局

我国2006年发布的《企业会计准则第6号——无形资产》为研发支出规定了“附条件的资本化”规则，与国际会计准则实现了实质性趋同。[①] 2008年开始实施的《企业所得税法》及其实施条例基本上“迁就”了会计准则的立场。依《企业所得税法》第十二条、第三十条和实施条例第六十六条之规定，研发支出的税收待遇如下：若已计入当期费用，则可在税前据实加计扣除；若已作资本化处理（即已计入无形资产入账价值），则在以后期间摊销计入各期费用时，可在税前按各期摊销额加计扣除。从法律的层级效力来看，上述情形属于法律法规“迁就”规范性文件的情况。[②] 在实务中，税务人员很难从企业外部判断企业会计人员据以记载资本化金额、据以申报税前扣除的金额的依据是否充分合理。其后果是，企业的税前利润和税后利润数字均可按其需要确定，而报表读者对会计报表中的这种主观性缺乏认知，信息不对称进一步加剧了。这种后果与会计法规的立法宗旨背道而驰。

出现这种困局的根本原因在于，长期以来，经济学、法学和会计学研究领域对利润的性质及其成因这一基础理论问题缺乏足够的重视。何谓利润？何谓所得？这是长期横亘于研究者面前的困惑。经济法学、民商法学、财政学、会计学诸学科对利润的理解可谓五花八门。会计准则中甚至出现了根据管理层意图（management intention）确定利润数字的会计规则。资本化规则只不过是上述问题的一个侧面（Blake，1959）。[③] 这再次启示我们，欲论证研发支出的

① 两者存在译文所致的细微差别。《国际会计准则第38号：无形资产》第57段规定，满足规定条件的开发阶段支出应当资本化，当且仅当满足规定条件时才能资本化。我国《企业会计准则第6号——无形资产》第九条规定，同时满足规定条件的才能资本化。

② 《中华人民共和国企业所得税法实施条例》第九十五条清楚地表明了法律法规“遵从”规章和规范性文件的现状：“企业所得税法第三十条第（一）项所称研究开发费用的加计扣除，是指企业为开发新技术、新产品、新工艺发生的研究开发费用，未形成无形资产计入当期损益的，在按照规定据实扣除的基础上，按照研究开发费用的50%加计扣除；形成无形资产的，按照无形资产成本的150%摊销。”

③ 参见 Matthew F. Blake，1959：Accounting for Research and Development Costs. *New York Certified Public Accountant*，Jan. Vol. 29，Iss. 1，pp. 32-46。

会计规则，有必要借助于新颖的分析视角。

第四节 会计规则的改进：基于立法理念的可能解

基于“根据法律事实记账”的理念，可妥善地解决上述棘手问题。

一、税前扣除权的计量与列报

企业发生研发支出之后，所存在的法律事实是其已付出一定的代价。因此，企业应根据相关法律证据记载其代价（如减记资产或增记负债等）。① 但此时并无法律证据表明其财产权利有所增加（即尚未形成确定性的物权、债权、知识产权等财产权利），对此，域外的会计理论框架没有给出合理的解释和妥当的处理，这就是“费用化”与“资本化”争论的根源。② 域外理论侧重于宣扬“经济实质重于法律形式”，忽视了法学理论对会计学科的参考价值，对会计数据的公益性和公信力重视不足。③

法学理论为解决上述问题提供了可资借鉴的分析视角。实际上，企业在发生研发支出的当期，即便并未形成物权、债权、知识产权等财产权利，但却依照企业所得税法的规定形成了一种特殊的权利，这里将其概括为“税前扣除权”。税前扣除权是企业在发生与取得收

---

① 为便利与民商法学、经济法学、财政学诸学科同仁交流，这里一律采用易于理解的“增记”“减记”来表述会计规则，以避免“借记”“贷记”等专业词汇所可能导致的交流障碍。

② 推而论之，借款费用、广告费用、职工教育经费等当期开支的会计处理规则均存在类似的问题。

③ “实质重于形式”是公共会计师行业为了摆脱法律的约束而推广的一项会计原则，该原则主要应用于融资租赁领域，结果导致租赁会计规则异常繁琐且益处甚微。国际会计准则理事会和美国财务会计准则委员会痛定思痛，决定改革租赁会计，根据法律上的租赁物使用权这一概念来重新设计租赁会计规则。

入有关的、合理的支出之后，依照企业所得税法而享有的据实予以扣除的权利。我国《企业所得税法》第八条规定，“企业实际发生的与取得收入有关的、合理的支出，包括成本、费用、税金、损失和其他支出，准予在计算应纳税所得额时扣除”①。税法关于职工教育经费支出、广告费和业务宣传费支出的处理规则，可视为税法对税前扣除权的原则性规定。《中华人民共和国企业所得税法实施条例》第四十二条规定，“除国务院财政、税务主管部门另有规定外，企业发生的职工教育经费支出，不超过工资薪金总额2.5%的部分，准予扣除；超过部分，准予在以后纳税年度结转扣除”。该法立法起草小组指出，“这实际上是允许企业发生的职工教育经费支出准予全额扣除，只是在扣除时间上做了相应递延”②。《中华人民共和国企业所得税法实施条例》第四十四条规定，“企业发生的符合条件的广告费和业务宣传费支出，除国务院财政、税务主管部门另有规定外，不超过当年销售（营业）收入15%的部分，准予扣除；超过部分，准予在以后纳税年度结转扣除”。立法小组的学理解释指出，“广告费具有一次投入受益期限较长的特点”③，因此，企业在某些纳税年度发生的数额较大的广告支出不应在发生支出的纳税年度全部直接扣除，而应当在受益期限内均衡摊销，“超过部分可以无期限向以后纳税年度结转”④。

综合企业所得税法的相关学理解释，税前扣除权是纳税人的权利，其特点是：第一，税前扣除权区别于物权、债权、知识产权等财产权利，具有不可转让性，仅对发生支出的纳税主体有效。第二，

---

① 《中华人民共和国企业所得税法实施条例》第二十七条规定，“企业所得税法第八条所称有关的支出，是指与取得收入直接相关的支出。企业所得税法第八条所称合理的支出，是指符合生产经营活动常规，应当计入当期损益或者有关资产成本的必要和正常的支出。”

② 《中华人民共和国企业所得税法实施条例》立法起草小组：《〈中华人民共和国企业所得税法实施条例〉释义及适用指南》，147～148页，北京，中国财政经济出版社，2007。

③ 财政部税政司：《新企业所得税法导读》，67～68页，北京，中国财政经济出版社，2007。

④ 《中华人民共和国企业所得税法实施条例》立法起草小组：《〈中华人民共和国企业所得税法实施条例〉释义及适用指南》，153页，北京，中国财政经济出版社，2007。

税前扣除权的有效期限取决于税法的规定。例如，我国现行税法及其实施条例允许无限期扣除职工教育经费支出、广告费和业务宣传费支出。第三，税前扣除权是企业积极从事生产经营活动所主动付出的实际代价。作为对比，《企业所得税法》第十八条规定的“五年内的亏损”和第三十条规定的“加计扣除”虽然都能据实享受税前扣除，但它们均为法律所规定的“期待利益”，企业并未为之付出实际代价。① 根据复式记账原理，此二者不适合进入会计处理程序，因此，它们与前述的“税前扣除权”并不等同。第四，税前扣除权属于期待权而非既成权。税前扣除权是税法赋予企业的权利，它既不属于物权、知识产权、股东权，也不属于债权。② 税前扣除权是发生合理支出的企业对自身的税收待遇的合理期待，此乃税法所赋予之权利。值得注意的是，“税前扣除权”这一概念与“待摊费用”（或长期待摊费用，下同）有所不同。“待摊费用”是财政部会计司首任司长安绍芸同志在借鉴苏联经验时创设的，用以代替直译过来的比较繁琐的名词（即“现在支付的应由本期和以后各期负担的费用”）③，这一概念具有简单明了、朗朗上口的优点，但却无法容纳“税前扣除权”的丰富内涵。

基于上述分析，为了全面准确地反映企业的法律关系，我们建议会计法规创设“税前扣除权”科目，从而允许企业在实际开支发生后根据相关法律证据增记“税前扣除权”，同时记录相应的代价（如减记资产或增记负债等）。按照“根据法律事实记账”的理念，

---

① 《企业所得税法》第十八条规定，“企业纳税年度发生的亏损，准予向以后年度结转，用以后年度的所得弥补，但结转年限最长不得超过五年”；第三十条规定，“企业的下列支出，可以在计算应纳税所得额时加计扣除：（一）开发新技术、新产品、新工艺发生的研究开发费用；（二）安置残疾人员及国家鼓励安置的其他就业人员所支付的工资”。

② 依债法原理，债的发生必须是特定利害关系人之间的权利义务关系。

③ “‘待摊费用’，俄文原文照译，是‘现在支付的应由本期和以后各期负担的费用’，如果这一大串作为我们的科目、报表的名称，那真‘不堪设想’。安绍芸领着一帮人，琢磨了几天几夜，终于琢磨出一个‘待摊费用’的新的科目名称，‘预提费用’也是这样。”参见杨纪琬：《疾风知劲草——纪念安绍芸诞辰九十周年》，载《财务与会计》，1990（11）。

税前扣除权的账载金额必须是企业实际付出的代价中尚未享受税前扣除待遇的部分，包括尚未享受税前扣除待遇的研发支出、职工教育经费支出、广告费和业务宣传费支出等。在发生上述支出时，若未形成确定性的财产权利，则应增记“税前扣除权”科目，同时记录相应的代价。在实际享受税前扣除时，应增记相应的费用类科目，减记“税前扣除权”。“税前扣除权”在资产负债表中作为一种特殊的权利予以单独列示（见表5—1）。为了不影响流动比率等财务指标的计算，以列示于非流动资产项目下为宜。

表5—1　　资产负债表（示意）　　单位：万元

资产	金额	负债及股东权益	金额
流动资产		负债	
货币资金	−400	短期债务	
存货		长期债务	
短期债权		负债合计	
非流动资产		股东权益	
固定资产		股本	
无形资产		资本公积	
长期债权		盈余公积	
税前扣除权	400	未分配利润	
		股东权益合计	
资产总计		负债与股东权益总计	

二、研发支出在利润表中的列报

会计学是唯一能够提供企业利润数字的科学。利润表是税收法定主义和企业所得税成为主要税种的产物。[①] 通俗地说，收入是指企业在某一会计期间内因销售商品、提供劳务所收取的对价，费用是指企业在该会计期间内因销售商品、提供劳务所付出的代价。利

① 经济史表明，企业所得税法是利润表能够顺利推广的主要推动因素。在所得税成为主要税种之前，企业业绩的计算规则并不存在统一的标准。

润是指企业因从事经营活动，在某一会计期间所收取的对价减去所付出的代价之后的余数。合理计算利润的关键在于明确对价（现行准则称之为“收入”）与代价（现行准则称之为“费用”）的因果关系——利润数字必须是基于明确的因果关系计算的、对价减去代价之后的余数。诚然，人为划分会计期间的做法必然导致利润的计算存在主观性。但这种主观性却是法律所允许的主观性，依照法律规定做出估计并进行会计处理所生成的结果依然具有法律证明力。① 为确保利润表数据的公益性和公信力，有效维护企业利害关系人的合法权利，切实增强会计数字的公益性和公信力，有必要坚持“根据法律事实记账”的原则，在法律中规定利润的构成和计算规则，以指导会计规则的制定。

对于研发支出而言，在发生支出的会计期间，企业有权在税前予以全部扣除。对于未在当期申报扣除的部分，如前文所述，增记“税前扣除权”，同时记载相应的代价（如减记资产、增记负债）。同时，会计报表应当进行风险提示（见表5—2），因为相应的代价已经发生而结果尚不确定，存在血本无归的可能性，在不利的情形下，净利润数字将会相应减少。假设某公司税前利润与应纳税所得额均为1 000万元，所得税税率为25%，税后利润（净利润）为750万元，资产负债表单列的“税前扣除权”金额为400万元，则在这种情况下，企业应在利润表下部的阴影虚线部分另行补充披露：利润总额1 000万元减去假定把本期研发支出全部作费用化处理（即假定研发项目完全失败）可予税前扣除的金额400万元，再减去加计扣除的200万元，所得到的利润总额为400万元；再减去所得税100万元，所得到的净利润为300万元。这样，会计报表中所列示的税后利润750万元，是假设研发项目以后取得圆满成功的情形下的结果；补充披露中所列示的税后利润300万元，是假设项目完全失败

① 例如，固定资产折旧和无形资产摊销均需估计资产的使用寿命，这种会计估计乃是依照税法规定而为，因此，其计算结果具有法律证明力。会计学并不排斥估计，但要追究它是不是法律所允许的估计。

的情形下的结果。两者之差（450 万元）正是假设“税前扣除权”进入纳税申报程序，按照加计扣除办法所计算的税后净开支。

表 5—2 **利润表（示意）** 单位：万元

项目	金额
一、营业收入	
减：营业成本	
营业税金及附加	
期间费用	
⋮	
二、营业利润	
加：营业外收入	
减：营业外支出	
三、利润总额	1 000
减：所得税	250
四、税后利润	750
补充披露	
三、利润总额［同上，未扣除待扣除项目］	1 000
减：**税前扣除权**	400
加计扣除	200
四、利润总额［假设已作税前扣除］	400
减：所得税［假设已作税前扣除］	100
五、税后利润［假设已作税前扣除］	300

三、新方案的成本与效益

就实施成本而言，新方案将会大大降低会计人员的主观性：会计程序中只需按照实际代价记载“税前扣除权”，除此以外没有别的需要进入会计程序处理的事情；在利润表下面所作的补充披露也只需进行简单的计算。就实施效益而言，至少有以下四个方面的益处。第一，此方案能够在利润表中通过补充披露来提示报表读者注意利润计算的主观性，从而有助于报表读者评估企业的经营风险。新方案中的利润数字将揭示利润数字的上限和下限，从而为股东大会或股东会评估企业经营业绩和制定利润分配方案提供参考区间。如此可使得会计数据尤其是利润的计算更为透明。作为对比，费用化的规则往往导致表上业绩相当“难看”；而无论是完全的资本化还是附条件的资本化，都会掩盖会计报表编制过程中的主观性，不利于报表读者评估企业的真实盈利能力。第二，此方案能够提高资产负债表的可读性。“税前扣除权”易于为读者所理解，报表编制者和报表读者所感知的信息是对称的。作为对比，完全的资本化和附条件的资本化都会导致报表中出现一个根据管理层意图计算出的资产项目，导致信息不对称加剧，不利于报表读者正确地评估企业的财务状况。第三，此方案能够为企业管理层及时掌握研发动态提供便利。企业把当期已经发生但尚未享受税前扣除的研发支出一律放在“税前扣除权”项目中单独列示，这种做法给企业管理实践提供了便利。如果研发成功，则可将累计的开支转入无形资产的入账价值，如果研发失败，则可逐期转入期间费用。第四，此方案能够帮助企业高效率地履行纳税义务，有助于税务机关加强税收监管。“税前扣除权”中所记载的金额均为待扣除项目，企业在逐期申报税前扣除时，可以直接以会计报表列示的金额进行申报，这也为税务人员实施监管提供了便利。如此，可大幅提高征纳双方的效率。作为对比，资本化和附条件的资本化规则都需要企业翻阅会计账簿才能提供税收稽查所需的证据。当然，上述建议方案的局限性在于，会计报表与补充披露中只能提供研发完全成功与完全失败这两种极端情况下的业绩数字，也即只能采取提供业绩区间的形式去揭示研发风险。因此，我们认为，会计立法需要借鉴更多具有参考价值的学者建议稿，以便在集思广益的基础上设计出更加完善的会计规则。

本节所提供的解决方案与前文所提及的方案四有相似之处，我们的贡献是运用法学理论给出了新的理论解释，并设计出一套可资参考的会计报表格式。恰如财务会计准则委员会所言，此类方案能够起到避免企业草率列报资产和利润数字的作用。如此处理，企业管理当局对研发支出的处理将会更为透明，利润操纵空间被大幅压缩。审计监督、税收监管将会更加有效，因为会计数据的计算是否合理都有明确的判断基准。

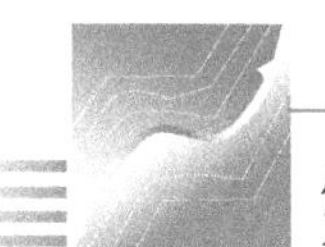

第六章　递延所得税的合理性辨析

递延所得税的会计规则操作成本巨大而益处甚微，是最令人费解的会计规则之一。本章发现，递延所得税的计算规则缺乏理论依据和实践基础，它是公共会计师行业为了自身利益而设计的金融分析规则。

资产负债表债务法是一套繁冗无用的会计规则。计税基础这一概念，是会计准则制定者为这套失当的会计规则提供的失当的理论包装。美国证券市场上的公认会计原则的制定者借鉴税法用语“计税基准”（tax basis），创设了会计术语“计税基础”（tax base），并将其所指向的对象不恰当地从资产扩展到负债，从而导致计税基础概念在逻辑上不能自洽。因此，会计立法机关应当摒弃递延所得税的会计规则以及“计税基础”等失当的理论依据，税收立法机关也不应当援引会计准则中的失当概念。

为确保会计信息的公益性和公信力，会计规则和税收法规之间应当进一步加强协调，不能放任二者差异的扩大。会计立法应当要求企业严格遵循根据法律事实记账的基本原则，采用应付税款法记载其真实纳税额，同时在附注中披露会计处理与税收法规之间的主要差异，不得在报表中提供缺乏法律依据的主观预期数据。如此，可妥善解决“让最大多数的会计报表读者了解企业的法律事实和真实业绩”和“为确有需要的读者提供预期信息”之间的矛盾。

第一节　舶来的困境：问题的引入

递延所得税是当代社会经济生活中的一道奇异景观。自2007年以来，大中型企业的年度财务会计报告中出现了“递延所得税资产”“递延所得税负债”“递延所得税费用”等字眼，令经济学者、法学家等众多读者摸不着头脑。非但如此，即便对会计专业人士而言，递延所得税的处理规则也是最令人费解的会计规则之一，其理论依据和操作规则相当新颖和玄妙，具有“国际惯例”的十足派头。它之所以盛行于我国，是学术界迷信“国际会计先进经验”的结果。其始作俑者乃是美国的公共会计师行业：美国证券市场上的公认会计原则肆意拉开会计规则①与税收法规之间的差距，然后要求企业使用纳税影响会计法（tax-effect accounting）处理该差异对所得税费用的预期影响。纳税影响会计法的目的和效果是，大体上按照用会计利润（reported income）乘以所得税税

① 需要指出的是，理论界所熟知的公认会计原则并非美国的联邦会计法规，它主要适用于因跨州发行证券而需向美国证监会备案的1万余家公众公司；国际会计准则也不是国际公约，它主要适用于在某些大型证券交易所挂牌交易的上市公司（例如，欧盟境内上市公司的合并报表需遵循国际准则）。因此，本章使用“会计规则”（而非“会计法规”）一词概括之。

率所得到的数字来列报所得税费用（reported income taxes），而不是用按照应纳税所得额（taxable income）乘以所得税税率所确定的应纳税额（tax payable）列报。其设计理念是，考虑税收法规与会计规则之间的差异对未来期间纳税义务的预期影响，把预期所得税当作本期所得税列入会计报表。舶来的会计理论甚至提出了“会计规则与税收法规应当分离”“财务会计应当与税务会计分离”等口号（以下统称“分离论”），作为推广递延所得税的理论依据。① 然而，递延所得税的计算规则实施成本巨大却益处甚微，甚至成为粉饰报表的利器②，监管部门、会计师事务所和企业会计人员常常陷入困惑，并屡屡因此而发生争执。所得税会计准则涉及所有大中型企业，其影响面不容低估。为什么要设计如此复杂的所得税会计规则？计算递延所得税究竟对谁有益？本章采用法学与经济学的规范研究范式展开研究，以厘定问题之症结并提出正本清源的解决方案。

第二节 似乎有思想：域外规则的形成与传播

会计利润是企业所得税征收管理的基础。1913 年美国宪法修正案允许开征企业所得税时，会计规则与税收法规之间并无显著分歧，这种局面一直延续到 20 世纪 40 年代初。自 40 年代起，美国的税收法规接连推出加速折旧、缩短折旧年限等税收优惠政策，与会计规则之间的差异越来越明显。受此影响，报表上列报的所得税额往往

① 域外理论认为，税务会计与财务会计的目标、法律依据、核算原则不同，两者在收入与费用的确认范围与确认时间方面不相一致，因此，应当考虑计算会计利润与应纳税所得额之间的差异对未来期间应纳税额的影响。

② 参见郑朝晖：《远离财务骗术》，北京：机械工业出版社，2010；Gnanakumar Visvanathan. “Deferred Tax Valuation Allowances and Earnings Management”, *Journal of Financial Statement Analysis*, 1998, 3, 4, (Summer): 6-15; Paul Rosonfield, William C. Dent. “No More Deferred Taxes: A Case Against Interperiod Income Tax Allocation and for Follow the Tax Return”, *Journal of Accountancy*, 1983, 155, 2, (Feb.): 44-55。

与税前利润额缺乏比例关系。于是，究竟是按照实际缴纳的所得税款列报所得税，还是按照“税前利润×所得税税率”列报所得税，遂成为规则制定者面临的理论难题。规则制定者的选择是后者。1942 年 12 月，美国注册会计师协会麾下的会计程序委员会发布《会计研究公报第 18 号：债券赎回相关的未摊销折价与溢价》，引入税后净额法和债务法的概念，开始了这番尝试。1944 年 12 月，会计程序委员会发布《会计研究公报第 23 号：所得税的会计处理》，提出“所得税是企业的一项费用，在必要且可行时，应当按照各个期间的会计利润予以分摊”①。该文件将税收法规与会计规则之间的差异区分为永久性差异（permanent differences）和时间性差异（timing differences），前者是指纳税申报时一次性处理完毕、不会影响以后期间应纳税所得额的计算的那些差异，后者是指对以后期间应纳税所得额的计算产生影响的差异。针对不重复出现的时间性差异（nonrecurring timing differences）的预期影响，该文件要求采用税后净额法（net-of-tax method）或债务法（liability method）进行跨期分摊（inter-period allocation），这种做法被称作“部分分摊”②。将所得税视为费用（而不是利润分配）并进行跨期分摊，这是会计观念上的一个重大转变。就连美国注册会计师协会的庇护者——美国证监会——也在其 1945 年 11 月 16 日发布的会计系列公告第 53 号中对“所得税是一项费用、应当跨期分摊”的观点表示质疑。美国注册会计师协会随后作了回应，但它坚持己见，并未更改立场。③

---

① 之所以存在将所得税视为费用或视为利润分配之争，是因为，如果将所得税视为利润分配，则必须按照唯一确定的实缴税款记账；而如果将所得税视为费用，就能够进行跨期分摊，从而在计算方法上更具灵活性。

② 所谓“全面分摊”（comprehensive inter-period allocation），是指对会计规则与税收法规之间的全部暂时性差异进行跨期分摊，而不论差异的重要程度以及是否重复发生。所谓“部分分摊”（partial allocation）是指有选择地（例如对不重复出现的差异）进行跨期分摊。

③ 参见 Frank R. Rayburn. “A Chronological Review of the Authoritative Literature on Inter-period Tax Allocation：1940－1985”，*Accounting Historians Journal*，1986，13，2：89－108。

美国1950年的税收法规（Revenue Code of 1950）允许应急设备（emergency facilities）在60个月内折旧完毕。1952年11月，会计程序委员会发布《会计研究公报第42号：应急设备——折旧、摊销与所得税》，引入了“递延所得税”（deferred income tax）这一概念，再度要求采用税后净额法或债务法进行部分的跨期分摊，并首次表达了其对债务法的偏好。①

美国1954年的税收法规（Revenue Code of 1954）允许采用余额递减法（declining balance method）或年数总和法（sum-of-the-years' digits method）计算固定资产的折旧。同年10月，会计程序委员会发布的《会计研究公报第44号：余额递减折旧》允许采用税后净额法或者债务法，要求在能够合理确定确有税款递延的现象且该金额较大时计算相应的所得税影响。但该文件关于部分分摊的规定却存在模糊性，因而招致诸多非议。有鉴于此，会计程序委员会于1958年7月发布《会计研究公报第44号：余额递减折旧（修订）》，建议对所有重大的时间性差异都进行跨期分摊，这被称作“全面分摊”。针对一些公司将递延税款划分为股东权益项目的现象，会计程序委员会于1959年3月15日给美国注册会计师协会会员发函，要求统一采用“递延税项”（deferred tax account）这一术语，在会计报表中列为负债或递延贷项（deferred credit）。美国证监会1960年2月29日发布的第85号会计系列公告对会计程序委员会的立场表示支持，但它倾向于推广递延法（deferred method）而不是债务法。鉴于税收法规允许进一步缩短折旧年限，会计原则委员会于1962年11月发布《APB意见书第1号：新折旧指南》，重申了跨期分摊的要求（但未提出新规则）。

1965年10月，会计原则委员会发布《APB意见书第6号：会计研究公报的地位》，首次将税后净额法排除在备选会计规则之外，

---

① 参见 American Institute of Accountants，1953：Accounting Research Bulletin No. 43：Restatement and Revision of Accounting Research Bulletins. Issued by Committee on Accounting Procedures，p. 78。

要求采用递延法或债务法。

1966年，布莱克（Homer A. Black）所著的《公司所得税的跨期分摊》一书作为《会计研究文集》第9辑出版。该书是当时所得税会计领域最全面的文献，它支持债务法，支持对递延税款进行折现。但1966年的《APB意见书第10号：汇总意见——1966》对此回应道，不应当对递延税款作折现处理。1967年12月，《APB意见书第11号：所得税的会计处理》被21位委员以14∶7的投票结果予以通过，该文件认为，"全面跨期分摊的方式最为妥当"，"递延法是最有用、最可行的处理方法"。因此，该文件最终决定只允许采用递延法，不允许采用债务法、税后净额法。① 至此，美国证监会第85号会计系列公告的主张全部得到贯彻。但实务界发现，如果依其规定进行处理，则会出现递延借项和递延贷项越来越大的情况。② 围绕递延法的争论一直延续到20世纪80年代中期。③

1982年1月，财务会计准则委员会启动它在所得税会计领域的工作计划。经过五年的研究，财务会计准则委员会在1987年12月颁布《财务会计准则公告第96号：所得税的会计处理》，取代会计原则委员会的第11号意见书。主要变动是：它用"暂时性差异"（temporary differences）取代"时间性差异"，从而扩大了跨期摊配的范围；它采用财务会计概念公告所提出的"资产负债观"，明确地将递延税款界定为递延所得税资产（deferred tax assets）和递延所得税负债（deferred tax liabilities），从而使之符合概念框架关于资产和负债的定义；对确认递延所得税负债不施加限制而对确认递延所得税资产则施加了很多限制；要求编制详尽的跨期分摊表。该准

① 参见 Philip L. Defliese, Paul Rosenfield, William C. Dent. "Professional Notes: Deferred Taxes—Forever/Reply", *Journal of Accountancy*, 1983, 156, 2, (Aug): 94-103。

② 参见 Harry I. Wolk, Michael G. Tearney, James L. Dodd, 2001: *Accounting Theory: A Conceptual and Institutional Approach*. 5th Edition, South-Western College Publishing. pp. 523-526。

③ 参见 Frank R. Rayburn. "A Chronological Review of the Authoritative Literature on Inter-period Tax Allocation: 1940 - 1985", *Accounting Historians Journal*, 1986, Vol. 13, No. 2, pp. 89-108。

则的巨大转变引起了激烈争论，事实上，该准则是以 4∶3 的投票结果勉强得以通过的，其实施更是遭到了实务界的强烈抵制。面对强大的阻力，财务会计准则委员会不得不一再推迟第 96 号财务会计准则公告的实施日期，它发布了两份没有实际内容的会计准则：1988 年 12 月发布的第 100 号财务会计准则公告宣布将第 96 号财务会计准则公告的实施日期推迟 1 年，1989 年 12 月发布的第 103 号财务会计准则公告宣布继续推迟 2 年。1992 年初，财务会计准则委员会发布《财务会计准则公告第 109 号：所得税的会计处理》，通过在一些操作规则上做出妥协，为旷日持久的争论勉强画上了一个句号。财务会计准则委员会在这一领域劳碌 10 年，把所得税费用跨期分摊的理念发展到了极致（见表 6—1）。

表 6—1　　　公认会计原则中的所得税会计规则的演变

发布时间	规则制定者	文件名	重要规则
1942 年 12 月	会计程序委员会	《会计研究公报第 18 号：债券赎回相关的未摊销折价与溢价》	引入跨期分摊的理念
1944 年 12 月	同上	《会计研究公报第 23 号：所得税的会计处理》	债务法、税后净额法要求进行部分分摊
1952 年 11 月	同上	《会计研究公报第 42 号：应急设备——折旧、摊销与所得税》	同上
1953 年 6 月	同上	《会计研究公报第 43 号：会计研究公报的重述和修订》	同上
1954 年 10 月	同上	《会计研究公报第 44 号：余额递减折旧》	同上
1958 年 7 月	同上	《会计研究公报第 44 号：余额递减折旧（修订）》	要求进行全面分摊
1965 年 10 月	会计原则委员会	《APB 意见书第 6 号：会计研究公报的地位》	债务法、递延法
1966 年 12 月	同上	《APB 意见书第 10 号：汇总意见——1966》	禁止对递延税款进行折现（延续至今）
1967 年 12 月	同上	《APB 意见书第 11 号：所得税的会计处理》	递延法

续前表

发布时间	规则制定者	文件名	重要规则
1987年12月	财务会计准则委员会	《财务会计准则公告第96号：所得税的会计处理》	资产负债表债务法
1992年2月	同上	《财务会计准则公告第109号：所得税的会计处理》	资产负债表债务法

公认会计原则的上述理念被国际准则原样照搬。国际会计准则委员会1979年7月发布的《国际会计准则第12号：所得税的会计处理》和1996年8月发布的《国际会计准则第12号：所得税》就是分别按照同期的公认会计原则改编而成的。

我国会计法规借鉴域外经验，亦步亦趋地引入了纳税影响会计法。1994年6月发布的《企业所得税会计处理的暂行规定》首次将域外的所得税会计规则引入我国。该文件规定，企业一定时期的税前会计利润与纳税所得之间由于计算口径或计算时间不同而产生的差异可分为永久性差异和时间性差异。① 对这两种不同的差异，会计核算可采用“应付税款法”或“纳税影响会计法”。采用纳税影响会计法时，一般应按“递延法”进行账务处理，也可以采用“债务法”进行账务处理。企业应在资产负债表中的“资产总计”项目前设置“递延税项——递延税款借项”项目，在“所有者权益”类项目前设置“递延税项——递延税款贷项”项目。1998年1月发布的《股份有限公司会计制度》沿用了《企业所得税会计处理的暂行规定》。根据2000年12月发布的《企业会计制度》第一百零七条的规定，企业应当采用应付税款法或纳税影响会计法进行所得税的核算；采用纳税影响会计法的企业，可以选择采用递延法或者债务法进行核算。2006年2月发布的《企业会计

① 《企业所得税会计处理的暂行规定》指出，“永久性差异是指，企业一定时期的税前会计利润与纳税所得之间由于计算口径不同而产生的差额，这种差额在本期发生，并不在以后各期转回。时间性差异是指，企业一定时期的税前会计利润与纳税所得之间的差额，其发生是由于有些收入和支出项目计入纳税所得的时间与计入税前会计利润的时间不一致所产生的。时间性差额发生于某一时期，但在以后的一期或若干期内可以转回”。

准则第 18 号——所得税》要求企业采用资产负债表债务法进行所得税的会计核算，不再允许使用应付税款法、递延法和损益表债务法。

第三节　把预期进行到底：纳税影响会计法的设计理念

为便于理解，以下模拟分析递延法、债务法和资产负债表债务法的操作要领和效果，从而阐明纳税影响会计法的真实目的。

一、递延法的设计理念

《企业所得税会计处理的暂行规定》指出，“递延法是把本期由于时间性差异而产生的影响纳税的金额，保留到这一差异发生相反变化的以后期间予以转销。发生在本期的时间性差异影响纳税的金额，用现行税率计算，以前各期发生而在本期转销的各项时间性差异影响纳税的金额，按照原发生时的税率计算转销”。

模拟分析——案例 1：某机床原值为 10 000 元，预计使用寿命为 4 年，净残值为零。会计折旧采用年数总和法，纳税申报一律按直线法，除此以外无其他时间性差异。假定该公司每年的会计利润（利润总额）均为 100 000 元；所得税税率（从资产开始折旧之月起）为 30%。则依递延法进行会计处理的结果如表 6—2、表 6—3、表 6—4 所示。

表 6—2　　**时间性差异计算表**　　单位：元

	第一年	第二年	第三年	第四年
固定资产原值	10 000	10 000	10 000	10 000
会计折旧	4 000	3 000	2 000	1 000
计税折旧	2 500	2 500	2 500	2 500
时间性差异	1 500	500	−500	−1 500
应纳税所得额	101 500	100 500	99 500	98 500

表 6—3　　　　　　　　递延法下的利润表　　　　　　　　单位：元

项目	第一年	第二年	第三年	第四年
……	……	……	……	……
利润总额	100 000	100 000	100 000	100 000
减：所得税费用	30 000	30 000	30 000	30 000
净利润	70 000	70 000	70 000	70 000

表 6—4　　　　　　　　递延法下的资产负债表　　　　　　　　单位：元

资产	第一年	第二年	第三年	第四年	负债及股东权益	第一年	第二年	第三年	第四年
资产：					负债：				
……					应交所得税	30 450	30 150	29 850	29 550
……					递延税项			150	450
……					股东权益：				
递延税项	450	150			……				
资产总计					负债及股东权益总计				

以上表格中，第一年的利润总额是 100 000 元，而应纳税所得额为 101 500 元，两者之间的差异 1 500 元为时间性差异。在纳税影响会计法下，所得税费用直接按照利润总额乘以所得税税率计算为 30 000 元，它与应交所得税 30 450 元之间的差额 450 元就是时间性差异所导致的纳税影响，列为递延税项。可见，递延法的效果是把所得税费用分摊于各个会计期间，使得会计报表中列报的所得税费用恰等于“利润总额×所得税税率”，这样就在表面上实现了所得税费用与利润总额的配比。其余情况可以此类推。如此，第一年的递延税项 450 元是根据第一年的时间性差异 1 500 元乘以税率 30%计算而来；第二年的递延税项 150 元是根据第二年的时间性差异 500 元乘以税率 30%计算而来；第三年的递延税项是根据第三年的时间性差异 500 元乘以税率 30%计算而来；第四年的递延税项 450 元是根据第四年的时间性差异 1 500 元乘以税率 30%计算而来。第一年和第二年所累积的递延税款借项合计为 600 元，第三年和第四年反转的递延税款贷项合计为 600 元。从四年合计数来看，企业税前会计利润合计为 400 000 元，等于应纳税所得额合计数；所得税费用合

计数为 120 000 元，等于应交所得税合计数。

递延法是第 11 号 APB 意见书唯一允许采用的所得税会计处理方法，在美国证券市场上发挥影响长达 20 多年，直至 1992 年被取代，可谓风云一时。然而，在递延法下，利润表中所列示的所得税实际上包含有预期，在资产负债表中所列示的递延税款并非企业的资产或者负债。就连规则制定者（会计原则委员会）自己也承认，递延所得税并不是通常意义上所称的应付款或应收款。① 财务会计准则委员会也认识到了这一点。②

二、债务法的设计理念

债务法的设计原理与递延法相同。区别仅仅在于，当税率有变化时，债务法要求企业在税率变更时把递延税项的账面金额调整为"新税率×累积的时间性差异"。

模拟分析——案例 2：模拟情形如案例 1 所述；所得税税率第一年为 30%，之后三年均为 25%。则采用递延法处理的情形如表 6—5、表 6—6、表 6—7 所示。

表 6—5　　时间性差异计算表　　单位：元

	第一年	第二年	第三年	第四年
固定资产原值	10 000	10 000	10 000	10 000
会计折旧	4 000	3 000	2 000	1 000
计税折旧	2 500	2 500	2 500	2 500
时间性差异	1 500	500	−500	−1 500
应纳税所得额	101 500	100 500	99 500	98 500

① 参见 American Institute of Certified Public Accountant，1967：APB Opinion No. 11：Accounting for Income Taxes，Issued by Accounting Principles Board，New York. Par. 57。

② 参见 Paul Rosonfield，William C. Dent. "No More Deferred Taxes：A Case Against Interperiod Income Tax Allocation and For Follow the Tax Return"，*Journal of Accountancy*，1983，155，2，(Feb.)：44-55。

表 6—6　　　　　　　税率变更时递延法下的利润表　　　　　　　单位：元

项目	第一年	第二年	第三年	第四年
……	……	……	……	……
利润总额	100 000	100 000	100 000	100 000
减：所得税费用	30 000	25 000	25 025	25 050
净利润	70 000	75 000	74 975	74 950

表 6—7　　　　　　　税率变更时递延法下的资产负债表　　　　　　　单位：元

资产	第一年	第二年	第三年	第四年	负债及股东权益	第一年	第二年	第三年	第四年
资产：					负债：				
……					应交所得税	30 450	25 125	24 875	24 625
……					递延税项			150	425
……					股东权益：				
递延税项	450	125			……				
资产总计					负债及股东权益总计				

以上表格中，对第一年的时间性差异 1 500 元，按照 30%的税率计算递延税项（递延税款借项）450 元；第二年的时间性差异 500 元，按照 25%的税率计算递延税项（递延税款借项）125 元；第三年转回的时间性差异 500 元，按照原税率 30%计算递延税项（递延税款贷项）150 元；第四年转回时间性差异 1 500 元，其中 1 000 元按照原税率 30%计算递延税项（递延税款贷项）300 元，500 元按照新税率 25%计算递延税项（递延税款贷项）125 元，第四年合计记录递延税项（递延税款贷项）425 元。

若采用债务法，则结果如表 6—8、表 6—9、表 6—10 所示。对第一年的时间性差异 1 500 元，按照 30%的税率计算递延税项（递延税款借项）450 元。第二年新发生时间性差异 500 元，这时累计发生时间性差异 2 000 元，按照新税率 25%计算，应当累积记载递延税项（递延税款借项）500 元，由于上年已经记载递延税项（递延税款借项）450 元，因此，第二年应补记递延税项（递延税款借项）50 元。这种调整是债务法的标志性特征。第三年转回的时间性差异 500

元，按照新税率25%计算递延税项（递延税款贷项）125元。第四年转回时间性差异1 500元，按照新税率25%计算递延税项（递延税款贷项）375元。

虽然债务法的本意是让会计报表中列报的递延税项看起来更像是负债，似乎符合负债的定义，但实际上它仍然并不是负债，并不是企业的现时义务，仍然只是预期而已。

表6—8　　时间性差异计算表　　单位：元

	第一年	第二年	第三年	第四年
固定资产原值	10 000	10 000	10 000	10 000
会计折旧	4 000	3 000	2 000	1 000
计税折旧	2 500	2 500	2 500	2 500
时间性差异	1 500	500	—500	—1 500
应纳税所得额	101 500	100 500	99 500	98 500

表6—9　　税率变更时债务法下的利润表　　单位：元

项目	第一年	第二年	第三年	第四年
……	……	……	……	……
利润总额	100 000	100 000	100 000	100 000
减：所得税费用	30 000	25 075	25 000	25 000
净利润	70 000	74 925	75 000	75 000

表6—10　　税率变更时债务法下的资产负债表　　单位：元

资产	第一年	第二年	第三年	第四年	负债及股东权益	第一年	第二年	第三年	第四年
资产：					负债：				
……					应交所得税	30 450	25 125	24 875	24 625
……					递延税项			125	375
……					股东权益：				
递延税项	450	50			……				
资产总计					负债及股东权益总计				

三、资产负债表债务法的设计理念

递延法、债务法和资产负债表债务法都属于纳税影响会计法。前两者是“以利润表为基础的纳税影响会计法”，存在一定的局限性。一方面，它们在设计理念上仅考虑影响利润表的时间性差异的所得税影响，涵盖面有限。另一方面，由于要求记账者熟知每一项时间性差异何时发生、何时转回，因此，工作量相当大。资产负债表债务法与之不同，它的出发点是资产负债表，涵盖面比以利润表为基础的纳税影响会计法更为广泛，且操作上比较简单，每个资产负债表日只需要计算资产和负债的账面价值与计税基础之间的差额（即暂时性差异），不需要考虑差异的转回等问题，在税率变化时也不需要考虑进行专门的调整。①

模拟分析——案例 3：沿用上例情形，采用资产负债表债务法的处理结果如表 6—11、表 6—12、表 6—13 所示。

表 6—11　　暂时性差异计算表　　单位：元

	第一年	第二年	第三年	第四年
固定资产原值	10 000	10 000	10 000	10 000
历年会计折旧	4 000	3 000	2 000	1 000
账面价值	6 000	3 000	1 000	0
历年计税折旧	2 500	2 500	2 500	2 500
计税基础	75 00	5 000	25 00	0
可抵减暂时性差异	1 500	2 000	1 500	0
适用税率	30%	25%	25%	25%
递延所得税资产历年应有余额	450	500	375	0

表 6—12　　资产负债表债务法下的利润表　　单位：元

项目	第一年	第二年	第三年	第四年
……	……	……	……	……

① 参见财政部会计司编写组：《企业会计准则讲解 2008》，282～283 页，北京，人民出版社，2008。

续前表

项目	第一年	第二年	第三年	第四年
利润总额	100 000	100 000	100 000	100 000
减：所得税费用	30 000	25 075	25 000	25 000
净利润	70 000	74 925	75 000	75 000

表 6—13　　资产负债表债务法下的资产负债表　　单位：元

资产	第一年	第二年	第三年	第四年	负债及股东权益	第一年	第二年	第三年	第四年
资产：					负债：				
……					应交所得税	30 450	25 125	24 875	24 625
……					递延所得税负债			125	375
……					股东权益：				
递延所得税资产	450	50			……				
资产总计					负债及股东权益总计				

由此可见，资产负债表债务法延续了递延法和利润表债务法的思路，只不过在操作方式上有所变化。

作为纳税影响会计法的最新版本，资产负债表债务法较之递延法和债务法，在理念上并无新意，且实施效果相同。如果没有永久性差异且无税率变更问题，那么利润表列报的所得税费用也恰等于“利润总额×所得税税率”，净利润恰等于“利润总额项目×（1－所得税税率)”，也就是说，企业所得税法对利润表的影响同样被“过滤”掉了。当前，域外理论格外推崇资产负债表债务法，其理由是，资产负债表债务法下所列报的递延所得税资产和递延所得税负债符合公认会计原则和国际准则关于资产和负债的定义：资产是指企业过去的交易或者事项形成的、由企业拥有或者控制的、预期会给企业带来经济利益的资源；负债是指企业过去的交易或者事项形成的、预期会导致经济利益流出企业的现时义务。资产包含“预期资产”，负债包含“预期负债”，这就是域外理论所宣扬的“资产/负债观”(asset/liability view)。

四、纳税影响会计法的目的及其实现途径

纳税影响会计法的目的是在本期的会计报表中大体上按照“利润总额×所得税税率”列报所得税费用，这一点从未改变过。它是如何做到这一点的？这要从递延所得税的本质说起。

模拟分析——案例4：借鉴第一章之示例，假设某企业以代价100万元购入拟用于投机的证券，期末该证券市值上升到900万元，则依据国际会计准则关于交易性金融资产的处理规则，为确认公允价值上升，需要追加记录交易性资产的公允价值变动800万元、追加记录公允价值变动损益800万元。根据资产负债表债务法，需要追加记录递延所得税负债200万元（恰等于8 000 000×25%）、追加记录递延所得税费用200万元（恰等于8 000 000×25%）。企业财务报表中所包含的预期成分如表6—14、表6—15所示。

表6—14　　资产负债表（示意）　　单位：元

资产	金额	负债及股东权益	金额
资产：		负债：	
……		……	
交易性金融资产	800	递延所得税负债	200
……		股东权益：	
……		股本：	
……		资本公积	
……		盈余公积	
……		未分配利润	600
资产总计	800	负债及股东权益总计	800

表6—15　　利润表（示意）　　单位：元

项目	金额
一、营业收入	

续前表

项目	金额
……	
加：公允价值变动收益	800
投资收益	
二、营业利润	800
加：营业外收入	
减：营业外支出	
三、利润总额	800
减：所得税费用	200
四、净利润	600

递延所得税本质上是对预期利润计算的预期所得税费用。① 对于企业实现的真实利润，根据税法确定的真实所得税就是“真实利润×所得税税率”；对于预期利润（如公允价值变动收益），根据会计准则确定的预期所得税费用是“预期利润×所得税税率”。由于利润表上的利润总额等于“真实利润＋预期利润”，利润表上的“真实所得税＋预期所得税”等于“（真实利润＋预期利润）×所得税税率”，因此，纳税影响会计法就达到了按照“利润总额×所得税税率”列报所得税费用的效果。如表6—16所示，如果企业的真实利润总额是10 000元，则其真实所得税费用是2 500元；如果预期利润总额是20 000元，则其预期所得税费用是5 000元。于是，企业利润表中最终列报的利润总额为30 000元，所得税费用为7 500元。利润表上列报的所得税费用不是企业的实际所得税而是实际所得税和预期所得税的合计数。不难看出，确保所得税费用与利润总额大体上保持比例关系的关键在于，要通过纳税影响会计法为预期利润计算预期所得税。这就是纳税影响会计法和递延所得税的目的之所在。

① 参见周华、戴德明、刘俊海：《财产权利的计量规则与企业利润的可分享性》，载《财贸经济》，2008（7）。

表 6—16　　利润表中的真实与预期　　单位：元

项目	真实数据	预期数据	合计数
……	……	……	
利润总额	10 000	20 000	30 000
减：所得税费用	2 500	5 000	7 500
净利润	7 500	15 000	22 500

第四节　域外规则的理论缺陷及其价值导向

受时代局限，我国学者一度误以为“美国作为当今世界上经济最发达的国家，其会计准则的建设也是处于领先地位的，尤其对于所得税会计理论和实务的研究方面，可谓起着率先垂范的作用”。然而在事实上，会计程序委员会和会计原则委员会的委员指出，“所得税是否应当进行跨期分摊”这一基本理论问题在跨期分摊的规则出台之前从未进行过充分的研究，相关会计规则实际上是在理论缺失的背景下设计出台的。①

一、所得税究竟是不是一项费用

把所得税视为费用而不是利润分配，这是域外所得税会计规则的理论基础。② 然而，这种理念缺乏理论依据和实践基础。一方面，所得税费用的提法脱离实际，有悖常理。其目的是为人为地调节报表数据提供理论依据，试图把利润表上列报的所得税与利润总额建立关联。但是，所得税是国家参与企业收益分享（income sharing）

---

① 参见 Herbert E. Miller. “ How Much Income Tax Allocation? ”, *Journal of Accountancy*, 1962, 114, 2 (Aug): 46-51; Philip L. Defliese, Paul Rosenfield, William C. Dent. “ Professional Notes: Deferred Taxes-Forever/Reply”, *Journal of Accountancy*, 1983, 156, 2, (Aug): 94-103。

② 参见 Willard J. Graham. “ Income Tax Allocation”, *The Accounting Review*, 1959, 34, 1 (Jan.): 14-27。

的结果，其性质并不是费用。[①] 立法机关指出，税收是"国家为实现其职能，凭借政治权力，强制、无偿、固定地取得财政收入的一种形式"，"税收的本质是以法律形式处理国家与企业和个人的分配关系"。[②] 立法机关和社会公众所理解的"税"，是由税务机关根据税法确定的应纳所得税，是纳税人向国家缴纳的货币或实物，它是客观情况而不是预期，它具有严格界定的内涵。企业所得税是对企业生产经营净收入（也称为经营所得）征收的一种税。域外理论把针对预期进行计算所得到的数字冠以"税"字，是对税法的曲解和亵渎。把递延所得税列入会计报表的做法必然对会计报表的阅读者造成困扰。[③] 在纳税影响会计法下，利润表中所列示的"所得税费用"并非常人所理解的所得税，而是真实所得税（应交所得税）与预期所得税（递延所得税）的混合物。

另一方面，所得税费用的提法即使在公认会计原则的理论框架下也是难以自圆其说的。纳税影响会计法企图将所得税与收入配比起来，但配比原则不适用于所得税。从实施效果来看，纳税影响会计法只是实现了所得税费用的列报金额与会计利润总额的配比（即大致存在比例关系），而不是所得税与收入的配比。足见，所得税并非可以与收入相提并论的费用。[④] 域外理论的"先定罪、后取证"式的理论论证只不过是强词夺理罢了。

总之，无论域外理论怎样予以解释，税收早已是一种客观存在。会计的使命是告诉人们真实的局面，而不是采用偷换概念的方法诱导企业进行主观上的跨期分摊。试问，如果连纳税情况都敢随意

---

① 参见 Waino W. Suojanen，1954：Accounting Theory and the Large Corporation. *The Accounting Review*，Vol. 29，No. 3（Jul.）：pp. 391-398。

② 财政部税政司编：《新企业所得税法导读》，4～6 页，北京，中国财政经济出版社，2007。

③ 实际上，当年参与制定第 23 号会计研究公报的 William W. Werntz 就曾有类似的观点，但他的反对并未起作用。参见 American Institute of Accountants，1953：Accounting Research Bulletin No. 43：Restatement and Revision of Accounting Research Bulletins. Issued by Committee on Accounting Procedures. Par. 92。

④ 参见 David Drinkwater，James D. Edwards. "The Nature of Taxes and the Matching Principle"，*The Accounting Review*，1965，40，3（Jul.）：579-582。

“跨期分摊”，那么，还有什么数字是企业不敢操纵的？因此，“所得税是一项费用”的观点实在经不起推敲。

二、递延所得税资产和递延所得税负债的误导性

传统上，会计学通常所称的资产是指能够以货币计量的物权、债权、知识产权等财产权利，报表上所列示的财产权利必须具备相应的法律证据。社会公众所理解的法律意义上的债，是指按照合同的约定或依照法律的规定，在当事人之间产生的特定的权利和义务关系。债的关系自发生时起就在法律上具有拘束力（强制力）。据此，会计报表中所记载的负债应当有明确的债权人。而在纳税影响会计法下所记载的递延所得税资产（或递延税款借项）和递延所得税负债（或递延税款贷项）都是查无实据的预期信息，缺乏法律事实。就连纳税影响会计法的倡导者也承认，递延税项的计算纯属猜测，其中主要的问题就是显而易见的主观性。① 递延所得税资产（或递延税款借项）缺乏原始凭证（法律证据），它并非社会公众惯常所理解的资产，而仅仅是记账者根据想象所做的记载；递延所得税负债（或递延税款贷项）也缺乏原始凭证（法律证据），而仅仅是预期的负债而非通常所称的“债”，它甚至没有明确的债权人。② 因此，它们一旦列入会计报表，势必影响会计报表的公信力。此外，这些预期信息来无影去无踪，一旦资产和负债从账面上注销，它们便随之消失，就好像从来没有存在过。这意味着，计算递延所得税本身是毫无意义的。试举一例说明之（见表 6—17、表 6—18、表 6—19）。

---

① 参见 Maurice Moonitz. “Income Taxes in Financial Statements”, *The Accounting Review*, 1957, 32, 2 (Apr.): 175-183。

② 参见 Philip L. Defliese, Paul Rosenfield, William C. Dent. “Professional Notes: Deferred Taxes—Forever/Reply”, *Journal of Accountancy*, 1983, 156, 2, (Aug): 94-103; Paul Rosonfield, William C. Dent. “No More Deferred Taxes: A Case Against Interperiod Income Tax Allocation and For Follow the Tax Return”, *Journal of Accountancy*, 1983, 155, 2 (Feb.): 44-55。

模拟分析——案例 5：假设某企业每年的会计利润均为 10 000 元，会计处理与税法基本保持一致，只有一项证券投资因按交易性金融资产核算而与税法存在差异。该企业以成本 1 000 元购入拟进行投机的证券，在前三年连续升值，每年年末分别升值 200 元、300 元、400 元。于是前三年分别记载递延所得税负债 50 元、75 元、100 元。第四年售出该证券，期末的资产负债表上不再出现该项资产，期末也不再需要根据该项资产的账面价值与计税基础之间的差异计算递延所得税。这意味着，前三年每年年末计算出的“递延所得税负债”没有任何的证明力或预测价值，与数字游戏无异。

表 6—17　　暂时性差异计算表　　单位：元

	第一年	第二年	第三年	第四年
公允价值变动	200	300	400	—
账面价值	1 200	1 500	1 900	—
计税基础	1 000	1 000	1 000	—
应纳税暂时性差异	200	500	900	—
适用税率	25%	25%	25%	—
递延所得税负债应有余额	50	125	225	—

表 6—18　　资产负债表债务法下的利润表　　单位：元

项目	第一年	第二年	第三年	第四年
……	……	……	……	……
利润总额	10 000	10 000	10 000	
减：所得税费用	2 500	2 500	2 500	
净利润	7 500	7 500	7 500	

表 6—19　　资产负债表债务法下的资产负债表　　单位：元

资产	第一年	第二年	第三年	第四年	负债及股东权益	第一年	第二年	第三年	第四年
资产：					负债：				
……					应交所得税	2 450	2 425	2 400	

续前表

资产	第一年	第二年	第三年	第四年	负债及股东权益	第一年	第二年	第三年	第四年
……					递延所得税负债	50	75	100	
……					股东权益：				
递延所得税资产					……				
资产总计					负债及股东权益总计				

三、有无必要计算递延所得税

诚如德弗利斯等所言，无论是规范研究还是实证研究都无法明确地证明有无必要计算递延所得税。① 这一问题最终取决于论者对利润的认识，以及论者对财务报表的功能的认识。递延所得税资产并非财产权利，递延所得税负债并非债务，它们与股东、债权人、职工、政府等企业相关利害关系人并无实质关系，会计报表读者很难弄懂“所得税费用”究竟包含多少真实信息，又包含多少预期信息②，把它们列入财务报表究竟有何裨益，这实在是值得思量的问题。③ 美国注册会计师协会下属的会计程序委员会在 1944 年的会计研究公报中开宗明义地宣布，它设计所得税会计规则的目的是为了让报表列报的所得税金额与利润总额大致呈现比例关系，为达到这一目的，遂将所得税视为一项费用而不是利润分配——它并不是从企业经营管理和国民经济管理的现实需要出发来考虑问

① 参见 philip L. Defliese，Paul Rosenfield，William C. Dent. “Professional Notes：Deferred Taxes—Forever/Reply”，*Journal of Accountancy*，1983，(Aug). Vol. 156，Iss. 2；pp. 94-103。

② 参见 R. D. Nair，Jerry J. Weygandt. “Let's Fix Deferred Taxes”，*Journal of Accountancy*，1981，152，5 (Nov.)：87-96。

③ 参见 David Drinkwater，James D. Edwards. “The Nature of Taxes and the Matching Principle”，*The Accounting Review*，1965，40，3 (Jul.)：579-582。

题的。这种所得税会计规则受到实务工作者的抵制，甚至连会计公司（会计师事务所）也一再反映，递延所得税的计算、列报和附注披露对于企业没有任何价值，代价巨大而益处甚微。前文的模拟分析也表明，最终列报的所得税费用总额与已交税额总额是完全一致的，这再度表明，递延所得税的计算是无意义的重复劳动。

四、计算递延所得税有无可行性

在资产负债表债务法下，为了计算递延所得税，企业既需要取得按照会计准则记账所形成的账面价值（carrying amount），又需要取得按照税法记账所形成的计税基础（tax base）数据，然后才能根据两者之间的暂时性差异，计算得到没有什么实际用途的递延所得税。显而易见，递延所得税的计算客观上需要保留一套严格按照税法规定进行计算的账簿体系——即传统意义上根据法律事实记账的历史成本会计。缺少传统的历史成本会计，递延所得税的计算规则是无法运转的。因此，企业在计算递延所得税时至少需要设置两套账簿。递延所得税的计算耗时费力，代价全要由企业及其会计师承担。① 在以往的递延法和债务法下，存在类似的情况。一个口口声声主张与税法分道扬镳的会计规则，到头来还是要依靠税法才能生存下去，这无疑是对“分离论”的莫大讽刺。

五、递延所得税是公共会计师行业为自己量身定做的金融分析规则

依法记账的会计规则不符合公共会计师行业的利益。公共会计师行业根本就不希望存在统一的、稳定的会计法规，因为那将导致该行业的终结。该行业的先驱蒙哥马利（R. H. Montgomery）深刻

---

① 参见 Robert G. Cox. “Conflicting Concepts of Income for Managerial and Federal Income Tax Purposes”, *The Accounting Review*, 1958, 33, 2 (Apr.): 242-245; Paul Rosonfield, William C. Dent. “No More Defered Taxes: A Case Against Interperiod Income Tax Allocation and For Follow the Tax Return”, *Journal of Accountancy*, 1983, 155, 2 (Feb.): 44-55。

地认识到，只有在缺乏统一规则的情形下，公共会计师行业才得以凭借其神秘的“职业判断”而在专业服务领域谋得一席之地，因此，“公共会计师行业最宝贵的资产是思想和行动的独立性”①。迪金森（Sir A. L. Dickinson）宣称，注册会计师“从来就没有规章，具体问题必须具体分析，这迫使你必须借助于经验行事，这就是我们成为职业会计师的原因”。梅（G. O. May）更是提出了标志性的口号：“会计并非科学，而是一门艺术。”②公共会计师行业1938年获取美国证监会转授的公认会计原则制定权之后，便不遗余力地将会计规则“艺术化”，“实质重于形式”原则的出台，清楚地表明了该行业对待法律的态度。肆意拉开与税法的差距，是公认会计原则的一贯立场。

美国的公共会计师行业通过宣扬“分离论”赚得盆满钵满。一方面，它主持（或参与）设计出一套与法律愈行愈远的会计规则体系，导致实务界的法律遵从成本大增，为自己开辟了广阔的咨询服务市场。另一方面，口口声声宣扬“分离论”的它，却紧紧依靠税法谋生存——帮助客户履行纳税义务，是公共会计师行业的一项重要的生存技能。1913年美国关于所得税的立法扩展了会计服务市场，为公共会计师行业提供了广阔的盈利空间。1954年的美国税法允许加速折旧，并规定了折耗准备和经营净损失准备等优惠政策，其复杂程度陡然增加，税务代理行业遂悄然兴起。公共会计师行业与律师行业争夺税务服务市场并渐渐站稳脚跟，使得税务代理和税务筹划成为会计师事务所服务收费的最大来源之一。③ 20世纪80年代颁布的诸多税法，更是为

---

① 参见Robert H. Montgomery. “Accountants' Limitations”, *Journal of Accountancy*, 1927, 44, 4 (Oct.): 245-266。

② 梅先生是美国注册会计师协会的精神领袖，一贯行事低调，不愿担任一把手职务，自1937年至1945年任会计程序委员会副主席。见普雷维茨、莫里诺：《美国会计史——会计的文化意义》，191页，219～220页，380页，北京，中国人民大学出版社，2006。

③ 作为提供税收服务的行业，美国注册会计师行业的优势在于它依照1933年《证券法》享有跨州发行证券的公众公司的审计权，律师行业的优势在于它依法有权拒绝透露会谈的内容。1956年，律师行业指责公共会计师所提供的税务服务侵占了律师行业的法律服务的领地。亚瑟·B. 福伊（Arthur B. Foye）领导美国注册会计师协会制定的《税务服务中的责任声明》对协会会员提出职业道德要求，缓和了该行业与律师行业的冲突。

公共会计师行业开拓税收服务市场提供了无穷无尽的发展机会。① 如今，税务、咨询和审计已经成为大型会计公司的三大业务板块。

理论争鸣的缺失使得“分离论”成为我国会计理论的流行观点。20 世纪 80 年代初，随着企业所得税相关立法的稳步推进②，所得税会计逐渐成为我国会计学术和会计立法的热点问题，我国刊物开始介绍所得税会计的“国际惯例”。③ “财务会计与税务会计分离”的理论主张逐渐为会计界所接受。④ 虽然曾有文献针锋相对地予以反驳⑤，但质疑之声总是淹没于宣扬国际惯例的潮流之中。如今，“分离论”俨然成为会计界的主流学说。积极发挥智囊作用的中国会计学会《会计研究》杂志在刊登黄菊波和杨小舟《评财务会计与税务会计的分离问题》一文的编者按中写道：“会计核算作为一种科学的体系和方法，是否应当依据会计目标来进行设计？在社会主义市场经济体制下，会计目标是什么？它与税务目标是否存在区别？……希望以此为契机，从财务会计与税务会计分离的讨论引发开去，对我国财务与会计的改革问题进行更深层次的研究。”遗憾的是，对于这一关系到会计学科发展方向的基础理论问题，至今应者寥寥。⑥

---

① 参见普雷维茨、莫里诺：《美国会计史——会计的文化意义》，194 页，371 页，450～451 页，北京，中国人民大学出版社，2006。

② 1980 年 9 月，第五届全国人民代表大会第三次会议通过《中华人民共和国中外合资经营企业所得税法》。1981 年 12 月，第五届全国人民代表大会第四次会议通过《中华人民共和国外国企业所得税法》。

③ 参见国际会计准则委员会：《国际会计标准——所得税会计》，载《会计研究》，1982 (1)～(2)，王文彬、沈如琛根据 1979 年版本的《国际会计准则第 12 号：所得税的会计处理》翻译；国际会计准则委员会：《国际会计准则第 12 号：所得税（1996 年修订）》，载《会计研究》，1997 (6) ～(7)，朱海林译，沈小南校，根据 1996 年版本的《国际会计准则第 12 号：所得税》翻译。

④ 参见李平：《所得税会计沿革及现状的探讨》，载《会计研究》，1993 (5)；林钟高：《所得税是费用还是收益的分配？——兼议会计的若干基本概念》，载《会计研究》，1995 (4)。

⑤ 参见黄菊波、杨小舟：《评财务会计与税务会计的分离问题》，载《会计研究》，1996 (4)。

⑥ 汤业国在撰文回应时提出了一个鲜明的口号——“财务会计与税务会计的分离是建立现代企业制度的必然要求”。参见汤业国：《财务会计与税务会计的分离是建立现代企业制度的必然要求》，载《会计研究》，1997 (4)。该文承认，“当然，实现财务会计与税务会计的分离，也必然会加大企业会计核算的工作量和增加企业纳税申报的难度，解决这一问题的方法，可以通过发展税务代理业来解决”。传统上会计能够亲力亲为的法定义务，居然改为在账外委托他人代办。显然，其观点对公共会计师行业来说可谓“正中下怀”。

第五节　存在与虚无：徒劳无功的递延所得税会计规则

这里我们以资产的会计处理与税务处理之差异为例，运用数理逻辑分析方法阐释递延所得税会计规则的无用性。既有文献提出，如果没有永久性差异且无税率变更问题（这也正是企业经营的常态），那么在递延所得税会计规则下，利润表列报的所得税费用恰等于“利润总额×所得税税率”，净利润恰等于“利润总额×(1－所得税税率）”。① 以下给出该论点的数理逻辑。

一、情形1：仅有公允价值变动损益

根据准则的定义，资产的计税基础是假定资产按照税法进行账务处理，所应记载的金额。准则将资产的账面价值（carrying amount）与计税基础之差定义为暂时性差异（temporary difference）。如此定义之后，暂时性差异便体现了企业会计行为偏离税法的程度。

记某上市公司某年度购入的交易性金融资产在该年度的升值金额为V_1，则依照会计准则的规定，该公司在记录公允价值变动收益V_1的同时，所记录的该交易性金融资产的公允价值变动也是V_1。也就是说，V_1具有双重含义：它既是指该年度的公允价值变动收益，又是指暂时性差异（账面价值高于计税基础的部分）。

下面分别计算该公司当期的应纳税额和递延所得税。

1. 当期应纳税额的计算。记会计利润（即利润总额）为P，当期及未来期间适用的企业所得税税率均为r，则该公司当期的企业所得税应纳税额计算如下：

---

① 参见周华：《递延所得税的合理性辨析》，载《经济管理》，2011 (2)。

当期所得税＝(利润总额－纳税调整减少额)×企业所得税税率

$$=(P-V_1)\times r$$

这一金额即为准则所称的“当期所得税费用”。

2. 递延所得税的计算。为方便理解，以下的计算假定最终售价高于本年末的账面价值。如图6—1所示，该公司交易性金融资产的账面价值虚高 V_1 元，这将导致未来该资产出售时所记载的利润总额（V_2）金额虚低，即低于税务机关所认定的应纳税所得额（$V_3=V_2+V_1$）。

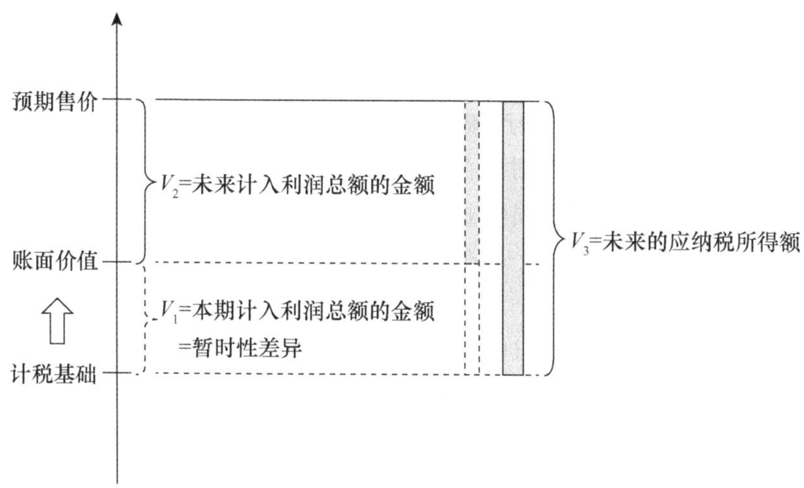

图6—1　公允价值变动损益对当期和未来期间的利润总额及应纳税所得额的影响

在未来出售该交易性金融资产的年度计算应纳税所得额时，要在虚低的利润总额（V_2）的基础上，加上 V_1 元，这样算出的金额（即 $V_3=V_2+V_1$）才是应纳税所得额。如此，按预期适用税率 r 计算，在未来出售该金融资产的期间，所缴纳的所得税将会比简单地按照会计利润估算的金额（即 $V_2\times r$）多出 $V_1\times r$ 元，这个金额就是“目前交易性金融资产的账面价值虚高 V_1 元”这一事实（即上述暂时性差异）对未来期间的应纳税额的预期不利影响，准则称之为“递延所得税负债”。在增记“递延所得税负债”的同时，还应增记

"递延所得税费用"。

综合上述分析可知，本期所记载的公允价值变动损益（V_1）对当期所得税费用和递延所得税费用的影响恰恰相反（见图6—2），因此，两者抵销以后，该公司该年度列报的所得税费用恰为 $P\times r$ 元。

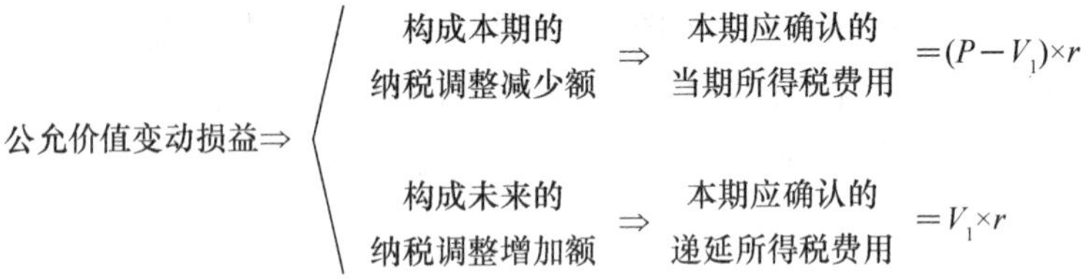

公允价值变动损益⇒
- 构成本期的纳税调整减少额 ⇒ 本期应确认的当期所得税费用 $=(P-V_1)\times r$
- 构成未来的纳税调整增加额 ⇒ 本期应确认的递延所得税费用 $=V_1\times r$

图6—2 公允价值变动损益与所得税费用的关系

二、情形2：仅有资产减值损失①

某上市公司某年度对库存商品计提存货跌价准备，所记录的存货跌价准备和资产减值损失金额均为 V_4。也就是说，V_4 具有双重含义：它既指该年度的资产减值损失，又指暂时性差异（账面价值低于计税基础的部分）。

1. 当期应纳税额的计算。记会计利润（即利润总额）为 P，当期及未来适用的企业所得税税率均为 r，则该公司当期的企业所得税应纳税额计算如下：

$$\text{当期所得税}=(\text{利润总额}+\text{纳税调整增加额})\times\text{企业所得税税率}$$
$$=(P+V_4)\times r$$

这一金额即为准则所称的"当期所得税费用"。

2. 递延所得税的计算。为方便理解，以下的计算假定库存商品的最终售价高于本年末的账面价值。该公司库存商品的账面价值比计税基础低 V_4 元，这将导致未来该资产出售时所记载的利润总额（V_6）金额虚高，即高于税务机关所认定的应纳税所得额（V_5），如图6—3所示。

① 此情形下的分析同样适用于发生公允价值变动损失的情形。

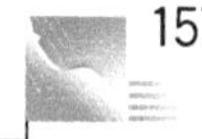

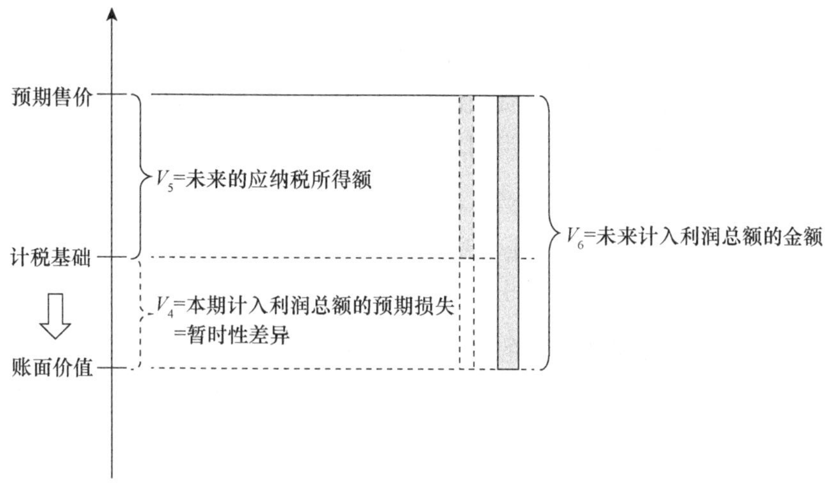

图 6—3 资产减值损失对当期和未来期间的利润总额及应纳税所得额的影响

在未来出售该库存商品的年度计算应纳税所得额时，要在偏高的利润总额（V_6）的基础上，减去 V_4 元，这样算出的金额（即 $V_5=V_6-V_4$）才是应纳税所得额。这样，按预期适用税率 r 计算，在未来出售该金融资产的期间，所缴纳的所得税将会比简单地按照会计利润估算的金额（即 $V_6\times r$）少 $V_4\times r$ 元，这个金额就是“目前库存商品的账面价值比计税基础低 V_4 元”这一事实（即上述暂时性差异）对未来期间的应纳税额的预期有利影响，准则称之为“递延所得税资产”。在增记“递延所得税资产”的同时，应当减记“递延所得税费用”。

综合上述分析可知，本期所记载的资产减值损失（V_4）对当期所得税费用和递延所得税费用的影响恰恰相反（见图 6—4），两者抵销以后，该公司该年度列报的所得税费用恰为 $P\times r$ 元。

资产减值损失⇒
- 构成本期的纳税调整增加额 ⇒ 本期应确认的当期所得税费用 $=(P+V_4)\times r$
- 构成未来的纳税调整减少额 ⇒ 本期应确认的递延所得税费用 $=-V_4\times r$

图 6—4 资产减值损失与所得税费用的关系

三、情形 3：既有公允价值变动收益又有资产减值损失

某上市公司某年度购入的交易性金融资产在该年度的升值金额为 V_1，对库存商品计提存货跌价准备，所记录的存货跌价准备和资产减值损失金额均为 V_4。则当期企业所得税的应纳税额可计算如下：

$$\begin{aligned}当期所得税 &=（利润总额＋纳税调整增加额－纳税调整减少额）\\&\quad \times 企业所得税税率\\&=(P+V_4-V_1)\times r\end{aligned}$$

这一金额是准则所称的“当期所得税费用”。

该公司因当期的公允价值变动收益而进行递延所得税的账务处理时，增记“递延所得税负债”，增记“递延所得税费用”，金额为 $V_1 \times r$ 元；因当期的资产减值损失而进行递延所得税的账务处理时，增记“递延所得税资产”，减记“递延所得税费用”，金额为 $V_4 \times r$ 元。因此，该公司所记载的递延所得税费用合计为 $(V_1-V_4)\times r$ 元。加上该公司所记载的“当期所得税费用”之后，综合起来看，该公司该年度列报的所得税费用恰为 $P\times r$ 元，如表6—20 所示。

总之，上述理论推导的结论是：在常态下①，企业列报的所得税费用等于“利润总额×适用税率”。也就是说，会计师辛辛苦苦算出来的所得税费用，其实仅仅通过简单的乘法就可以计算得到。因此，递延所得税的会计规则虽然神秘莫测，但归根结底只是故弄玄虚。

第六节　解读神秘的核心概念——计税基础

计税基础是支撑资产负债表债务法的核心概念。但我国《企业会计准则第 18 号——所得税》并未给出计税基础（tax base）的定

① 这里所指的“常态”，是指没有永久性差异且无税率变更问题，预期企业能够获取可供抵减的应纳税所得额，从而能够足额记录递延所得税资产。

表 6—20　　当期所得税和递延所得税的计算

项目		金额
利润总额的计算	一、营业收入	……
	减：营业成本	……
	营业税金及附加	……
	销售费用	……
	管理费用	……
	财务费用	……
	资产减值损失	V_4
	加：公允价值变动收益	V_1
	投资收益	……
	二、营业利润	……
	加：营业外收入	……
	减：营业外支出	……
	三、利润总额	P
应纳税所得额的计算	加：纳税调整增加额	V_4
	减：纳税调整减少额	V_1
	应纳税所得额	$P+V_4-V_1$
企业所得税应纳税额的计算		$(P+V_4-V_1)\times r$
所得税费用的列报	当期所得税费用	$(P+V_4-V_1)\times r$
	递延所得税费用（递延所得税资产所对应的）	$-V_4\times r$
	递延所得税费用（递延所得税负债所对应的）	$V_1\times r$
	所得税费用（合计）	$P\times r$

义，而是分别规定了"资产的计税基础"（the tax base of an asset）和"负债的计税基础"（the tax base of a liability）。通俗地说，资产的计税基础，是指按照税法规定重新计算所得到的金额，换言之，也就是按照税法规定入账、折旧（对于固定资产而言）、摊销（对于无形资产而言），如此所计算出的金额便是纳税申报时税务机关所认可的金额，也就是未来期间可在纳税申报时据实扣除的金额。而负债的计税基础则定义为负债的账面价值减去未来期间计算应纳税所得额时，按照税法规定可予抵扣的金额后的余额。此定义显然与资

产的计税基础存在很大差异，相当令人费解。本节另辟蹊径，对之予以通俗的解读，得出了十分有趣且令人吃惊的结论。

一、解读“负债的计税基础”

对于绝大多数常规意义上的债务而言，由于资产负债表债务法的目的是计算暂时性差异对所得税的预期影响，而负债只存在欠债还钱的问题（它不影响当期的所得税，也不存在预期影响），因此，根本就不需要考虑负债的暂时性差异的问题。这是因为，短期借款、应付票据、应付账款、其他应付款等常规负债的确认和偿还，不会对当期和未来期间的损益和应纳税所得额产生影响。故而，其“未来期间按照税法规定可予税前扣除的金额”为零，其计税基础等于其账面价值，无暂时性差异。极个别的负债项目（如按照会计准则确认的某些预计负债）会抵减未来期间的应纳税所得额。这是因为，在企业履行相关义务时，其会计处理是减记负债、减记资产，并不涉及利润表项目，但企业所得税法允许将相关开支据实扣除，因此，未来期间计算应纳税所得额时，将会在会计利润的基础上直接减去履行该义务的实际代价。由于预计负债是按照最佳估计数入账的，因此，它也就是此时估计的未来期间的代价。在此情形下，可直接将该负债科目的金额列为“可抵扣暂时性差异”，不必套用上述繁琐的公式。这样，就不必去死记硬背准则关于负债的计税基础的规定了。

通过会计准则化简为繁的思路，我们可以隐隐约约地体会到规则制定者的逻辑：负债的计税基础，其实就是其在未来期间得以清偿时，不予税前抵扣的金额。这与资产的计税基础的定义恰恰相反。如此定义之后，负债的账面价值与计税基础之差，就是负债在清偿时可予税前扣除的金额。由此可见，负债的计税基础的定义的不合理之处还体现在，你必须知道负债在未来期间的可扣除数（这也正是该负债的可抵扣暂时性差异），这样才能计算负债的计税基础，从而才能计算负债的可抵扣暂时性差异。可是，既然你事先已经知道其暂时性差异，那为何还去绕那个大圈子呢？

总之，负债的暂时性差异的计算可概括如下（见图6—5）：(1)对于常规负债而言，未来期间负债的偿还既不影响利润的计算，也不存在税前扣除的问题，其暂时性差异等于零，即其计税基础（即负债在未来期间清偿时，不予税前抵扣的金额）等于账面价值。(2)对于那些在清偿时可予税前扣除的负债（如预计负债，已经计入应纳税所得额的预收账款和应付职工薪酬）来说，可直接将账面价值（负债在清偿时可予税前扣除的金额）列为可抵扣暂时性差异。如果按准则原文来阐述，就是说，其账面价值本身就是可抵扣暂时性差异，其计税基础（即负债在未来期间清偿时，不予税前抵扣的金额）等于零。

常规负债 未来可予税前扣除的金额=0	在清偿时可予税前扣除的负债 未来可予税前扣除的金额=账面价值
计税基础=账面价值 暂时性差异=0	计税基础=0 暂时性差异=未来可予税前扣除的金额=账面价值

图6—5　负债的计税基础的含义

二、负债的计税基础的适用范围之局限性

上述负债的计税基础的定义（即“账面价值减去预期可扣除数后的余数”，亦即不可扣除数）的逻辑仅对预计负债等极少数负债项目在理论上有一定意义，也就是说，该定义对预计负债尚可自圆其说，但是，其逻辑对于交易性金融负债等以公允价值计量的负债就难以成立。

1. 交易性金融负债的公允价值走高的情形。某公司在证券市场上公开发行衍生工具，得款10 000 000元。期末，该衍生工具的市值上升为13 000 000元，该公司据此记载公允价值变动损失3 000 000元。若采用准则中的定义，则计算如下：第一步，交易性金融负债的账面价值为13 000 000元；第二步，预期其在未来期间的可扣除数为10 000 000元，因此，交易性金融负债的计税基础为3 000 000元（13 000 000－10 000 000）；第三步，账面价值减去计税基础，计算得出的可抵扣暂时性差异为10 000 000元。这三步计算所

得出的信息没有意义。可见，对于这一情形，负债的计税基础的定义难以发挥作用。现在，不妨依照本章前面归纳的“对预期利润计算预期所得税”理论予以解读。该公司当期记载的公允价值变动损失为 3 000 000 元，因此，应减记递延所得税 750 000 元，同时记录递延所得税资产 750 000 元。

2. 交易性金融负债的公允价值走低的情形。负债的计税基础的定义也不适用于负债的公允价值走低的情形。例如，某公司在证券市场上公开发行衍生工具，得款 10 000 000 元。期末，该衍生工具的市值下降为 4 000 000 元，该公司所记载的公允价值变动收益为 6 000 000 元。对于这一情形，负债的计税基础的定义难以发挥作用。作为对比，在这种情形下，我们可以依据前文归纳的“对预期利润计算预期所得税”理论予以解读。该公司当期记载的公允价值变动收益为 6 000 000 元，因此，应记录的递延所得税为 1 500 000 元（6 000 000×25%），同时记录递延所得税负债 1 500 000 元。

第七节　税收法规与会计法规的关系之再考察

负债的计税基础的理论缺陷吸引我们细细探究所得税会计规则的由来。循此线索，我们发现了企业会计准则和所得税法实施条例中存在的更为重要的问题。

一、考察会计准则和税法中的计税基础概念之异同

据笔者所知，国内外经济学、财政学和税法所称的税基，具体有两重含义。一是指特定税种的课税基础（tax base；taxable base），也就是针对征税对象所确定的（据以计算应纳税额的）金额，该金额与适用税率的乘积即为应纳税额。采用这种含义的常见说法有：流转税以流转额为税基；所得税以所得额为税基；房产税以房产的价值或租金金额为税基；特定税种的税基越宽、税源越丰富，课征

的意义就越大，等等。二是指资产的计税基准（tax base），在美国英语中大多称作"tax basis"，如美国国税局专门发布了题为《资产的计税基准》（*Basis of Assets*）的税收服务指南。① 我们对此进行了一番考证，研究发现如下：

1. 会计准则所称的计税基础，乃是从税法中借鉴而来，与上述第二种含义相似。会计程序委员会和会计原则委员会所发布的公认会计原则从未提及计税基础（tax base）这一概念。计税基础（tax base）在会计准则中的首次出现，是在1987年发布的《财务会计准则公告第96号：所得税的会计处理》中。② 该准则在引入计税基础（tax base）这一创新词汇时，还把计税基础（tax base）和计税基准（tax basis）当作同义词多次交替使用，甚至在很多段落中同时使用这两个术语。耐人寻味的是，该准则的理论依据《所得税的会计处理：对各种不同观点的评论》③ 一书只字未提计税基础（tax base），却四次使用了计税基准（tax basis）一词。④

2. 税法中的计税基准（tax basis）仅仅针对资产而言，会计准则制定者将其推广到了负债项目。通常，税法是在"资产的计税基准"（tax basis of assets，tax basis of property）的语境下使用"计税基准"这一词汇的。以笔者所见，尚未发现税法提及负债的计税基准。

上述事实表明，美国证券市场上的公认会计原则的制定者并没有搞清楚该怎么界定一个统一的计税基础的概念，他们只是为一套

---

① 参见 Internal Revenue Service，2011：Publication 551：Basis of Assets. Department of the Treasury. July 2011.（The file can be accessed at http://www.irs.gov/pub/irs-pdf/p551.pdf.）。

② 参见 Financial Accounting Standards Board，1987：Statement of Financial Accounting Standards No. 96：Accounting for Income Taxes. December 1987。

③ 参见 Dennis R. Beresford，Lawrence C. Best，Paul W. Craig，Joseph V. Weber，1983：*Accounting for Income Taxes：A Review of Alternatives*. Published by Financial Accounting Standards Board. July 1983。

④ 该书第一作者贝瑞斯福德（Dennis R. Beresford）1987—1997年任财务会计准则委员会第三任主席。《财务会计准则公告第96号：所得税的会计处理》正是在其就任财务会计准则委员会主席之后不久（1987年12月）发布的。

奇特的算法（纳税影响会计法，tax effect accounting）拟制了一套似是而非的说辞。这套未能自圆其说的理论依据被完整照搬进国际会计准则理事会1996年发布的《国际会计准则第12号：所得税》，略有不同的是，国际会计准则统一使用了计税基础（tax base）这一词汇并沿用至今。① 后来，在会计准则国际趋同的过程中，计税基础（tax base）被引入我国2006年发布的《企业会计准则第18号——所得税》。计税基础概念在会计准则中的传播过程如图6—6所示。

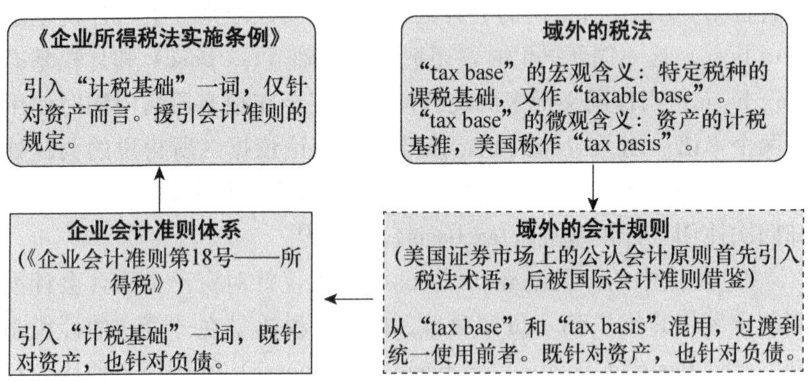

图6—6　计税基础概念的传播

二、《企业所得税法实施条例》的些许理论瑕疵

在我国税收法律和行政法规中，《企业所得税法》只字未提“计税基础”，《企业所得税法实施条例》（以下简称《实施条例》）是第一部引入“计税基础”概念的法律法规。《实施条例》第五十六条第一款规定，“企业的各项资产，包括固定资产、生物资产、无形资产、长期待摊费用、投资资产、存货等，以历史成本为计税基础”。但该条例没有给出计税基础的定义。立法起草小组给出的说明是：“为了正确核算企业资产的成本和支出，有必要根据税收征管上的要

① 参见 International Accounting Standards Board，1996：International Accounting Standard 12：Income Taxes. October 1996。

求，对企业资产的计税基础和折耗提取办法等做出相应规定"，"条例第一次引入了计税基础的概念，这一概念在原内资企业所得税条例及外资税法中是不存在的，但在某些税收规章及规范性文件中曾经出现过，接近于原税法中的计税成本概念。按照《企业会计准则第 18 号——所得税》规定，企业收回资产账面价值过程中，计算应纳税所得额时按税法规定可以从应纳税所得中扣除的金额，称作该项资产的计税基础"①。

《实施条例》援引企业会计准则条款，这一做法的失当性表现为两个方面：

1. 上位法不应当引用缺乏合理依据的下位法。根据法学原理，上位法吸收下位法时，应当确保下位法本身是合理的。而会计准则中的计税基础概念缺乏合理的逻辑，资产的计税基础和负债的计税基础的定义至今仍然是分割开来的，尚未满足逻辑自洽的要求。因此，《实施条例》不宜简单模仿会计准则的用词和理念，否则势必导致上述逻辑冲突被输入税收法规体系。例如，既然《实施条例》默认《企业会计准则第 18 号——所得税》是合理的，那么《实施条例》为什么只字不提负债的计税基础呢？显然，《实施条例》仍然是在借鉴境外税法的做法，即仅仅对资产的计税基准（tax basis）做出规定。我们认为，对于税法来说，只有资产才存在计税基准（tax basis）的说法。税法从来不针对负债征税，因此，也就没有必要规定负债的计税基准（tax basis）。综合上述分析，根据税收原理来看，税法不适合引入负债的计税基础的概念。

2.《实施条例》关于"以历史成本为计税基础"的提法是不恰当的。《实施条例》第五十六条表明，立法起草小组误把计税基础混同于会计计量属性（accounting measurement attributes; accounting measurement bases），其所称的计税基础其实仍然是指计税基准（tax basis）。计税基准与会计计量属性并不等同。与国际

① 《中华人民共和国企业所得税法实施条例》立法起草小组：《〈中华人民共和国企业所得税法实施条例〉释义及实用指南》，北京，中国财政经济出版社，2007。

准则实现"实质性趋同"的我国企业会计准则体系所称的会计计量属性，是指会计人员确定资产或负债的记账和列报金额时所采用的计价标准，包括历史成本、重置成本、可变现净值、现值、公允价值。而计税基准的含义则与特定税种的立法宗旨有关，往往超越会计准则的规定。例如，对于我国《企业所得税法》第三十条规定的加计扣除项目所涉及的无形资产，其计税基准便不同于会计上所称的任何一种会计计量属性。因此，税收法规不应将计税基础混同于会计计量属性，而应以"计税基准"一词取代"计税基础"为宜。

第八节　重申会计的基本原则：根据法律事实记账

一、所得税会计规则应当坚持"根据法律事实记账"的基本原则

根据法律事实是会计保持其行业价值的底线。根据法律事实记账，为企业经营管理和国民经济管理提供具有法律证明力的财产权利和业绩信息，是会计的法定职能。[①] 定期计算利润是会计规则的首要重点，会计所能提供的最重要的信息是关于企业的收入、费用及利润的信息。[②] 作为对比，"分离论"不恰当地把会计的目标与税收的目标对立起来，严重地曲解了会计的职能。[③]

递延所得税的相关记载行为缺乏公信力，在证明力上应当归于无效。《中华人民共和国会计法》第九条规定，"各单位必须根据实

---

① 参见周华、戴德明、刘俊海：《质疑国际财务报告准则的先进性》，载《财贸经济》，2010 (1)。

② 参见 A. C. Littleton, *Structure of Accounting Theory*, *American Accounting Association*, 1953, p. 23。

③ 参见 Harold E. Arnett. "Taxable Income vs. Financial Income: How Much Uniformity Can We Stand?", *The Accounting Review*, 1969, 44, 3 (Jul.): 482-494; John W. Coughlan. "Tax Reductions and Tax Deferrals", *The Journal of Business*, 1958, 31, 2 (Apr.): 121-131; Eugene H. Flegm, Donald J. Kirk. " Commentary on the Limitations of Accounting", *Accounting Horizons*, 1989, 3, 3 (Sep): 90-97。

际发生的经济业务事项进行会计核算，填制会计凭证，登记会计账簿，编制财务会计报告。任何单位不得以虚假的经济业务事项或者资料进行会计核算”。据此，在缺乏证据的情况下对会计账簿的篡改应当依法被认定为违法行为。

二、会计立法应当尽量缩小与税法的差异

遵从包括税法在内的法律法规的需求，是“根据法律事实记账”的内在要求之一（切不可将其狭隘地理解为“会计就是为税法服务的”），会计规则与税收法规的同一化是治本之策。一方面，税收法规是会计环境要素之一，对会计规则具有最直接的影响，因此，会计法规上面必然留有税法影响力的印记。另一方面，国家税收一定程度上依赖于会计信息资料，会计规则是税收法规运行的重要条件和根本基础。① 因此，会计法规与税收法规之间应当尽量保持一致，会计准则应积极主动地与税法协调：应当“修改基本会计准则的有关内容，尽量保持与税法相关精神要求一致”；尽量缩小会计方法的选择范围，规范会计收益与税收收益差异的调整方法，简化税款的计算；对于众多的中小型企业，可以严格按税法的规定选择会计方法；应当在税收法规中要求企业在发生重大会计政策变更时，必须报请主管税务机关同意或备案，否则予以处罚。②

近年来，会计规则与税法之间的差异主要是由于引进域外“先进经验”所致。税法一贯采取尽可能包容下位法的立场，有时甚至到了全盘接纳的程度。然而域外会计规则却一再挑战税法的容忍极限，其结果是，税法最终断然否定了明显违背税法原则的会计规则。③ 众所周知，法具有指引、评价、教育、预测和强制的功能。

① 参见国家税务总局教材编写组：《企业会计准则与税收》，1～9 页，北京，中国财政经济出版社，2004。

② 同上书，9～12 页。

③ 以资产减值为例，1992 年的会计改革之后，我国税法一度承认坏账准备、存货跌价准备的税前可扣除性。随着资产减值的范围日益扩大，税法逐渐调整了立场。2007 年出台的《企业所得税法》原则上不再承认资产减值损失的税前可扣除性。

企业若顺应税法的引导，则其会计处理可与税法完全一致；否则会出现一过性的分歧，但这种分歧不会也不应成为常态。会计规则与税法之差异只应是不期然之结果，而不应成为会计法规追逐的目标。① 就立法技术而论，税法是在广泛调研的基础上经过严格的立法论证所做的规定；而很多会计规则却是由域外公共会计师行业径行发布的，根本就没有经过严格的立法论证。是非高下，不难判断。主张以域外规则为立法蓝本并任意扩大会计规则与税收法规的差异的理论导向值得警惕。

三、应付税款法是科学的所得税会计处理方法

在应付税款法（tax payable method）下，会计报表中所列报的所得税，就是会计报表的读者非常熟悉的、曾经感同身受的所得税，这样就可保证会计报表更容易被读者理解。作为对比，纳税影响会计法是常人所无法理解的（只有洞悉预期算法的人才能领会其所以然），不但报表读者难以理解，甚至连报表编制者也不理解递延所得税有何裨益。

综上所述，倡导会计规则与税收法规各行其是的“分离论”在理论概念上不成立，在实践中行不通。从递延法、债务法到资产负债表债务法，纳税影响会计法一直在“所得税是一项费用”这个失当的理论上面盘旋，其结果只能导致实践中的重重困惑。解决这一困局的治本之策是，立法机关严格要求企业按照根据法律事实记账的基本原则记载企业的真实纳税额，让最大多数的会计报表读者了解企业的法律事实和真实业绩；同时，对于缺乏法律依据的信息诉求，允许在会计程序之外以披露的方式予以疏导，例如，可要求企业披露会计利润与应纳税所得额之间的主要差异，让报表读者自行

---

① 黄菊波和杨小舟就此指出，我国会计制度与税收法规之间的差异原本是非常小的，为什么必须扩大两者的差异，实行财务会计与税务会计的分离呢？法国、德国可以做到会计收益与应税所得之间的差异比较小，为什么我国一定要学美国那套繁琐无用的规则呢？参见黄菊波、杨小舟：《评财务会计与税务会计的分离问题》，载《会计研究》，1996（4）。

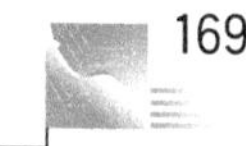

判断这些差异对以后期间的预期影响。税收法规和会计规则之间应当进一步加强协调，不能任由二者差异的扩大。

我国会计学术界长期跟踪域外经验，引入了不少颇有价值的新颖理念，很多成绩值得肯定。但域外经验关于递延所得税的理论和规则并无可取之处，需要学界同仁慎思之，明辨之，唯如此，方能真正对中国经济立法有所助益。当前，应尽快加强对会计规则的理论论证，吸收法学界、财税界专家的意见，改变金融分析理念主导我国会计立法的局面。让会计离劳动人民越来越近而不是越来越远，是研究者的神圣使命。

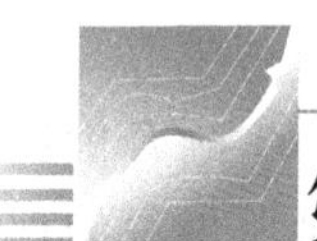

第七章　合并报表具有公益性和公信力吗？

——关于“并表监管”理念及其立法动向的反思

合并报表不符合会计原理，它在本质上只是金融分析报表而不是会计报表。合并报表在全球范围内的传播，是证券行业、金融资本推动的结果。合并报表的主观性过强，缺乏法律事实的支持，它不具备公益性和公信力，不适合强制推广，否则将会起误导作用。本章的政策含义是：经济监管机构仍应当以具有法律证明力的会计报表为执法依据；会计立法应当严格区分会计报表与金融分析报表，改变过分倚重合并报表的立法倾向。应当限制发展控股公司，严格限制股东滥用有限责任。

合并报表[1]（consolidated statements）是最

---

[1] 目前报刊中混用“合并会计报表”“合并财务报表”“合并会计报告”等概念，其含义大致相同，为简化表达，本章以“合并报表”统称之。

近二三十年来我国社会经济生活中的一道奇异的风景，也是饱受争议的国际难题。一方面，要求编制合并报表的经济法规竞相出台，并表监管理念大行其道。另一方面，合并报表为谁编制、为何编制、如何编制，这些基本问题尚未得到解决，不同国家的做法存有实质性差异。理论与现实之间的强烈反差，使得合并报表成为最令人困惑的社会经济现象之一。在实践中，许多企业的合并报表是拼凑而成的，更多企业则是委托中介机构代而为之。替客户编制合并报表俨然成为中介机构的核心业务，自编自审的现象甚为普遍。如此形成的合并报表究竟能起到什么作用，成为大可怀疑的问题。本章拟采用法学和经济学的研究范式，尝试解开这一长期横亘于研究者心头的困惑。

第一节　合并报表编报规则的演进

合并报表发源于美国。一些美国公司早在 19 世纪末就开始编制合并报表了，1901 年美国钢铁公司编制合并报表的做法被认为是合并报表的正式开端。1910 年合并报表出现于英国，英国公司法在 1947 年提出了编制合并报表的要求。除此以外的绝大多数国家都是因为受到英美做法的“启发”或诱导才开始推广合并报表的。[①] 1959 年 8 月，美国注册会计师协会所附设的会计程序委员会发布《会计研究公报第 51 号：合并财务报表》。[②] 国际会计准则委员会参

---

① 例如，合并报表以立法形式出现于联邦德国是在 1965 年，出现于法国是在 1985 年。参见诺比斯和帕克：《比较国际会计》（第 8 版），290 页，大连，东北财经大学出版社，2005。

② 参见 AICPA，1959：Accounting Research Bulletin No. 51：Consolidated Financial Statement. New York：AICPA，By Committee on Accounting Procedure。该文件被 1987 年 10 月发布的《财务会计准则公告第 94 号：把所有子公司纳入合并报表》（Statement of Financial Accounting Standards No. 94：Accounting Standard 27：Consolidation of All Majority-Owned Subsidiaries）修正。

照该文件于1976年6月发布《国际会计准则第3号：合并财务报表》。[①] 1978年9月，英国公共会计师行业所组建的会计准则委员会（Accounting Standards Committee，ASC）发布《标准会计实务公告第14号：集团报表》。[②] 1983年6月欧共体（EEC）理事会发布第七号公司法指令（Seventh Council Directive 83/349/EEC），要求成员国在1990年以前通过修改公司法而推广合并报表，但该指令并未如期奏效，欧盟各国的合并报表编报实务各有不同。英国公司法认可的准则制定机构"会计准则理事会"（Accounting Standards Board，ASB）为了应对欧共体理事会第七号公司法指令，于1992年发布《财务报告准则第2号：对附属企业的会计处理》，取代了第14号标准会计实务公告。[③] 这些规则在设计理念上完全相同，只是在具体操作规则上略有出入。美国证券市场上的公认会计原则是合并报表编报规则的标杆（见表7—1）。

表7—1　　关涉合并报表之域外规则

发布时间	制定机构	文件
1959年8月	会计程序委员会	《会计研究公报第51号：合并财务报表》（Accounting Research Bulletin No.51：Consolidated Financial Statements）
1976年6月	国际会计准则委员会	《国际会计准则第3号：合并财务报表》（International Accounting Standard No.3：Consolidated Financial Statements）
1978年9月	会计准则委员会	《标准会计实务公告第14号：集团报表》（Statement of Standard Accounting Practice No.14：Group Accounts）

① 参见IASC，1976：International Accounting Standard 3：Consolidated Financial Statements。该文件被1989年4月发布的《国际会计准则第27号：合并财务报表与独立财务报表》（International Accounting Standard 27：Consolidated and Separate Financial Statements）取代。

② 参见ASC，1978：Statement of Standard Accounting Practice 14：Group Accounts。

③ 参见Accounting Standards Board，1992：Financial Reporting Standard 2：Accounting for Subsidiary Undertakings。

续前表

发布时间	制定机构	文件
1983 年 6 月	欧共体理事会	第七号公司法指令 (Seventh Council Directive 83/349/EEC)
1987 年 10 月	财务会计准则委员会	《财务会计准则公告第 94 号：把所有子公司纳入合并报表》 (Statement of Financial Accounting Standards No. 94：Consolidation of All Majority-Owned Subsidiaries)
1989 年 4 月	国际会计准则委员会	《国际会计准则第 27 号：合并财务报表与独立财务报表》 (International Accounting Standard No. 27：Consolidated and Separate Financial Statements)
1992 年 7 月	会计准则理事会	《财务报告准则第 2 号：对附属企业的会计处理》 (Financial Reporting Standard No. 2：Accounting for Subsidiary Undertakings)

我国经济法规首次提及合并报表，是在 20 世纪 80 年代。1985 年 3 月，《中华人民共和国中外合资经营企业会计制度》第六十二条规定，“合营企业为了满足合营外方总公司合并会计报表的要求，经合营各方同意，可以在会计报表中增加所需的会计资料”。这份会计制度被认为是“迈出了我国会计制度与国际会计惯例协调的步伐，是会计国际协调化的重要开端”①。“它们完全跳出了旧框框的羁绊，以全新的面貌出现，具有划时代的意义。”② 这是我国会计法规首次提及合并报表。此后，合并报表被当作国际惯例，引入各个版本的会计法规。1992 年 5 月发布的《股份制试点企业会计制度》、1992 年年底发布的《企业会计准则》均提及合并报表，但未规定具体操作规则。1995 年 2 月发布的《合并会计报表暂行规定》首次明确了

① 刘海玲：《魏克发：用真诚抒写会计情怀——访财政部会计司前司长魏克发》，载《中国财经报》，2008-09-04。

② 杨纪琬：《我国会计改革的历程与前景》，载《财经研究》，1994 (3)。

企业集团编制合并报表的具体操作规则，之后，实务工作中的疑难问题又陆续催生了一些规范性文件（见表 7—2)。这些文件多是跟随域外会计规则的变动而变动。直到 2006 年 2 月《企业会计准则第 33 号——合并财务报表》发布时，合并报表的编报规则才告一段落。

表 7—2　　我国的合并报表相关法规

发文时间	公文字号	文件
1985 年 3 月	财会［1985］16 号	《中华人民共和国中外合资经营企业会计制度》
1992 年 5 月	财会［1992］27 号	《股份制试点企业会计制度》
1992 年 12 月	财政部令第 25 号	《企业会计准则》
1995 年 2 月	财会字［1995］11 号	《合并会计报表暂行规定》
1996 年 1 月	财会二字［1996］2 号	《财政部会计司关于合并会计报表合并范围请示的复函》
1997 年 8 月	财会字［1997］30 号	《企业兼并有关会计处理问题暂行规定》
1998 年 1 月	财会字［1998］7 号	《股份有限公司会计制度》
1999 年 1 月	财会函字［1999］10 号	《财政部关于资不抵债公司合并报表问题请示的复函》
2001 年 2 月	财会便［2001］5 号	《财政部会计司关于对合关会计报表有关问题征求意见的函》
2002 年 10 月	财会［2002］18 号	《关于执行〈企业会计制度〉和相关会计准则有关问题解答》
2003 年 3 月	财会［2003］10 号	《关于执行〈企业会计制度〉和相关会计准则有关问题解答（二)》
2006 年 2 月	财会［2006］3 号	《企业会计准则第 33 号——合并财务报表》

以上事实至少可以说明，合并报表并非企业经营管理所必需。合并报表在理论上还很不成熟，甚至在基础理论上都还缺乏共识。以下本章就其基础理论展开讨论，冀望能够激发同仁的思考。

第二节　合并报表并非会计报表

合并报表的基本理念自问世以来没有实质性的变化。会计程序委员会 1959 年 8 月发布的《会计研究公报第 51 号：合并财务报表》称，“合并报表的目的是为母公司的股东和债权人列报母公司和子公司的财务状况和经营成果，就好像（as if）该集团是一个拥有众多分公司的单一公司”。该文件是以“合并报表比个别报表（separate statements）更有意义”为假设前提的。我国会计法规的立场与之无异。1995 年 2 月发布的《合并会计报表暂行规定》称，编制合并会计报表的目的是“综合反映母公司和子公司所形成的企业集团的经营成果、财务状况及其变动情况”，2006 年 2 月发布的《企业会计准则第 33 号——合并财务报表》给出的定义与之类似（合并财务报表，是指反映母公司和其全部子公司形成的企业集团整体财务状况、经营成果和现金流量的财务报表）。然而，上述舶来的国际会计惯例却不符合法律理念和会计原理，值得详加考证。

一、企业集团不是从事经营活动的民事主体

国家工商行政管理局 1998 年 4 月发布的《企业集团登记管理暂行规定》明确指出：“企业集团不具有企业法人资格”，而仅仅是指以资本为主要联结纽带的母子公司作为主体，以集团章程为共同行为规范的母公司、子公司、参股公司及其他成员企业或机构共同组成的具有一定规模的企业法人联合体(第三条)；“企业集团的登记应当由企业集团的母公司提出申请”（第七条），“母公司应当是依法登记注册，取得企业法人资格的控股企业”（第四条）；“企业集团经登记主管机关核准登记，发给《企业集团登记证》，该企业集团即告成立”（第十三条）；“经核准的企业集团名称可以在宣传和广告中使用，但不得以企业集团名义订立经济合同，从事经营活动”（第十四条第三款）。

综上可知，“企业集团”本质上是由母公司（即控股企业）牵头、以集团章程为纽带而形成的企业法人联合体。它仅仅对该集团内的“母公司、子公司、参股公司以及其他成员单位”有意义。经登记主管机关核准登记而获得的《企业集团登记证》仅仅对于签订或认可企业集团章程的全体成员具有约束力，对外没有证明效力。

二、会计要素之概念不适用于企业集团

原因如下：第一，资产和负债的概念不适用于企业集团。财产权利（资产）和债务（负债）是就民事主体而言的，必须首先界定民事主体，然后才能界定该民事主体的财产权利和债务。而“企业集团”[①] 并非民事主体，它“好像”而非真正是单一公司。因此，列报企业集团的资产和负债的报表并无公信力。第二，收入和费用的概念不适用于企业集团。收入和费用的概念仅对特定的独立经营主体而言才有意义，在我国，企业应当具有独立的企业营业执照或企业法人营业执照。而企业集团并非法律意义上的独立经营主体，因此，列报企业集团的收入和费用的报表并无公信力。第三，所得税的概念不适用于企业集团。所得税这一概念仅仅对于持有税务登记证的经营主体而言才有意义，而企业集团并非经营主体。[②] 总之，企业集团并不是纳税人，因此，“所得税”“净利润”“税后利润”等概念不适用于企业集团。[③] 这就是说，资产负债表、利润表等会计

---

① “企业集团”（the group）是母公司及其子公司的合称。有些注册为“（集团）有限责任公司”或“（集团）股份有限公司”的公司本身只是独立注册的企业法人，其实质是单一法人——控股公司，它和它的子公司才是通常所称的“企业集团”。

② 我国《企业所得税法》第五十二条规定，“除国务院另有规定外，企业之间不得合并缴纳企业所得税”。据此，经国务院批准，财政部、国家税务总局对 2007 年 12 月 31 日前经国务院批准或按国务院规定条件批准实行合并缴纳企业所得税的 106 个企业集团，在 2008 年度继续按原规定执行。从 2009 年 1 月 1 日起，上述企业集团一律停止执行合并缴纳企业所得税政策。

③ 我国《税收征收管理法》第四条规定，“法律、行政法规规定负有纳税义务的单位和个人为纳税人”。

概念不适用于企业集团。

三、合并报表的提法不符合会计原理和我国《会计法》的立法理念

就会计原理而论，合并报表的编制是以母公司报表和子公司报表的汇总数字为基础，抵消内部交易的影响后编制而成的。它所列示的数据缺乏原始凭证、账簿数据的支持，这与强调原始凭证的会计原理相悖。① 就我国《会计法》所规定的会计程序而论，会计报表是独立核算的记账主体对自己实际发生的经济业务事项的记载。各单位必须根据实际发生的经济业务事项进行会计核算，填制会计凭证，登记会计账簿，编制财务会计报告。任何单位不得以虚假的经济业务事项或者资料进行会计核算。会计核算必须填制或者取得原始凭证，记账凭证应当根据经过审核的原始凭证及有关资料编制，会计账簿必须以经过审核的会计凭证为依据进行登记，财务会计报告应当根据经过审核的会计账簿记录和有关资料编制。② 作为对比，企业集团本身并非从事经营活动的主体，因此，合并报表本身并不是对单一主体实际发生的经济业务事项的记载。合并报表的编制并不是会计程序的产物，而是在缺乏法律证据的情况下，在若干份会计报表的基础上编制的金融分析报表。

域外理论为了推广合并报表，宣称“法律主体一定是会计主体，会计主体不一定是法律主体”，试图借此来论证企业集团作为会计主体的合理性，进而论证把合并报表视为会计报表的合理性。但那种论证存在循环论证、偷换概念等逻辑问题，其效果不过是欲盖弥彰罢了。目前，“会计主体”的定义仍未取得共识。我国《会计法》第二条所称的依法办理会计实务的主体是“国家机关、社会团体、公司、企业、事业单位和其他组织”。1992 年 11 月发布的《企业会计

---

① 《会计基础工作规范》规定，除结账和更正错误的记账凭证可以不附原始凭证外，其他记账凭证必须附有原始凭证。

② 参见我国《会计法》第九条、第十四条、第十五条、第二十条。

准则》第四条规定，“会计核算应当以企业发生的各项经济业务为对象，记录和反映企业本身的各项生产经营活动”。2006年2月发布的《企业会计准则——基本准则》第五条重申：“企业应当对其本身发生的交易或者事项进行会计确认、计量和报告。”根据上述规定可知，会计主体是针对拥有独立的法律地位的单位（如“企业本身”）而言的，资产、负债、收入、费用等会计要素必须针对明确的会计主体；其内部机构（如车间、分厂、分公司等）并不拥有独立从事经营活动的法律地位，因而，并不是惯常意义上的“会计主体”。在这个意义上，独立的会计主体一定是法律主体，法律主体一定是独立的会计主体。综上可知，企业集团既非法律主体，也非会计主体。

四、合并报表的诞生不是出于管理的需要而是出于证券行业做市的需要

我国会计法规笼统地将合并报表的目的界定为“综合反映母公司和子公司所形成的企业集团的经营成果、财务状况及其变动情况”，存在定位不明的问题。一些文献牵强附会地认为合并报表是各种利害关系人的共同需要。然而那种观点经不起推敲。究竟有哪些利害关系人需要合并报表？这个问题值得深究。

一方面，从国民经济管理的层面来看，合并报表并无大用：税收征管用不着合并报表，税收征管原则上不允许合并纳税，仅存有极个别特别批准的例外情形；工商管理用不着合并报表，《企业集团登记管理暂行规定》禁止以企业集团的名义“订立经济合同，从事经营活动”，也就是说，企业集团自始不被认可为经营主体，因此，合并报表对于工商管理并无助益；同理，国民经济统计用不着合并报表。此外，司法系统也用不着合并报表，因为企业集团并非企业法人，因此，合并报表没有法律证明力。另一方面，从企业经营管理的层面来看，合并报表仅对少数利害关系人具有难以确证的参考价值。1959年8月美国会计程序委员会发布的《会计研究公报第51号：合并财务报表》界定的目标是为母公司的股东和债权人服务。这有一定的道理。因为对于控股公司（即母公司）来说，的确有必

要了解其所控制的资产、负债规模及盈利状况。但对于企业集团各成员单位的债权人而言，企业集团并不是合同当事人，合并报表并不能作为评估各成员单位的偿债能力的依据，债的发生和消灭仍应以合同为准。在法律上，没有谁能够宣称是企业集团的债权人。综合以上两方面可知，合并报表仅仅对于控股公司具有参考价值，除此以外并无其他的正当用途。鉴于合并报表仅仅迎合了控股公司的私利而不具有公益性，且控股公司完全可以凭一己之力获得加强控制力所需的信息，因此，会计立法没有必要给予额外的救济，关于合并报表的会计立法是不必要的。在我国，国资委代表国家履行出资人职责，它要求中央企业报送合并报表，主要是因为合并报表有助于对国有资产保值增值进行监管。合并报表仅供监管使用，对外不具有证明力，实务中常常用于宣传。而财政部和证监会关于合并报表的规定却把合并报表当作具有公益性和公信力的报表，要求上市公司公布合并报表，这种做法欠妥，容易使社会公众误以为合并报表具有公益性和公信力。

其实，合并报表最早出现于美国时，是以金融分析的姿态面世的。史学家考证，推动合并报表的是金融资本家而不是会计师。1901年美国钢铁公司成立，合并报表被用作金融巨头和证券行业造势的重要工具，老摩根（J. P. Morgan）和加里（E. H. Gary）要求美国钢铁公司主计长菲尔波特（W. J. Filbert）编制合并报表，以供其在发行大型托拉斯的股票时使用。① 合并报表的问世是与掺水股票（watered stock）紧密联系在一起的，难怪有人认为“合并报表的目的是为了掩盖事实而非提供信息”②。如此操作的结果，使得美国钢铁公司的股票掺水程度惊人。“美国钢铁公司成立时，账面资本总计为14.04亿美元，其中优先股5.1亿美元，普通股5.08亿美

① 参见普雷维茨、莫里诺：《美国会计史——会计的文化意义》，234，北京，中国人民大学出版社，2006。

② Barbara D. Merino and Marilyn D. Neimark，1982：Disclosure Regulation and Public Policy：A Sociohistorical Reappraisal. *Journal of Accounting and Public Policy*，Volume 1，Issue 1，Autumn，pp. 33-57。

元。但是联邦公司事务局后来的调查证明，该公司组建时全部资产的实际价值（包括矿产）总共只有 6.82 亿美元，50%以上的账面资本没有任何实际上的有形财产作担保。”① 在人们津津乐道的美国钢铁公司（第一个超过 10 亿美元的超级托拉斯）背后，合并报表的作用是显而易见的。

合并报表的金融分析本质和纯粹私利导向注定了它只能博得股东（stockholders）的好感而无法获得更广泛的利害关系人（stakeholders）的认可。由于它在本质上是金融分析报表而非会计报表，因此，所有关于合并报表的编报规则虽然貌似会计规则，但实质上只是东施效颦。对于这种缺乏法律事实的报表，在理论上，不可能制定出具有法律证明力的编报规则。市面上流行的合并报表编报规则，只不过是美国证券市场上流行规则的翻版。

第三节　合并范围的确定具有主观随意性

企业集团的成员单位相当庞杂，究竟哪些成员单位应当纳入合并报表？对此，并无公认的规则。

一、现行法规要求以控制为基础确定合并范围

关于确定合并范围的基本理念，我国的会计法规经历了从“资金总额半数以上”向“实质控制”标准的转变。1992 年 5 月发布的《股份制试点企业会计制度》规定，“企业对其他企业的投资如占该企业资金总额半数以上的，应编制合并会计报表”。同年 11 月发布的《企业会计准则》规定，“企业对外投资如占被投资企业资本总额半数以上，或者实质上拥有被投资企业控制权的，应当编制合并会计报表”。1995 年 2 月发布的《合并会计报表暂行规定》指出，“母

① 胡国成：《公司的崛起与美国经济的发展（1850—1930）》，载《美国研究》，1993（3）。

公司在编制合并会计报表时，应当将其所控制的境内外所有子公司纳入合并会计报表的合并范围”。其中，“控制”的判断存在两种情形：比例标准（母公司拥有其过半数以上权益性资本）和实质控制标准（不持有其过半数以上的权益性资本但拥有实质控制能力①）。2006 年 2 月发布的《企业会计准则第 33 号——合并财务报表》第六条进一步明确，“合并财务报表的合并范围应当以控制为基础予以确定。控制，是指一个企业能够决定另一个企业的财务和经营政策，并能据以从另一个企业的经营活动中获取利益的权力”。2014 年 2 月发布的《企业会计准则第 33 号——合并财务报表》（修订）给出的控制的定义更为玄妙：“控制，是指投资方拥有对被投资方的权力，通过参与被投资方的相关活动而享有可变回报，并且有能力运用对被投资方的权力影响其回报金额。”

二、确定合并范围时的主观性

“控制”俨然成为我国法规与域外规则确定合并范围的基准。然而，在实践中，往往很难用法律事实证明“决定另一个企业的财务和经营政策，并能据以从另一个企业的经营活动中获取利益的权力”是否存在。《企业会计准则第 33 号——合并财务报表》实际上把“控制”的判断归结为两种情形：比例标准（母公司拥有被投资方“半数以上的表决权”）和实质控制标准（母公司不拥有被投资方“半数以上的表决权”但拥有实质控制能力）。② 立法机构称，“表决

① 《合并会计报表暂行规定》列举的情况包括：（1）通过与该被投资公司的其他投资者之间的协议，持有该被投资公司半数以上表决权；（2）根据章程或协议，有权控制企业的财务和经营政策；（3）有权任免董事会等类似权力机构的多数成员；（4）在董事会或类似权力机构会议上有半数以上投票权。

② 会计规则以“半数以上的表决权”取代“半数以上的表决权资本”的提法，是对立法精神的准确把握。我国 1993 年制定的《公司法》第四十一条规定，“股东会会议由股东按照出资比例行使表决权”。作为对比，2005 年修订的《公司法》基于“公司自治”理念，允许有限责任公司股东的出资比例与表决权比例脱钩，不再强制要求有限责任公司股东按照出资比例（持股比例）行使表决权。2005 年修订的《公司法》第四十三条规定：“股东会会议由股东按照出资比例行使表决权；但是，公司章程另有规定的除外。”据此，有限责任公司章程可以规定股东会决议采取一人一票、少数服从多数等表决方式。

权是指对被投资单位经营计划、投资方案、年度财务预算方案和决算方案、利润分配方案和弥补亏损方案、内部管理机构的设置、聘任或解聘公司经理及其报酬、公司的基本管理制度等事项持有的表决权”[①]。据此可知，会计准则所称的“半数以上的表决权”实际上是对《公司法》第三十八条、第四十七条、第一百零九条所规定的股东表决权和董事表决权的合称，且仅指简单多数（即普通决议）的情形，不包括第四十四条所规定的绝对多数（即特别决议）的情形。股东表决权（shareholders' voting right）又称股东决议权、投票权，是指股东基于其股东地位而享有的、就股东会（或股东大会）决议事项作出一定意思表示，从而形成公司意思的权利。[②] 结合我国《公司法》分别对有限责任公司和股份有限公司的组织机构的规定，可以看出，“控制”的判断并不总是存在明确的标准。

1. 拥有“半数以上的表决权”的情形。这种情形下，通常意味着投资方对被投资方拥有控制能力。对于被投资方是股份有限公司的情形，《公司法》有明确的规定：股东出席股东大会会议，所持每一股份有一表决权。股东大会作出决议，必须经出席会议的股东所持表决权过半数通过（特别决议需三分之二多数通过）。[③] 据此可知，拥有被投资方“半数以上的表决权”，即意味着“控制”。对于有限责任公司亦然。但实践中，却出现了利用该规则规避合并报表的现象。某控股公司在一年之内将持股比例先是从51％调到49％，之后又调回51％，其奥妙可知矣。

2. 不拥有被投资方“半数以上的表决权”但拥有实质控制能力的情形。这种情形下，由于举证困难，很难确定投资方是否对被投资方拥有控制能力。例如，《企业会计准则第33号——合并财务报表》沿用了《合并会计报表暂行规定》所列举的四种情况，其中第

---

① 财政部会计司编写组：《企业会计准则讲解（2008）》，543页，北京，人民出版社，2008。

② 参见刘俊海：《股份有限公司股东权的保护（修订本）》，252页，北京，法律出版社，2005。

③ 参见《公司法》第一百零九条、第一百一十二条、第一百零四条。

一种情况是“通过与被投资单位其他投资者之间的协议，拥有被投资单位半数以上的表决权”。这种情形很难证实，是否出示该协议，将取决于缔约方的意思。依合同法原理，合同仅对缔约各方具有拘束力。外界无法得知这种合同是否存在。这不可避免地导致合并范围的确定有时最终取决于母公司的“想法”。在实践中的确存在这样的问题，有的企业的控制主体不是大股东，甚至不是股东。①

三、哪些成员单位可以排除在合并范围之外

如果企业集团的各成员单位经营范围存在显著差异，那么是否还有必要合并所有的子公司？对此存在两种截然相反的意见。一种意见认为，工商企业与金融企业的经营范围存在很大差异，如果合并所有子公司，则必然导致合并报表无人能看懂的窘境。另一种意见认为，要求合并所有子公司的做法有助于形成统一的规则，在理论上很难证明不合并某些子公司的合理性。我国法规和域外规则的立场经历了从前者过渡到后者的转变。

最初，域外规则和我国的会计法规允许对某些特殊的成员企业不予合并。以美国证券市场上的公认会计原则为例，1959 年 8 月发布的《会计研究公报第 51 号：合并财务报表》就允许暂时性控制的子公司、控股股东并不拥有控制权的子公司（如进入破产清算或重组程序的子公司）和从事银行业或保险业的子公司不予合并。国际会计准则的规定与之类似，但存有细节差异。在我国，1992 年 5 月发布的《股份制试点企业会计制度》规定，“如果其中某些接受投资企业经营内容独特，单独反映会计报表更为有用的，也可以不予合并”。1992 年 11 月发布的《企业会计准则》的规定与之类似：“特殊行业的企业不宜合并的，可不予合并，但应当将其会计报表一并报送。”1995 年 2 月发布的《合并会计报表暂行规定》指出，“在母公司编制合并会计报表时，

① 参见陈信元：《合并会计报表》（财政部会计准则委员会课题研究报告，项目批准号：2003CASC01112），见财政部会计准则委员会：《企业合并与合并会计报表》，427～433 页，大连，大连出版社，2005。

下列子公司可以不包括在合并会计报表的合并范围之内：（1）已关停并转的子公司；（2）按照破产程序，已宣告被清理整顿的子公司；（3）已宣告破产的子公司；（4）准备近期售出而短期持有其半数以上的权益性资本的子公司；（5）非持续经营的所有者权益为负数的子公司；（6）受所在国外汇管制及其他管制，资金调度受到限制的境外子公司”。此后，陆续有文件规定了不予合并的特殊情形。如1996年1月《财政部会计司关于合并会计报表合并范围请示的复函》称，资产总额、销售收入及当期净利润额占比低于10%的子公司可以不纳入合并范围。从事银行业或保险业的子公司可以不纳入合并范围。

在美国证券市场上，财务会计准则委员会1987年10月发布的《财务会计准则公告第94号：把所有子公司纳入合并报表》大幅缩小了不予合并的范围。1989年4月发布的《国际会计准则第27号：合并财务报表与独立财务报表》采取了相同的立场。我国2006年发布的企业会计准则体系实现了与国际会计准则的实质性趋同。《企业会计准则第33号——合并财务报表》第十条规定，“母公司应当将其全部子公司纳入合并财务报表的合并范围”。《企业会计准则——应用指南》规定，“无论是小规模的子公司还是经营业务性质特殊的子公司，均应纳入合并财务报表的合并范围”，不仅如此，“母公司控制的特殊目的主体也应纳入合并财务报表的合并范围”。

这样，一个富有争议的问题就被掩盖起来，以国际趋同的方式取得了形式上的统一。之所以难以合理地界定合并范围，是因为企业集团本身并不是独立的经营主体，不是法律上承认的民事主体，因此，没有法律证据能够确切地划定企业集团的边界。诚如《企业集团登记管理暂行规定》所指出的，企业集团是“企业法人联合体”，事业单位法人、社会团体法人也可以成为企业集团成员。《企业会计准则第33号——合并财务报表》所称的“子公司”含义更广，不仅包括企业法人，还包括基金、信托、特殊目的实体等成员单位。如此，合并报表内容之庞杂可知矣。无怪乎就连金融分析师也纷纷抱怨跨行业的企业集团的合并报表根本无法用于比较，读者实在弄不清“企业集团”的财务状况和经营业绩。[1]

第四节　合并报表编报技术难以取得公信

在现行的合并报表编报规则于 1995 年 2 月出台之前，我国的企业集团实际上是按照汇总报表的编制方法来编制合并报表的。[2] 我国企业编制合并报表的实践从《合并会计报表暂行规定》发布开始起步。现行规则和学术文献关于合并报表编报规则的“共识”起源于《会计研究公报第 51 号：合并财务报表》，可大致归纳如下：以母公司与子公司各自的独立报表为依据，抵消内部交易的影响，合并各个报表项目数额，这样形成的报表即被称作“合并报表”。这一程序貌似严谨，但却很容易加以规避。

（1）很难判断母公司是否充分掌握并使用了内部交易资料。为便于母公司编制合并报表，子公司需要向母公司提供“与母公司、其他子公司之间发生的所有内部交易的相关资料”。而第三方无从判断母公司是否充分掌握并使用了有关“所有内部交易”的相关资料。在这种情况下，母公司显然会根据自身的需要有选择地进行相应的合并处理。也就是说，读者看到的合并报表恰是母公司希望人们看到的合并报表。

（2）统一会计政策和会计期间的困难性。我国现行编报规则要求，“母公司应当统一子公司的会计期间，使子公司的会计期间与母公司保持一致。子公司的会计期间与母公司不一致的，应当按照母公司的会计期间对子公司财务报表进行调整；或者要求子公司按照母公司的会计期间另行编报财务报表”；“母公司应当统一子公司所

---

① 参见［美］E. 约翰·拉森：《现代高级会计（第 9 版）》，209 页，北京，经济科学出版社，2006。

② 参见孟建民：《企业合并会计报表研究》（财政部会计准则委员会课题研究报告，项目批准号：2003CASC01111），见财政部会计准则委员会：《企业合并与合并会计报表》，273～279 页，大连，大连出版社，2005。

采用的会计政策，使子公司采用的会计政策与母公司保持一致。子公司所采用的会计政策与母公司不一致的，应当按照母公司的会计政策对子公司财务报表进行必要的调整；或者要求子公司按照母公司的会计政策另行编报财务报表”。关于统一会计期间，一般并无异议，操作起来难度不大，盖因我国《会计法》（1999 年修订）第十一条规定，“会计年度自公历 1 月 1 日起至 12 月 31 日止”，因此，境内企业的会计期间已经统一，需要统一会计期间的情形主要限于境外子公司。而关于统一会计政策，当企业集团各成员之间的行业差异较大时，实际上很难予以统一。“实务中，一个集团可能同时存在多种特殊行业的企业，如事业单位、财务公司、建设单位等等”，“以中央监管军工企业为例，集团所属的事业单位占到一半以上”，对于营业范围横跨房地产、银行、保险、建筑、租赁等行业的企业集团来说，统一会计政策的难度可想而知。对子公司会计期间和会计政策进行调整的成本可能是巨大的，成本与效益严重不对等。

（3）内部抵销的做法缺乏合理性。企业集团的成员之间的业务损益是否需要分摊给多数股东和少数股权，对此并无合理解释。

（4）当存在多层次的主权结构时合并报表的算法并不确定。

总之，合并报表的编制思路和具体规则均缺乏合理的理论依据。这就需要我们对其有限的益处详加考察，以求取得趋利避害的效果。

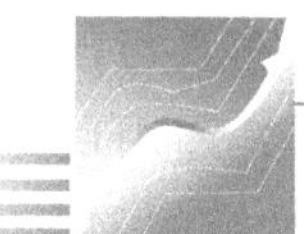

第八章　质疑现代西方会计理论的先进性

目前国内流行的会计理论基本上是国际财务报告准则的概念框架和美国证券市场上公认会计原则的概念公告的翻版，其理论体系欠妥、实践效果不佳。本文针对其所宣扬的财务报告目标、财务报表要素、信息质量特征和会计计量属性等理论主张提出质疑，从而阐明，域外财务会计概念框架既不具备合理的理论起点，也未形成合乎逻辑的理论结构；既不拥有理论意义，也不具备实践价值。究其实质，它们只是失当的金融分析理念而非会计理论。因此，研究者不必迷信盛传已久的域外财务会计概念框架。打造中国气派的会计理论和会计法规体系，是我国经济学和法学研究者以及经济立法机构的历史使命。

我国一些研究者将国际准则和美国证券市场上的公认会计原则奉若圭臬，导致国内会计理论教材几乎成为美国教材的翻版，本土原创成果却难觅踪迹。这种现象令人担忧。2010 年 9 月，财务会计准则委员会发布其与国际会计准则理事会合作完成的《财务会计概念公告第 8 号：通用目的的财务报告的目标》，删除了导致其概念框架产生逻辑冲突的“谨慎性”等失当概念。作为对比，我国流行的会计理论最近 20 年一直把“谨慎性”视为国际会计惯例，学术期刊中充斥着宣扬“稳健性”“谨慎性”概念的文章。这一动态表明，我国学术界长期以来积极引进的域外理论存在明显的缺陷，直到我们所效仿的榜样亲自去弥补缺陷，我国学术界仍未意识到已经引进的域外规则的失当性。难道中国学者离开域外词汇就失去言语能力了吗？为何连次贷危机这样巨大的反证都未能唤起我国学者对域外会计理论的反思？对于积重难返的问题，需要从基础层面来探寻解决之道。本章拟慎思之，明辨之，以期为建设合理的会计理论体系提出一孔之见。

第一节　公认会计原则和国际准则的概念框架之形成

一、公认会计原则及其概念框架的形成

公认会计原则泛指美国证监会认可的公众公司信息披露规则。美国 1934 年《证券交易法》授权于 1934 年设立的美国证监会制定适用于跨州发行证券的公众公司的信息披露规则。但是，由于美国没有联邦的公司法，公众公司分别根据各州公司法设立并在所在州的法律框架内运作，因此，这种法律结构决定了美国根本不存在联邦统一的会计法规。再加上经费和人手紧张的原因，美国证监会成立四年后仍然在制定会计规则方面无所建树。它的五位委员于 1936 年把规则制定权授予新设置的首席会计师一职，但首任首席会计师卡门·布劳却在 1938 年 4 月劝说美国证监会把规则制定权转授给了美国注册会计师协会，他本人也于次月跳槽到安达信会计公司。

美国注册会计师协会麾下的会计程序委员会自 1939—1959 年发

布了名为“会计研究公报”的公认会计原则。该机构面对来自各州的公众公司的会计做法，只是进行汇总，拼凑了事。它根本没有能力评价孰优孰劣。由此导致指责之声日甚一日。美国注册会计师协会只好拼凑出“会计原则委员会”（APB）取代会计程序委员会，该机构自1959年至1973年负责发布名为“APB意见书”的公认会计原则。美国注册会计师协会吸取前车之鉴，责令麾下的会计研究部（accounting research division）为会计原则委员会提供理论支持。但会计原则委员会依然难以抵挡外界的指责。其结果是，美国注册会计师协会不得不于1973年拱手将规则制定权让给财务会计准则委员会，后者是由六家证券市场相关机构出资设立的财务会计基金会（Financial Accounting Foundation，FAF）的隶属机构，财务会计准则委员会为了给公认会计原则提供理论依据，先后拟定了八份“财务会计概念公告”（以下简称“概念公告”）理论大纲（如表8—1所示）。

表8—1　　财务会计准则委员会发布的概念公告一览表

编号	发布时间	概念公告名称
1	1978年11月	《企业财务报告的目标》* （Objectives of Financial Reporting by Business Enterprises）
2	1980年5月	《会计信息的质量特征》* （Qualitative Characteristics of Accounting Information）
3	1980年12月	《企业财务报表的要素》* （Elements of Financial Statements of Business Enterprises）
4	1980年12月	《非营利组织财务报告的目标》（Objectives of Financial Reporting by Nonbusiness Organizations）
5	1984年12月	《企业财务报表中的确认与计量》（Recognition and Measurement in Financial Statements of Business Enterprises）
6	1985年12月	《财务报表的要素》（Elements of Financial Statements）
7	2000年2月	《在会计计量中使用现金流量信息和现值》（Using Cash Flow Information and Present Value in Accounting Measurements）
8	2010年9月	《财务报告的概念框架——第1章和第3章》（Conceptual Framework for Financial Reporting—Chapter 1 and Chapter 3）

＊第3号概念公告被第6号概念公告取代；第1号和第2号概念公告被第8号概念公告取代。

需要注意的是，公认会计原则是美国证监会认可的，由会计程序委员会、会计原则委员会（两者均为美国注册会计师协会的附属机构）和财务会计准则委员会所发布的规则，它并不是美国联邦的法律法规，其适用范围相当有限，目前约有1万多家公众公司需按照公认会计原则编制向美国证监会备案的信息披露报告，除此以外的数以百万计的企业并不执行公认会计原则。

二、国际准则及其概念框架的形成

国际准则是公共会计师行业为了延揽全球各大证券市场的审计业务而设计的一套公众公司信息披露规则。1973年6月29日，澳大利亚、加拿大、英国、法国、德国、日本、墨西哥、荷兰和美国等国的16个公共会计师协会发起成立了国际会计准则委员会（总部设在英国伦敦），该机构自称其使命是制定国际会计准则，向全球各大证券交易所推荐使用。但由于在美国证券市场受到冷遇，它在最初的20多年未能博得国际资本市场的青睐。1995年7月，证监会国际组织同意与国际会计准则委员会合作制定国际资本市场的信息披露核心准则，至此国际会计准则才真正令世人瞩目。2000年5月，证监会国际组织评估通过国际会计准则委员会的全部40项核心准则，并向全球各大证券交易所推荐使用。美国证券行业遂于2001年依照美国特拉华州公司法成立国际会计准则委员会基金会（IASC Foundation），控制了远在英国的国际会计准则委员会并将其更名为国际会计准则理事会。国际会计准则理事会制定的准则改称为国际财务报告准则。因此，美国的证券行业乃是国际准则的执牛耳者。国际准则的影响力并不像国际会计准则理事会所宣扬的那么大。在舆论策略上，国际会计准则理事会号称有100多个国家和地区采用了国际准则。而事实上，国际准则的影响力基本上限于证券市场（即证券交易所），它仅仅是全球部分证券交易所认可的信息披露规则。欧盟委员会2002/1206号条例要求在欧盟境内交易所上市的公司自2005年起采用国际准则编制合并财务报表，使得欧盟成为国际准则的第一个

"大客户"。[①] 韩国、加拿大、墨西哥等国宣布在证券交易所推广国际准则。只有澳大利亚等极少数国家和地区直接采用国际准则作为会计规则。我国2006年发布的企业会计准则体系就是在这样的背景下借鉴国际准则制定而成的。

国际会计准则委员会于1989年通过了《编报财务报表的框架》(Framework for the Preparation and Presentation of Financial Statements)(以下简称《框架》)，该文件可看作财务会计准则委员会的概念公告的合集。国际会计准则理事会于2001年4月继受了该《框架》。

上述事实表明，公认会计原则和国际准则均为证券交易所的信息披露规则，而非国际法意义上的国际公约。因此，其理论体系对我国会计立法究竟有无参考价值，值得深究。

第二节　关于会计基本假设

1961年，美国注册会计师协会所属的会计研究部发布《会计研究文集》第1辑《会计的基本假设》(*The Basic Postulates of Accounting*)。该书作者穆尼茨从分析会计环境入手，仿照自然科学的公理化体系推演出一套会计假设[②]，创立了自成一体的理论框架。但它忽视了一个现实问题：社会科学往往需要从人类社会的现实需要出发展开研究。该文件被后来的财务会计准则委员会抛弃[③]，后者发布的八份概念公告都没有专门讨论会计假设。[④] 鉴于会计基本假设在我国会计学界甚为流行，故在此略作评价。

---

① 合并财务报表与税收管理、利润分配等无关，属于纯粹的金融分析用表而不同于传统意义上的会计报表。

② 参见 Maurice Moonitz，1961：The Basic Postulates of Accounting. Accounting Research Study No. 1，American Institute of Certified Public Accountants。

③ 参见 Stephen A. Zeff，1999：The Evolution of The Conceptual Framework for Business Enterprises in the United States. *The Accounting Historians Journal*，November，pp. 89－131。

④ 国际准则的《框架》提到了两个基础假设：一是权责发生制；二是持续经营。

1. 会计主体（accounting entity）假设。域外理论提出，企业应当对其本身发生的交易或者事项进行会计确认、计量和报告。此假设纯属多余。企业记账时，当然是按照管理需要记录自身的法律事实，这是不言自明的道理。此假设无异于假设“某人的百米赛跑成绩”就是指“某人本人的百米赛跑成绩”。偏偏有好事者围绕这个假设大做文章，居然以合并报表为例来“论证”会计主体假设的合理性，他们说，合并报表（consolidated statement）就是以企业集团为会计主体而制作的报表，单个报表（separate statement）是以单个企业为会计主体而制作的报表。其实不然。合并报表只是金融分析报表而非会计报表，虽然我们习惯上称它为合并会计报表，但它是在单个报表的基础上调整形成的报表。企业集团并不是一个独立的市场主体，因此，资产、负债、所有者权益、收入、费用、所得税等概念对它均不适用。① 综上，可以删去会计主体假设。

2. 会计分期（time period）假设。域外理论提出，企业应当划分会计期间，分期结算账目和编制财务会计报告。这一假设纯属画蛇添足，在我国尤其如此。这是因为，法律法规通常会要求企业提交年度财务会计报告，我国《会计法》（1999 年修订）直接规定了会计年度的起始日期：“会计年度自公历 1 月 1 日起至 12 月 31 日止。”至于是否以及如何编制半年度、季度乃至月度的会计报表，往往由监管部门直接以部门规章的形式予以规定。可见，会计分期实际上是明确具体的法律规定，因此，称其为“会计假设”是不合适的，可以删去会计分期假设。

3. 货币计量假设。货币计量假设的含义是，企业会计应当在币值稳定的假设前提下，以货币价值形式进行计量。这一假设实属多余。一方面，会计工作的性质本身就是以货币价值形式记录财产权利、债务和经营业绩，货币计量乃是会计工作的现实特色而非假设。

---

① 会计程序委员会 1959 年 8 月发布的《会计研究公报第 51 号：合并财务报表》倡导编制合并报表，该文件是以虚拟（as-if）的语气来论述合并报表的会计主体的，见该文件第 1 段：编制合并报表“就像把母子公司看作拥有许多分支机构的一个公司一样”。

另一方面，币值稳定是宏观经济调控的目标，而不是企业这个微观层面上的市场主体所能决定的，也就是说，企业是币值波动的被动接受者。这是世人皆知的道理，用不着再作假设。因此，单独把货币计量作为“会计假设”也是不必要的，可以删去货币计量假设。

4. 持续经营（going concern）假设。域外理论提出，企业的会计行为应当以该企业能够持续经营为假设前提，这一假设令人啼笑皆非——恰似体检机构强调“体检者必须为活体”。会计信息本属于历史信息，财产权利和债务是针对特定日期而言的，业绩是针对过往的某一时期而言的。至于企业是否行将清算，对会计信息本无影响。如果企业面临清算，那么它将要进行的是清算行为而非会计行为。因此，持续经营假设也是不必要的假设，可以删去持续经营假设。

上述“会计基本假设”自作高深，莫名其妙，缺乏理论意义和实践价值，对会计管理者并无大用。[①] 以自然科学的公理化体系构建形成的会计理论实属无源之水、无本之木。事实上，在 1992 年的会计改革之前，我国会计法规从未把上述常识列为会计假设，但会计实务工作依然照常运转。为什么如今的研究者却竭力宣传那些并无大用的会计假设呢?

5. 权责发生制（accrual basis）假设。这是域外会计理论中唯一具有理论价值的会计假设。域外理论提出，凡是应属本期的收入和费用，不论其款项是否收到或付出，都作为本期的收入和费用处理。[②] 该原则与收付实现制（cash basis）对应，在收付实现制下，收入和费用的记录是以款项收付为判断依据的。显然，权责发生制

---

① 参见成秉权:《会计基本假定概念质疑》，载《会计研究》，1991（6）。

② 我国最早引入权责发生制原则的会计法规是财政部 1985 年 3 月 4 日发布的《中外合资经营企业会计制度》，该制度第十五条规定:“合营企业应根据权责发生制的原则记账。凡是本期已经实现的收益和已经发生的费用，不论款项是否收付，都应作为本期的收益与费用入账。凡是不属于本期的收益与费用，即使款项已在本期收付，都不应作为本期的收益与费用处理。”

能够更加准确地反映企业的收入、费用和经营业绩。它的理念与“根据法律事实记账”的原则是一致的。“根据法律事实记账”的原则要求企业根据法律事实记录财产权利和债务，对于特定的会计期间来说，因经营活动而新增加的财产权利即为收入，付出的经营代价即为费用。“根据法律事实记账”的原则不仅适用于收入和费用的记录，还适用于资产和负债的记录，它包含了权责发生制原则。

总之，会计理论应当立足于实践并服务于实践，剔除会计假设等华丽的辞藻是会计界求真务实的明智之举。

第三节　关于财务报告的目标

一、域外会计理论所认定的会计目标是“决策有用观”

公认会计原则方面，1978 年 11 月发布的第 1 号概念公告，先是罗列了众多的会计信息的潜在使用者，认为他们的主要目的是通过会计信息来评价其从目标企业中赚钱的前景，然后在第 30 段将财务报告的目标锁定于满足投资者和债权人的需求——“财务报告的目标是向投资者和债权人提供对决策有用的信息”，如果财务报告能够满足投资者和债权人的需求，那么它就能够满足其他利害关系人的需求。这就是会计理论教材中流行的“决策有用观”(decision usefulness)。第 37 段要求企业财务报告应当能够用于评估企业的“净现金流的金额、时间和不确定性”(以下概括为“赚钱能力”)。

国际准则方面，《框架》的目标导向与之并无二致。该文件提出，财务报表①的使用者包括现有的和潜在的投资者、雇员、贷款

① 国际准则的《框架》惯用“财务报表”一词，而公认会计原则的概念公告则惯用“财务报告”一词，二者并无实质差异，大体上都是指会计报表及其附注、附表等文件资料。

人、供应商和其他商业债权人、顾客、政府机构和社会公众（见第9段）；他们的某些信息需求是相同的，由于投资者是企业风险资本的提供者，因此，如果财务报表能够满足投资者的需求，那么它也就能够满足其他使用者的大部分需求（见第10段）。该文件所界定的财务报表的目标，是提供经济决策所需的关于企业的财务状况、经营业绩和财务状况变动情况的信息，同时还应反映企业管理层的经营管理成果或受托责任。

2004年，财务会计准则委员会与国际会计准则理事会启动概念框架趋同计划。2010年9月，财务会计准则委员会发布第8号概念公告，该公告包括已经成型的未来最终成果的第1章和第3章。该计划的最终成果将取代此前的概念公告。第8号概念公告并没有什么实质性进展，它为人们展现了堆砌文字的一种新做法。关于财务报告的目标，它继续锁定于投资者与债权人，如投资银行与商业银行。

二、“决策有用观”的失当性

“决策有用观”看似先进，但却不适合作为会计（财务报告或财务报表）的目标。原因在于：第一，“决策有用观”实际上是金融分析理念。1972年，备受指责的美国注册会计师协会委托德勤会计师事务所合伙人特鲁布鲁德（Robert M. Trueblood）研究财务报告的目标，委托刚刚卸任的美国证监会委员维特（Francis M. Wheat）研究准则制定机构改革事宜，其成果便是“决策有用观”的确立和财务会计准则委员会的成立。决策有用观也就成为财务会计准则委员会的指导思想。究其实质，公认会计原则仅仅是美国证监会认可的、主要适用于跨州发行证券的公众公司的信息披露规则。国际准则更是师出无名，仅仅充任若干个大型证券交易所的信息披露规则。它们与人们通常意义上所理解的“会计法规”不具有对等性。它们所宣传的“决策有用观”实质上是试图取悦证券交易所的一个金融分析理念。第二，“决策有用观”是对现实世界中的会计行为的曲解。会计作为企业管理的重要组成部分，其服务对象首先是企业的战略投资者和管理层。自从民族国家统一工商管理和财税管理以来，会计的任务是为企业经营管理和国民经济管理提供具有法律证明力的财产权利和业绩信息。[①] 在股份公司、证券市场形成之前及至形成之后，会计的这一角色未曾改变。自设立登记起，企业行为（包括会计行为在内）即当遵循注册地的法律——这是不言自明的道理。也就是说，企业自然应当遵循所在法域的税法依法纳税，遵循所在法域的公司法依法分配，为之服务的依法记账的行为——会计——在任何法域内都是不可替代的。会计是唯一能够为依法纳税和依法分配提供企业利润数字的管理活动。[②] 第三，"决策有用观"是极端的私人利益导向的体现。在理论上，无法证明投资者的需要比管理当局的需要更重要，更无法证明为何会计信息必须偏重于某一类利害关系人的需要。实际上，在法律介入会计领域以来的 300 多年里，会计信息的公益性和公信力一直是会计法规的价值追求。具有法律证明力的会计信息对于所有的利害关系人都是公平的、有用的。证券交易所和美国证监会有何理由让公众公司专门为了投资者的利益而偏离历史成本会计？如果果真为了保护投资者的利益，就应当确保投资者至少能够像其他利害关系人（如企业管理当局和税务机关等）一样获得具有法律证明力的信息，而不是纵容企业管理当局按照公认会计原则捏造会计数字。第四，"决策有用观"是一个虚幻的目标导向。世上没有哪个学科能够可靠地预测未来的证券价格，"决策有用观"给会计规定了不可能完成的任务。[③] 金融资产的价格形成机制与微观经济学中"实体商品的价格由价值决定并受供求关系影响而围绕价值上下波动"不同，它取决于投资者中多头（long position；short position）和空头（short position；bear position）的预期，而没有

---

① 这是会计法规的历史定位。法国路易十四时期颁布的《会计法》作为世界上第一部会计法，率先界定了会计的重要性。此后的德国《商法典》也持相同立场。这凸显了对会计行为进行立法管制的必要性。

② 参见周华、戴德明、刘俊海：《财产权利的计量规则与企业利润的可分享性》，载《财贸经济》，2008（7）。

③ 参见周华、刘俊海、戴德明：《法律制度、金融预期与会计准则》，载《中国人民大学学报》，2009（6）。

哪个学科能够说清楚影响投资者预期的因素究竟有多少。① 强迫会计为证券投资者的决策提供估值服务，名义上看是提升了会计的功能定位，但实际上却把会计降格为证券分析了。② 1975 年，财务会计准则委员会曾对特鲁布鲁德报告作了一项调查，只有 37%的回答者推荐采用"决策有用观"，22%的人认为应当立即拒绝"决策有用观"，10%的人认为需要做进一步的研究。反对者的观点是，财务报告的基本职能是向管理层汇报资产管理状况，外部读者的信息需求是次要的。③

三、"决策有用观"的潜在危害

公认会计原则的制定者把"决策有用观"视为救命稻草，试图拿它来当挡箭牌。但在理论上，美国证监会根本不可能制定出联邦统一的会计法规，它对此心知肚明。证券市场所需要的只不过是满足自己需要的统一规则，为此它们不惜凭空捏造出一个虚幻的目标。就笔者所知，未见哪一部证券法胆敢宣称会计应当为证券投资者服务，即便是美国自 1933 年《证券法》以来的历次联邦证券立法也从未作此规定。然而，财务会计准则委员会的"理论创新"却言之凿凿地把"决策有用观"写入第 1 号概念框架，为公认会计原则提供了崭新的"理论"平台。④ 就国际准则而言，它从来就是公共会计师行业为了在证券交易所谋生存而设计出的一套信息披露规则，并

---

① 现代公司金融理论在这一方面并未取得实质性进展。20 世纪 60 年代夏普等人提出的资本资产定价模型（CAPM）认为风险资产的必要报酬率可以用 β 系数来解释，这个单因素模型引起了极大争议。罗斯提出的套利定价理论（APT）认为影响股票报酬率的因素实际上有无穷多个，其理论巧妙地推翻了单因素模型。

② 笔者无意冒犯证券分析人士。我们要强调的是，会计本身是一个具有悠久传统的职业，公益性和公信力是其职业信条，会计法规的存在本身就证明了这一点。而证券分析则是以私利为着眼点的，从来没有出现过关于证券分析规则的法律法规。

③ 参见 Marshall S. Armstrong，1977：Politics of Establishing Accounting Standards. *Journal of Accountancy*，New York. Feb. Vol. 143，pp. 76－79；Nicholas Dopuch，Shyam Sunder，1980：FASB's Statements on Objectives and Elements of Financial Accounting：A Review. *The Accounting Review*，Vol. 55，No. 1 (Jan)，pp. 1－21。

④ 此前，美国注册会计师协会 1961 年的《会计研究文集》第 1 辑试图仿照数学理论建立一套公理化的理论体系，但未获成功，会计基本假设的提法就是在那个时候问世的。

非会计规则，更非国际公约，它的《框架》照搬照抄第 1 号概念公告的“决策有用观”，当属必然。

这种缺乏实践依据的“理论”创新势必将会计理论引入歧途。自 1973 年起，财务会计准则委员会逐步形成了自己独特的逻辑，构造了一套又一套的奇妙规则：为了对投资者的决策“有用”，设计出复杂的资产减值会计规则，制定了公允价值会计规则，推出了“管理层意图”（management intention）导向的会计规则，要求公司会计师进行“职业判断”（profession judgment）……域外理论画地为牢，把会计绑定在金融分析的战车上。目标导向的方向性偏差，把国际准则和公认会计原则带上了金融分析的道路。

第四节　关于信息质量特征

一、域外理论提出的会计信息质量特征概述

1980 年 5 月，财务会计准则委员会发布的第 2 号概念公告勾勒出了“会计信息质量特征”（qualitative characteristics of accounting information），如图 8—1 所示。该公告认为，决策有用性是最重要的信息质量特征。对决策者有用的会计信息必须满足可理解性（understandability）的要求。首要的质量要求是相关性（relevance）和可靠性（reliability）。相关性是指会计信息应当与投资者的决策相关，这就要求会计信息具有及时性（timeliness），具备预测价值（predictive value）和反馈价值（feedback value）。可靠性要求会计信息如实陈述（representational faithfulness），具有可验证性（verifiability），并具有中立性（neutrality）。次要的质量特征是可比性（comparability）和一致性（consistency）。此外，会计信息质量还受重要性原则（materiality）和成本效益原则（costs and benefits）的约束。

国际准则的《框架》所阐释的信息质量特征与第 2 号概念公告用词有所不同，但并无实质差异（如图 8—2 所示）。该文件提出的四

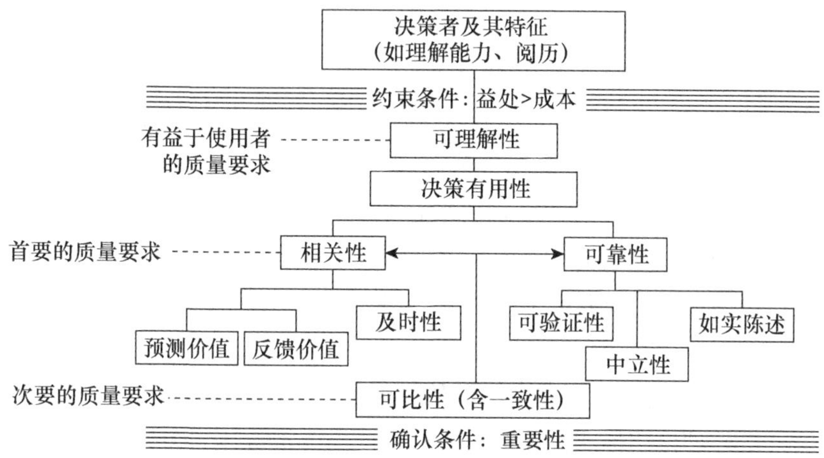

图 8—1　第 2 号概念公告所提出的会计信息质量特征

资料来源：FASB，1980：Statement of Financial Accounting Concepts No. 2：Qualitative Characteristics of Accounting Information.

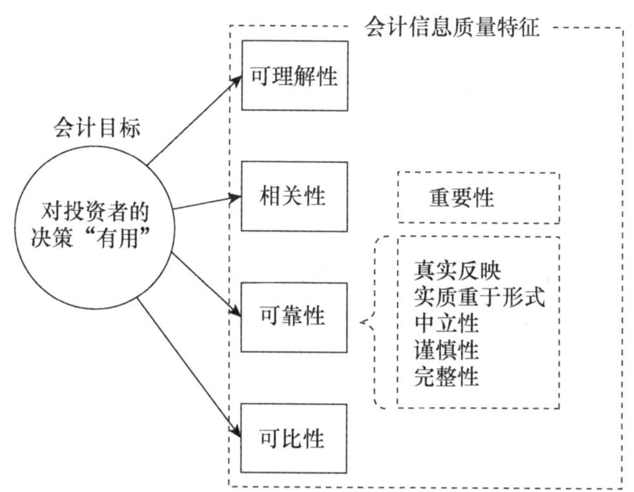

图 8—2　国际准则《框架》所提出的会计信息质量特征

资料来源：根据国际准则《框架》整理。

项质量特征（可理解性、相关性、可靠性和可比性）显然是第 2 号概念公告的翻版。

2010 年 9 月发布的第 8 号概念公告修改了部分概念，并纠正了上述提法中明显失当的部分。它把信息质量特征区分为基础性的质量特征和增强性的质量特征两个层次。其中，基础性的质量特征（fundamental qualitative characteristics）是相关性和真实反映（faithful representation）。与决策相关的信息应当具备预测价值（predictive value）或验证价值（confirmatory value）。“真实反映”的信息应当满足三个特征，即它是完整的（complete）、中性的（neutral）、无差错的（free from error）。增强性的质量特征是可比性、可验证性、及时性和可理解性。①

二、“会计信息质量特征”的失当性

域外理论所称的会计信息质量特征一度被称作“会计原则”，似乎它们就是会计的基本原则。盛名之下，其实难副。若略作深入考察则不难发现，绝大多数会计原则都是失当的，仅有极个别可以成立。

1. 可理解性（understandability）原则。域外理论所称的“可理解性原则”看似有理，但却是画蛇添足。该原则是附有条件的：“会计信息使用者具有一定的工商经济活动和会计方面的知识，并且愿意相当努力地去研究信息。”会计信息作为企业信息的交换媒介，自然对提供者和接收者均有对等的前提要求，因此，不必对会计信息规定“可理解性”的要求。域外理论欲盖弥彰，反而暴露了域外规则的显著缺陷：公认会计原则和国际准则所推出的许多规则令人费解，远非常人所能理喻。②

---

① 财务会计准则委员会和国际会计准则理事会决定不再使用“可靠性”（reliability）一词，而代之以“真实反映”。原来隶属于“可靠性”的实质重于形式（substance over form）、谨慎性或稳健性（prudence; conservatism）和可验证性（verifiability）不被视为“真实反映”的内在要求：“审慎性”（prudence）或“稳健性”（conservatism）被删除，因为它与中立性的要求相悖；“实质重于形式”不再列为信息质量特征而是被视为“真实反映”的应有之义，可验证性被列入增强性的质量特征。“重要性”不被列入质量特征，而是视为会计主体应用“相关性”的应有之义。

② 域外的会计规则的厚度已经达到了令公司会计师们惊叹的地步，如《财务会计准则公告第133号：衍生工具与套期活动的会计处理》仅准则本身就长达213页。若说这等令人费解的会计规则能够保证会计信息的“可理解性”，则实在难以令人信服。

2. 相关性（relevance）原则。域外理论提出，只有对使用者（主要是投资者和债权人）的决策相关的信息才算是有用的信息，因此会计信息必须具备预测价值和反馈价值。然而，会计工作难以担此重任。会计从来就不是以预测企业未来的赚钱能力为目标导向的。历史地看，会计的使命是提供分类统计的历史数据。以投资者和债权人的需要为着眼点的立场，恰恰是规则制定者依傍于投资银行和商业银行的真实写照。相关性原则无视企业利害关系人对会计信息的公益性和公信力的要求，存在师出无名的问题。

3. 真实反映（faithful representation）原则。域外理论一度提出了“可靠性”（reliability）原则——有用的信息必须是可靠的信息，当没有重要差错或偏向并能真实反映实际情况时，会计信息就是可靠的。这显然是一个正确的主张。但可靠性原则是难以付诸检验的口号。何为可靠？仍需要进一步界定。2010 年 9 月发布的第 8 号概念公告不再使用“可靠性”一词，改为使用“真实反映”。然而，真实反映公允价值变动的记账规则并不符合会计原理，那样所记载的信息虽然也是事实，但不是记账主体的法律事实。那种“真实反映”缺乏原始凭证的支持，违背会计原理。因此，我们提出“根据法律事实记账”的原则取代真实反映原则。“根据法律事实记账”的原则是能够付诸实践检验的原则。根据法律事实记账所形成的信息具有公益性和公信力，它对所有的利害关系人而言都是可靠的、真实的。根据这一理念，欲验证会计信息的可靠性，只需检验它是否具备法律事实即可。一切一目了然，没有拖泥带水之嫌。

4. 可比性（comparability）原则。域外理论提出，为了帮助投资者了解企业的财务状况和经营业绩的变化趋势，会计信息必须能够帮助投资者比较同一企业在不同时期的财务报表，以及不同企业在同一时期的财务报表。也就是说，对于同一企业的不同时期以及同一时期的不同企业应当采用一致的会计方法。国际准则特地强调，遵循国际准则，有助于达到可比性。要求同一企业在不同时期采用一贯的会计方法，这是合理的、不言自明的道理，因为这样有助于企业自身和外部利害关系人更为科学地评价该企业的过往表现。然而，要求不同企业在同一时期采用一致的会计方法，显然是不合理的——要求进行跨行业比较的恰恰是投资银行业（证券分析师）而不是企业管理层和现有的战略投资者。因此，可以删去可比性原则。

5. 中立性（neutrality）原则和完整性（completeness）原则。中立性原则要求会计信息是“不带偏向的”，“如果财务报表通过选取和列报信息去影响决策和判断，以求达到预定的效果或结果，那种财务报表就不是中立的”。然而，域外理念所倡导的“决策有用观”实质上是以投资者为中心的偏向性立场。完整性原则只是一个道义性的口号，对实践的指导意义不大。作为对比，“根据法律事实记账”的原则已经包含了中立性原则和完整性原则，根据法律事实记账所形成的信息自然就是完整的，也是公平对待所有利害关系人的中立性的信息。

6. 实质重于形式（substance over form）原则。域外规则提出，交易或事项的实质与它的法律形式并不总是一致的，会计信息如果想要真实反映交易或事项，那就必须根据它们的经济实质（economic substance），而不是仅仅根据它们的法律形式（legal form）进行核算和反映。融资租赁会计规则是这一原则的典型应用：对于一台可使用 10 年的全新机器，如果租用 1 年则构成经营租赁（operating lease），承租方的会计处理只需记录其按月交付的租金即可；如果租用 9 年则构成融资租赁（finance lease），承租方须将租入资产作为自己的固定资产进行折旧等账务处理。其逻辑如下：虽然从法律形式上看该资产仍然归出租人所有，但是就经济实质而言，与该资产有关的风险和报酬已经转移给承租人了，因此，根据实质重于形式原则，承租人要在账簿中把租赁物记载为自己的资产。实际上，由于会计信息涉及各种利害关系人的利益，因此，为了保证公平性，会计信息必须以法律事实为基础。① 法律形式虽然只是一种形式，但

① 《中华人民共和国会计法》第九条规定，“各单位必须根据实际发生的经济业务事项进行会计核算，填制会计凭证，登记会计账簿，编制财务会计报告。任何单位不得以虚假的经济业务事项或者资料进行会计核算”。

它却是至关重要的形式，离开了这种必要的形式，会计信息将不再成其为会计信息。诚然，社会经济实践中存在虚构法律形式的现象，会计程序往往并不能识别法律形式是否归于虚构，但并不能因此就允许会计抛弃法律形式。虚构的法律形式（如以合法形式掩盖非法目的）可以在事后被认定无效，而脱离法律形式的会计信息却是事后无法验证的，因此，强调根据法律事实记账对于保证会计信息的公益性和公信力是十分必要的，应当取消实质重于形式原则。

7. 谨慎性（prudence）或稳健性（conservatism）原则。谨慎性或稳健性原则，是我国学术界过度迷信域外观点的典型例证。我国会计理论著作中充斥着对谨慎性原则的溢美之词，却往往对它所导致的现实问题避而不谈。这个外表光鲜的会计原则披着神圣的道德的外衣，似乎反对它就是在挑战起码的道德底线。鉴于其强大的影响力，我们不妨对其进行一番深入观察。域外理论提出，在存在不确定因素的情况下，要在判断中加入一定程度的谨慎，以便不虚计资产或收益，也不少计负债或费用。在缺乏法律证据的情况下，要求企业尽量少计资产或利润，多计负债或费用，如此，有望把资产负债表和利润表都尽量“做小”——这就是谨慎性原则的价值导向。

谨慎性原则是规则制定者屈从于强势金融利益集团的产物。在20世纪上半叶，商业银行希望看到贷款申请人提交经过保守处理的会计报表，这就是存货跌价准备兴起的原因。① 这个原则与中立性、真实反映、可靠性和一致性等原则是格格不入的。② 就连第2号概念公告自身也认识到了该原则的显著缺陷。该公告指出，保守主义至今仍缺乏理论支持；谨慎性原则产生于以资产负债表为主要（甚至是唯一）的会计报表的年代，那时候企业较少对外公布利润等经营

① 会计原则委员会第4号公告指出：通常情况下，资产和负债的计量都是在存在不确定性的情况下进行的。从历史上看，管理者、投资者、会计师在把握可能的出错方向时，往往倾向于低估而不是高估净利润和净资产。这样就形成了保守主义的惯例。

② 参见 Robert R. Sterling, 1967: Conservatism: The Fundamental Principle of Valuation in Traditional Accounting. *Abacus*, Dec. 67, Vol. 3 Issue 2, pp. 109-132。

业绩信息，当时银行等债权人是会计报表的主要使用者，企业越是低估其资产，银行越是感到安全，而在企业开始对外定期公布业绩信息以后，谨慎性原则的问题开始逐渐显现。如果本期低估资产数字，则以后期间的利润数字将会被高估。[①] 因此，“估计盈余数字时的任何偏差，无论是过度保守（overly conservative）还是谨慎不足（unconservative），受影响的只是利润或损失的记录时点，而利润或损失的总额不会受到影响。因此，没有理由倾向于高估或者低估，否则必将导致一些报表使用者受益而另一些人受损”。该公告正确地指出，“如果把事实告诉报表读者，让他们根据事实形成自己的观点，则财务报表的可靠性必然会大大增强。这应当是会计发展的方向”。遗憾的是，该公告的正确立场并未得到贯彻。谨慎性原则实际上允许企业管理层在缺乏法律事实的情况下调整会计数字，这无疑给会计造假提供了便利，屡见不鲜的“大洗澡”现象是对该原则的现实注解。对此，域外规则象征性地说，谨慎性原则不允许企业计提秘密准备（secret or hidden reserves）。这种欲盖弥彰的姿态无疑是对谨慎性原则的反讽。

企业的确是在不确定性环境中运营的，或许对外公布自己的财务状况和经营成果时尽量“低调”是一种有益的姿态，但这并不构成要求会计处理过程也尽量“低调”的理由。企业完全可以在具有法律证明力的会计信息之外另行进行低调的评估（如对资产和利润数字进行整体性的低估）。在公布真实的会计数字的同时另行公布估计数字的做法显然更为可取。

8. 及时性（timeliness）原则和成本效益原则。域外规则提出，会计信息要及时报告给决策者，会计信息的效益要尽量超过信息成本。及时性原则本身并无单独成为原则的必要，更何况，在会计规则越来越繁杂的背景下，及时性原则已成侈谈——上市公司的会计

---

① 第 3 号会计研究公报早就论述过这一问题，认为“资产应当按照重估日的市价记录而不是记录保守的价值”。第 29 号会计研究公报循此思路创设了成本与市价孰低法，试图纠正谨慎性原则的偏差。

报告通常在结账两个月之后才公布。如何评价会计信息的效益和成本，这个纯粹主观的问题不应成为会计的原则。如今，所得税会计、资产减值会计使得会计工作的“技术含量”大幅提升，但社会公众怎么可能理解如此形成的会计数字？其成本固然很高，其社会效益又如何衡量？实际上，根据法律事实记账所形成的会计信息更容易保证信息的及时性，因为根据法律事实记账使得会计工作更为简单有效。因此，可以删去及时性原则和成本效益原则。

9. 重要性（materiality）原则。域外理论提出，“如果某项信息的省略或误报会影响使用者根据财务报表做出的经济决策，则该信息就具有重要性”。也就是说，重要性的判定是以使用者的感受为准绳的。该原则的正当用途尚不明确，反而具有显著的负面影响，它常常是企业管理当局恶意篡改会计数字的借口。美国证监会主席亚瑟·莱维特 1998 年 9 月 28 日在纽约大学法律与商务中心发表题为《数字游戏》的著名演讲，他痛批了常见的造假手法。其中，滥用重要性水平造假被列为典型。他说：“一些公司误用重要性的概念。它们有意地在规定的百分比的限界上制造误差，然后它们会为自己的欺骗找借口，辩解打擦边球带来的影响很小，可以忽略不计。如果真是如此，为什么它们这样费力地去制造这些错误？也许因为这种影响是重要的，特别是若利用这种影响能使其符合预测的盈利，这种影响更为重要。”① 财务会计准则委员会 2010 年 9 月发布的第 8 号概念框架也承认，它不便对重要性水平进行规定，因为那有赖于记账主体的抉择。综上所述，我们建议删去重要性原则。

总之，学术界根本没有必要凭空构造所谓的会计原则，更不宜以唯我独尊的心态过度拔高会计理论。社会科学研究应从社会实践的现实需要出发，用实践来检验理论的价值。② 我国从 1992 年起流

① ［美］亚瑟·莱维特：《数字游戏》，载《证券市场导报》，2002（5）。

② 参见 Edward J. Joyce，Robert Libby，Shyam Sunder，1982：Using the FASB's Qualitative Characteristics in Accounting Policy Choices. *Journal of Accounting Research*. Vol. 20，No. 2，Part II（Autumn）：654-675。

行过几个版本的会计原则，又有哪个原则被实务界尊奉为金科玉律？作为对比，我国民商法领域所公认的原则为数不多（如平等自愿、等价有偿、公平、诚实信用等），但是，正是这为数寥寥的基本原则恰能够普遍适用于民商法各个领域，为理论界和实务界共同认可，这种专业共识是值得会计行业借鉴的。鉴于会计应当为企业经营管理和国民经济管理提供具有法律证明力的财产权利和业绩信息，因此，为了保证会计信息的公益性和公信力，就必须要求会计严格地以法律事实为记账依据。“根据法律事实记账”，可视为会计的根本原则。① 我们认为，中国的会计理论体系应当形成本土原创的会计原则，唯如此方能保证会计法规的稳定性和合理性。希望我们提出的“根据法律事实记账”的理论主张能够起到抛砖引玉的作用。

第五节　关于财务报表的要素

财务会计准则委员会 1985 年 12 月发布的第 6 号概念公告提出了十个要素，它们分别是：资产（assets）、负债（liabilities）、所有者权益（equity or net assets）、业主投资（investments by owners）、派给业主款（distributions to owners）、全面收益（comprehensive income）、收入（revenues）、费用（expenses）、利得（gains）、损失（losses）。其中，业主投资、派给业主款属于所有者权益；全面收益替代了利润，从而形成了“收入－费用＋（利得－损失）＝全面收益”的公式。全面收益是利润和预期利润的合计数，即实际值与金融预期的合计数。这表明，财务会计准则委员会所认定的财务报表体系已经不再把利润作为会计的核心。② 国际准则的《框架》采取的是类似的立场，它所概括的财务报表要素共有五个：用于反映

---

① 参见周华、戴德明、刘俊海：《财产权利的计量规则与企业利润的可分享性》，载《财贸经济》，2008（7）。

② 参见 Stephen A. Zeff，1999：The Evolution of the Conceptual Framework for Business Enterprises in the United States. *The Accounting Historians Journal*，(November). pp. 89－131。

财务状况的要素是资产、负债、权益。用于反映业绩的要素是收益（income）和费用（expenses）。其中，收益包括“收入”（revenues）和“利得”（gains）；费用的定义是广义的，包含损失（losses）。

域外理论所称的“资产”和“负债”已经包含了预期成分，由此所形成的会计报表的法律证明力大大降低。它们所称的“资产”是指由于过去事项而由企业控制的、预期会导致未来经济利益流入企业的资源；“负债”是指企业由于过去事项而承担的现时义务，该义务的履行预期会导致经济利益流出企业。足见，资产和负债的定义已经全面预期化，采用了金融分析导向，而不是强调法律证明力。它们所称的“利得”和“损失”包含了由于资产价格波动所形成的浮动盈亏。

总之，在域外理论所称的会计报表中，真实数字与预期数字混杂，法律事实与金融预期并存。域外理论还无端地扩大了会计报表的内涵，把现金流量表和股东权益变动表等派生物也称作会计报表。它们甚至都没有搞清楚，如果现金流量表和股东权益变动表也算得上是会计报表的话，那么这些报表的会计要素又该是什么。

第六节 关于会计计量属性

一、关于确认与计量概念的分拆

在会计实践中，记账原本是一气呵成地根据法律证据在账户中进行记载的行为，但域外理论硬是从中拆分出了确认和计量两个概念：所谓“确认”是指记账主体决定在账户中进行记载，所谓“计量”是指记账主体确定在账户中应记载的金额。域外理论还煞有介事地提出了确认的基本标准：可定义性、可计量性、相关性、可靠性。其“理论依据”无非就是前面讨论的会计目标和会计原则。这套学说难以自圆其说。例如，域外理论规定的收入的确认条件是已赚得（earned）、已实现或可实现（realized or realizable），据此，公允价值变动收益等浮动盈亏仅仅是预期盈亏，根本不符合确认条件。但公允价值变动损益的记账规则还是得以大行其道。这说明上述确认标准根本没有发挥作用。单独强调“确认”既不符合实践需要，也不具备理论价值，因此，应当摒弃确认与计量分拆的理论主张。

二、多重会计计量属性并存之失当性

1984年12月发布的第5号概念公告《企业财务报表中的确认与计量》提出了五项计量属性（measurement bases；measurement attributes）供企业选用，它们分别是：历史成本（historical cost）、现行成本（current cost）、现行市价（current market value）、可变现净值（net realizable value；net settlement value）和公允价值或现值（present value of future cash flows；discounted value of future cash flows）。国际准则的《框架》采用了相似的立场。① 域外理论指出，历史成本会计是基准的计量属性，其他计量可根据具体情形选用。

域外理论所提出的会计计量属性对我国会计管理工作者和理论工作者的冲击是显而易见的，朴实的人们哪里会想到域外会计理论居然有如此这般的奇思妙想。然而一旦细细思量便不难发现，除历史成本会计外，域外理论中所提及的计量属性都很难经得起推敲。第一，现值是典型的金融分析算法，不适合作为会计计量属性。现值仅仅具有理论价值，从实践的层面来看不具有可操作性。② 2000年2月发布的第7号概念公告《在会计计量中使用现金流量信息和现值》进一步指出，现值的唯一目的就是为了估计公允价值。然而，既然不知道资产现在价值几何，又如何知道现值计算公式所需的三

---

① 国际准则的《框架》提出的计量属性是历史成本、现行成本、可变现价值或结算价值（realizable value；settlement value）和现值（present value）。

② 参见 Harry I. Wolk，James L. Dodd，Michael G. Tearney，*Accounting Theory：A Conceptual and Institutional Approach*. 5th Edition. South-Western. pp. 22-23。

套参数（未来现金流量、时间期间和所适用的折现率）？现值存在显著的逻辑问题，导致计算过程具有完全的主观性。这样得到的数字，与会计原理是格格不入的。现值楔入会计规则，是金融分析理念统治域外会计理论的生动写照，是会计理论的耻辱。第二，现行市价、现行成本、可变现净值、结算价值，它们是公允价值（fair value）的不同提法，均不适合作为会计计量属性。次贷危机期间，资深专家一针见血地指出，公允价值会计暴露了国际准则的重大缺陷。[①] 企业的财产权利和债务并不会因为市价波动而发生变更，因此，按公允价值记账的做法缺乏法律事实支持。第三，现行成本没有必要单独列为会计计量属性。对于盘盈的资产，企业需进行相应的税务处理，经过税务处理之后的资产已经获得了法律证据，即已经取得了历史成本。所以，现行成本这个计量属性没有存在的必要。

唯一可以提倡的会计计量属性是历史成本。历史成本是具有法律证明力的信息，它能够保证会计信息的公益性和公信力，是广受支持的计量基础。[②] 诚如娄尔行先生 20 世纪 80 年代赴美考察后所言：在美国，受重视的做法还是历史成本会计，“只有原始或实际成本才是客观的、可以核实的数据。除此而外，还没有其他令人信服的量度可用”[③]。实际上，其他计量基础所形成的信息完全可以在历史成本会计之外，通过补充披露的途径而发挥其功用。[④] 佩顿和利特尔顿在经典的《公司会计准则导论》一书中早就指出：“本书所主张的严格遵照实际成本行事，只适用于财务报表主体中的信息。在财务报表以外提供种种信息，它并不施加限制。会计应不限制有关

---

① 参见李利明：《工行行长杨凯生：从一个新视角审视次贷危机》，载《经济观察报》，2008-09-22；周小川：《关于改变宏观和微观顺周期性的进一步探讨》，载《中国金融》，2009（8）。

② Lawrence Revsine，1991：The Selective Financial Misrepresentation Hypothesis. Accounting Horizons. *Sarasota*.（Dec），Vol. 5，Iss. 4. pp. 16-28.

③ 娄尔行：《美国会计见闻和联想》，载《财经研究》，1981（3）。

④ 参见葛家澍、刘峰：《论企业财务报告的性质及其信息的基本特征》，载《会计研究》，2011（12）。

信息的供给。脚注、括弧数字、增设金额栏、对会计科目作说明以及类似的方法，都可以用来表明重要的估计市值和其他相关的信息，及其对报表中基本数字的关系。这些以市价为依据的信息，只要是用适当的标题，作为辅助性材料而予以揭示的，本书认为应当提倡”①。1973年，美国注册会计师协会发布的一份调查报告表明，即使是那些需要公允价值信息的读者也不赞成用公允价值会计取代历史成本会计。②

第七节　结论与政策建议

公认会计原则和国际准则是围绕证券交易所谋生存的人们制定的游戏规则，它们都是证券分析规则而非会计规则。一个值得强调的事实是，先有七拼八凑的会计规则，后有欲盖弥彰的理论框架。财务会计概念框架并不是一套一以贯之的科学理念，很难指望它有多大的用途。③ 现代西方会计理论在本质上只是逻辑不通的金融分析理念，理论上难以自洽，实践上效果不佳，并不具有参考价值。

综上所述，对于制定我国的财务会计概念框架的主张，我们持保留态度。会计理论或许可以浓缩为一个“根据法律事实记账”的原则，没有必要仿照域外规则推出长篇累牍而又没有实际意义的概念框架。更何况，概念框架所称的“会计”并非公众所信赖的会计，而只不过是金融分析罢了。因此，研究者不必迷信盛传已久的域外财务会计概念框架。打造中国气派的会计理论和会计法规体系，是我国经济学和法学研究者以及经济立法机构的历史使命。

---

① 佩顿、利特尔顿：《公司会计准则导论》，北京，中国财政经济出版社，2004。

② 参见 Paul H. Rosenfield，1994：AICPA Issues Report on Information Needs of Investors and Creditors. *Journal of Accountancy*，New York. Jan. Vol. 177，Iss. 1. p. 21。

③ 参见 Charles T. Horngren，1981：Uses and Limitations of A Conceptual Framework. *Journal of Accountancy*，(Apr). Vol. 151，Iss. 4. pp. 86-91。

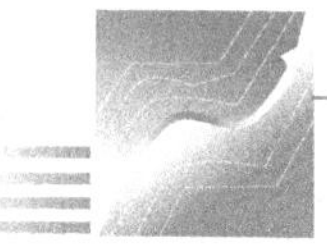

第九章　会计确认概念再研究

——对若干会计基本概念的反思

最近20年我国会计界渐渐兴起了“会计确认、会计计量、会计记录和会计报告”的提法，这种提法还被一些流行论著称作会计基本程序、会计循环。但本章的考证表明，上述提法缺乏合理逻辑。会计确认其实就是“登记入账”之意，包含会计计量。会计计量是会计确认的应有之义，它并不是与会计确认并列的会计程序。业界所称的会计记录（recording）本意就是登记入账，它也不应再与会计确认（入账）并列。简单地说，会计程序是指“审核原始凭证→填制记账凭证→登记会计账簿→编制财务报表”，“记账、算账、报账”是对会计程序的精炼概括。会计循环就是周而复始的会计程序。作为对比，“会计确认、会计计量、会计记录和会计报告”并列的提法不够合理，因此，不宜传播那种似是而非的理论。

近年来，一些具有较大影响的教材和论著中频频出现“会计确认、会计计量、会计记录和会计报告”的提法，有的将其概括为财务会计的基本程序，也有的将其称作会计循环。例如，一种流行的说法是，“会计信息产生的基本程序是确认、计量、记录和报告”。又如，2014 年版《会计从业资格考试大纲》提出，从会计工作流程看，会计循环由确认、计量和报告等环节组成。但极少有文献提及这种说法的来源和理论依据。这些莫衷一是的说法给会计教学和学术研究带来了一定的困扰。

为了探求会计确认和会计计量等概念的本初含义，厘定域外会计确认概念的利弊得失，我们对具有广泛影响的中外代表性文献的相关论述进行了梳理和考证，现将研究发现汇报如下，请读者朋友明鉴。

第一节　探究“会计确认”和“会计计量”的词汇起源及其本初含义

“确认”（recognition）原本是一个普普通通的日常用语，但在被纳入会计专业术语后，却被赋予了相当丰富，乃至于相当繁冗的含义。

一、早期文献关于确认和计量的论述

早在 1922 年，W. A. 佩顿就在其《会计理论》一书中频频使用会计确认（accounting recognition）一词，但该书没有给出会计确认的定义，也未将确认列入书末的术语索引表。[①] 可见，会计确认的理论意义在当时还不大显著。此外，该书偶尔提及货币计量，但没有给出进一步的解释。

1936 年，美国会计学会刊发《影响公司报告的会计原则的暂行公告》，提及会计确认（accounting recognition）和计量（measurement），

① 参见 W. A. Paton，1922：*Accounting Theory*：*With Special Reference to the Corporate Enterprise*. Ronald Press Company. Reprinted in August 1962 by Accounting Studies Press，LTD。

但同样未给出两者的定义。①

1938 年，美国会计师协会（美国注册会计师协会的前身）出版桑德斯、哈特菲尔德和摩尔合著的《会计原则公告》一书。该书并未将确认（recognition）或计量（measurement）作为会计专业术语使用。②

1940 年，美国会计学会出版了其所资助的第 3 号研究著作《公司会计准则导论》。③ 这是一部具有深远影响的著作，其目的是深入论证该学会 1936 年刊发的那份《影响公司报告的会计原则的暂行公告》。该书作者佩顿和利特尔顿反复探讨了收入确认（revenue recognition）和费用确认（cost recognition）的若干原则④，并在探讨费用确认时引入了初始确认（initial recognition）、计量基础（the basis of measurement）等提法，但没有给出会计确认和会计计量的定义。

1970 年 10 月，美国注册会计师协会发布《会计原则委员会第 4 号公告：企业财务报表的基本概念和会计原则》⑤，这份公告反复探讨了各项会计要素的确认和计量的原则，以及计量基础（measurement bases; basis of measurement）的种类。但该公告同样没有明确给出“确认”的定义⑥，倒是在第 66 段的脚注中提及，计量（measurement）和计价（valuation）这两个术语通常在会计学

---

① 参见 American Accounting Association，1936：A Tentative Statement of Accounting Principles Affecting Corporate Reports. *The Accounting Review*，Vol. 11，No. 2 (Jun.)，pp. 187－191。

② 参见 Thomas H. Sanders，Henry R. Hatfield，U. Moore，1938：*A Statement of Accounting Principles*. American Institute of Accountants. Haskins & Sells Foundation。

③ 参见 W. A. Paton，A. C. Littleton，1940：*An Introduction to Corporate Accounting Standards*. American Accounting Association. Iowa：Athens Press。

④ 该书通篇所称“cost recognition”，乃是与“revenue recognition”相对应的，其所称的“revenue”相当于当今的广义“收入”概念，其所称的“cost”相当于当今的广义“费用”概念。

⑤ 该文件的英文全称为“APB Statement No. 4：Basic Concepts and Accounting Principles Underlying Financial Statements of Business Enterprises”。

⑥ 参见 Accounting Principles Board，APB Statement No. 4：Basic Concepts and Accounting Principles Underlying Financial Statements of Business Enterprises. American Institute of Certified Public Accountants，Par. 35。

中可替换使用，均是指以货币形式对资源（resources）、义务（obligations）及其变化进行量化赋值——这算是全书对会计计量所给出的唯一的定义。该公告还提出了“初次记录”[①]（initial recording）、“记录计量结果”（recording the measured effects）等概念，其含义留待下文探讨。

二、财务会计概念公告给出“确认”的确切定义

1980 年 12 月，负责制定美国证券市场上的公认会计原则的民间机构财务会计准则委员会发布《财务会计概念公告第 3 号：企业财务报表的要素》（以下采用其通用简称 CON 3）。[②] 该公告首次给出了会计确认的定义：“确认是指将某种信息正式纳入会计程序进行记录或者将其列报于财务报表的过程”（见 CON 3 第 83 段）。

1984 年 12 月，财务会计准则委员会公布《财务会计概念公告第 5 号：企业财务报表项目的确认和计量》（以下采用其通用简称 CON 5）。[③] 这份用于取代 CON 3 的公告重申了上述会计确认的定义并有所拓展。[④]

CON 5 提出：“确认是指将某种信息正式纳入会计程序，列入资产、负债、收入、费用等会计要素进行记录或者将其列报于财务报表的过程，这一过程包括同时使用文字和数字描述某一项目，并将该金额包括在财务报表的总计金额之中”（见 CON 5 第 6 段）。也就是说，会计确认包括两层含义：（1）会计人员确定是否应当将某些信息列入会计要素从而纳入会计程序进行记录，同时，还要进行会计计量。我国会计书籍有的将这一层含义概括为“初始确认”，有的

---

① 该文件所称的“初始记录”，比较接近于第 5 号概念公告所定义的“初始确认”。

② 参见 Financial Accounting Standards Board，Statement of Financial Accounting Concepts No. 3：Elements of Financial Statements of Business Enterprises. December 1980。

③ 参见 Financial Accounting Standards Board，Statement of Financial Accounting Concepts No. 5：Recognition and Measurement in Financial Statements of Business Enterprises. December 1984。

④ 值得注意的是，国内多数文献误以为首次给出“确认”定义的是第 5 号概念公告。

概括为“第一步确认”。① （2）会计人员确定将某些信息列入财务报表的具体方式。我国有的书上称之为“再确认”，有的则概括为“第二步确认”。在这一环节，会计人员需要确定如何在财务报表中列报相关信息，例如，对于已经纳入会计工作流程的外购原材料、外购库存商品等，会计人员决定将其合并列报于资产负债表中的“存货”项目。上述两层含义可概括如图9—1中的大箭头所示，值得注意的是，“初次确认”（或称作“第一步确认”）、“再确认”（或称作“第二步确认”）均为我国学者创设的术语。

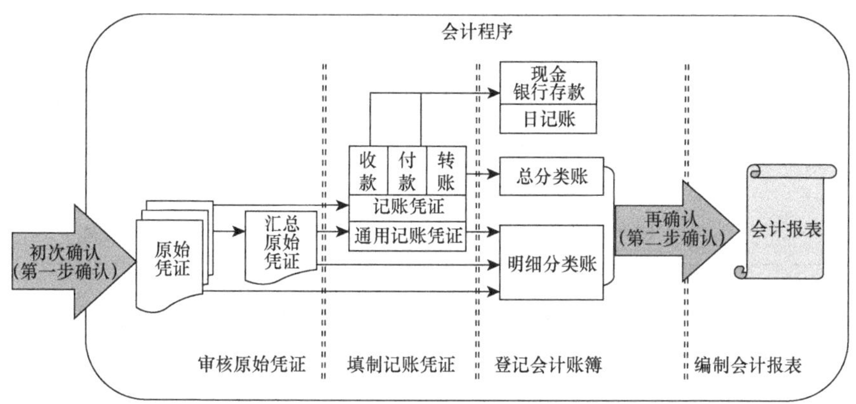

图9—1　初次确认与再确认的含义

三、对某一项目的初始确认和对该项目的后续变动的确认

CON 5提出，对于资产和负债这两类会计要素来说，会计确认包括对某一项目的初始确认（initial recognition of an item）和对该项目的后续变动及销账的确认（recognition of subsequent changes in or removal of a previously recognized item）这两个方面（见CON 5第6段和第58段）。后者既包括对已确认项目的后续变动的确认（recognition of subsequent changes in a previously recognized

① 相比较而言，将其概括为“初次确认”“第一步确认”都比概括为“初始确认”更为可取，如此，可避免与初始确认、后续确认、终止确认概念相混淆。以下在需要作此区分时均称之为“初次确认”（见图9—3）。

item）——如对固定资产计提折旧，也包括对已确认项目的销账处理，即终止确认（recognition of subsequent removal of a previously recognized item；de-recognition）——如对已达到经济使用寿命的固定资产进行清理处置。

在英国，会计准则委员会 1990 年 12 月公布的《财务报告原则公告》所称的确认过程（recognition process），包括初始确认、后续再计量（subsequent remeasurement，或译作后续重新计量）和终止确认。① 其思路与 CON 5 大体相同，但所使用的术语存在差异。它还引入了 CON 5 从未提及的再计量（remeasurement）概念。

我国学术界借鉴 CON 5，将上述术语归纳为“初始确认、后续确认（subsequent recognition）和终止确认”（如图 9—2 所示）。“后续确认”是我国学者创设的新术语。

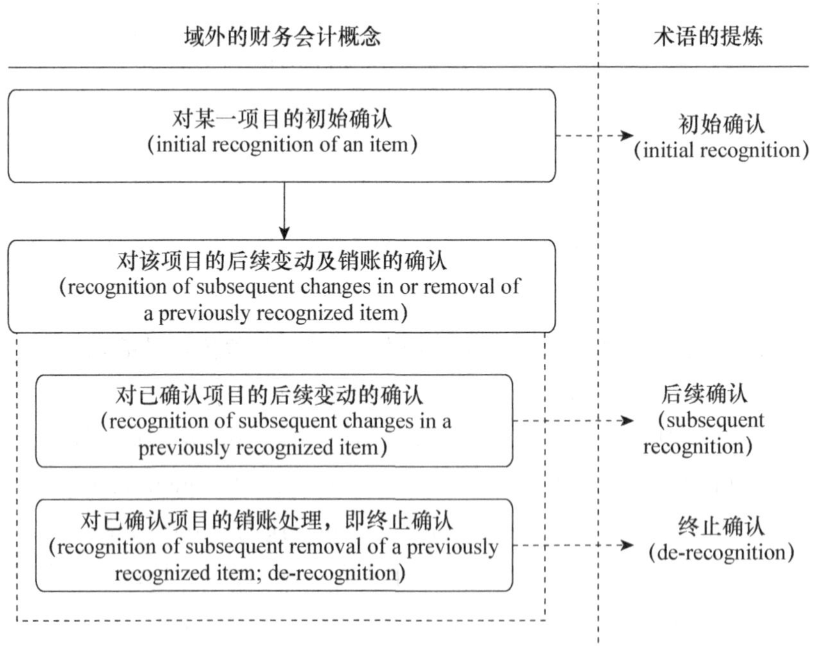

图 9—2　初始确认、后续确认和终止确认概念的来历

① 参见 Accounting Standards Board. Statement of Principles for Financial Reporting. December 1999。

四、会计计量的定义

CON 5 给出的会计计量的定义比会计原则委员会第 4 号公告更为细致。CON 5 第 3 段提出，会计计量（accounting measurement）是指对拟入账的信息，基于某种测量理念（measurement attributes）（即我国准则所称的计量属性），采用某种计量尺度（scale of measurement）即货币单位（monetary unit）进行量化赋值，从而得出货币金额的过程。

国际会计准则理事会 2010 年 9 月发布的概念框架所给出的会计确认和会计计量的定义，与 CON 5 第 6 段基本相同，但没有进一步区分对某一项目的初始确认和对该项目的后续变动的确认。[①]

第二节　国内部分流行论著所介绍的会计确认的概念

财务会计准则委员会和国际会计准则理事会的概念框架对我国会计理论研究影响比较大，国内流行论著普遍采信了"初始确认、再确认"之说。流行的说法是："会计确认由初始确认（记录确认）和再确认（报表确认）两个步骤组成"；"确认主要解决某个项目应否确认、如何确认和何时确认三个问题，它包括在会计记录中的初始确认和在财务报表中的最终确认"；"会计确认实际上是分两次进行的，第一次解决会计的记录问题，第二次解决财务报表的披露问题。前者称为初始确认，后者称为再确认"；"会计确认可分为初次确认和再次确认"。国内流行论著也普遍采信了"初始确认、再确认（后续确认）、终止确认"之说。流行的说法是："会计确认应涵盖三个阶段：（1）初始确认（initial recognition）；（2）嗣后确认或再确认（subsequent recognition）；（3）终止确认（de-recognition）"；

① 参见 International Accounting Standards Board. The Conceptual Framework for Financial Reporting, September 2010。

“从会计信息处理的技术层面上看，会计确认主要包括初始确认、再确认和终止确认”；“确认的过程实际上分为‘初始确认’(initial recognition)、‘后续确认’(subsequent recognition) 和‘终止确认’(remove recognition) 三种类型”。①

国内流行论著中普遍存在将初始确认与再确认“混搭”使用的情况，值得探讨。如图 9—3 所示，初始确认、后续确认、再确认是就资产或负债在存续期内所涉及的账务处理的先后顺序而言的，不妨通俗地称作入账、调整、销账，三者的账务处理均需要先后经过所谓的初次确认（或称作第一步确认）和再确认（或称作第二步确认)。也就是说，初次确认（或称作第一步确认）和再确认（或称作第二步确认）是在同一个会计期间内完成的，而初始确认、后续确认、终止确认往往涉及不同的会计期间。因此，将初始确认和再确认相提并论的说法不大合适。针对这一点，葛家澍、林志军所著的《现代西方会计理论（第三版)》强调，“必须指出，不要把第一步确认、第二步确认和初始确认、后续确认（计量)、终止确认混为一谈。第一步确认和第二步确认是整个财务会计系统对一项交易和事项最

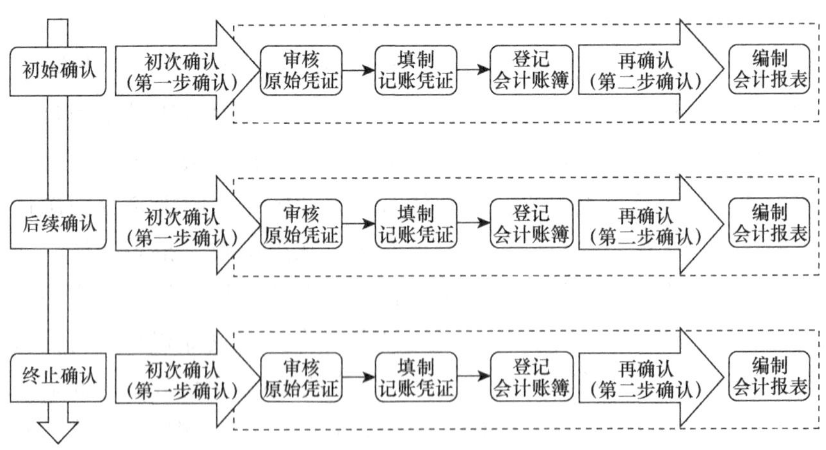

图 9—3　会计确认的相关概念之关系

① CON 5 并未提出“第一步确认”“再确认”“第二步确认”的说法，这些概念都是我国学者根据该文件第 58 段的说法推导而来的，有的文献还加注了难以与域外文献对接的英文翻译，如“后续确认（subsequent recognition）”。

终计入财务报表的处理程序，是对其变动后果可进入财务报表的一切交易和事项来说的”①。

第三节　关于会计确认概念的理论反思

上述“会计确认、会计计量、会计记录和会计报告”的说法值得商榷。兹分述如下。

一、会计确认和会计计量并不是并列的基本程序

不宜将会计确认、会计计量、会计记录和会计报告相提并论，这是因为，会计计量其实并不是与会计确认并列的会计程序。2014 年版《会计从业资格考试大纲》提出，会计要素的计量是为了将符合确认条件的会计要素登记入账并列报于财务报表而确定其金额的过程。该大纲虽然没有明确给出会计确认的定义，但其中的“将符合确认条件的会计要素登记入账并列报于财务报表”其实就是会计学术界所称的“会计确认”。据此，会计计量就是为了进行会计确认而确定会计要素金额的过程，会计计量是服务于、从属于会计确认的，它并不是独立的会计程序。会计要素的计量是在会计确认的过程中完成的，没有人能完成不包含会计计量的会计确认。试想：若仅仅进行会计确认而不进行会计计量，又何苦去进行会计确认？又如何去进行会计确认？

确认和计量须臾不可分割，会计规则在提及会计确认时需要同时提及会计计量。例如，CON 5 第 63 段所提及的“基本的确认标准”（fundamental recognition criteria）共有四个，即：（1）符合会计要素的定义；（2）具有可计量性；（3）具有相关性；（4）具有可靠性。满足这些基本确认标准的权利和义务方可予以确认。② 可见，

---

① 葛家澍、林志军：《现代西方会计理论（第三版）》，160 页，厦门，厦门大学出版社，2011。

② 英文文献一般用 definitions，measurability，relevance，reliability 这四个单词进行概括。

可计量性是会计确认的基本标准之一，会计确认本身就已经包含了会计计量，会计计量是会计确认的应有之义。前已述及，CON 5 第 3 段提出，会计计量是指对拟入账的信息，基于某种测量理念（measurement attributes）（即我国准则所称的计量属性），采用某种计量尺度即货币单位进行量化赋值，从而得出货币金额的过程。可见，该定义并未将会计计量视为与会计确认并列的会计程序。又如，在会计原则委员会第 4 号公告中，“确认”和“计量”的连用（包括名词或动词形式）贯穿全书，CON 3 第 17 段、CON 5 第 6 段和第 58 段均同时提及会计确认和会计计量。再如，在英国，会计准则委员会 1990 年 12 月公布的《财务报告原则公告》所称的确认过程（recognition process），包括初始确认、后续再计量（subsequent remeasurement，或译作后续重新计量）和终止确认；其所称的计量过程（measurement process）包括初始确认和后续再计量；除终止确认外，该公告在提及确认过程的同时还提及了计量，在提及计量过程的同时还提及了确认。凡此种种，皆已表明，会计确认和会计计量密不可分。①

我国目前的流行论著中存有相近的观点。汤云为、钱逢胜提出，“广义上的确认概念可以把会计上的记录、计量和在财务报表上的报告这三个过程都包括在内”②。戴德明等更是强调，“需要指出的是，在实际工作中，会计确认、计量、记录与报告是紧密联系的，而且常常相互交织在一起，很难截然划分为四个过程”③。

实际上，我国的《企业会计准则——基本准则》（2006 年制定、2014 年修改）并没有将会计计量与会计确认并列使用，而是一贯地将会计计量视为会计确认的内在步骤。该准则规定，“符合本准则第二十条规定的资产定义的资源，在同时满足以下条件时，确认为资

---

① 域外会计规则中“确认与计量”的含义等同于我国会计工作者所熟知的“会计核算”（或“会计处理”）。例如，“金融工具确认与计量”等价于“金融工具会计核算”，“无形资产的确认与计量”等同于“无形资产的会计核算”。确认与计量的并用只不过是域外会计规则制定者的习惯用法，并不意味着会计计量就是与会计确认并列的基本会计程序。

② 汤云为、钱逢胜：《会计理论》，128 页，上海，上海财经大学出版社，1997。

③ 戴德明等：《财务会计学（第七版）》，16 页，北京，中国人民大学出版社，2014。

产：（一）与该资源有关的经济利益很可能流入企业；（二）该资源的成本或者价值能够可靠地计量”（第二十一条）；“符合本准则第二十三条规定的负债定义的义务，在同时满足以下条件时，确认为负债：（一）与该义务有关的经济利益很可能流出企业；（二）未来流出的经济利益的金额能够可靠地计量”（第二十四条）；“收入只有在经济利益很可能流入从而导致企业资产增加或者负债减少、且经济利益的流入额能够可靠计量时才能予以确认”（第三十一条）；“费用只有在经济利益很可能流出从而导致企业资产减少或者负债增加、且经济利益的流出额能够可靠计量时才能予以确认”（第三十四条）。该准则第四十一条更是明确指出，企业在将符合确认条件的会计要素登记入账并列报于财务报表时，应当按照规定的会计计量属性进行计量，确定其金额。显然，会计计量是会计确认的必要步骤，而不是与会计确认相提并论的会计程序。

二、没有必要引入“再确认”这一概念

初次确认和再确认这两个概念所表达的，其实就是“登记入账”和“列入报表”的意思。但从会计实践来看，没有必要引入“再确认”这一概念。

从技术层面来看，会计工作的内容是对企业的财产权利和义务进行分类统计，会计流程本身是一个信息集成的过程。总账及其下所设的各级明细账是分类统计的具体体现，账簿中的信息最终按照企业自行设计的会计制度所规定的方法，集成于财务报表之中。会计程序体现为会计信息通过“会计凭证—会计账簿—会计报表”的方式逐步集成的过程，某种信息一旦被纳入会计程序，最终自然会按照上述“企业自行设计的会计制度所规定的方法”呈现于财务报表之中。正如学者所概括的：“财务报表作为第二步确认（recognition）的结果来自第一步确认的日常账户分类记录。”① 单位的会计管

① 葛家澍、刘峰：《论企业财务报告的性质及其信息的基本特征》，载《会计研究》，2011（12），3～8页。

理制度一旦制定完成，企业经济信息从登记入账到列入报表的会计处理程序就已经全部定格。因此，没有必要格外强调“再确认”的概念，恰如没有必要引入一个概念来概括“如何登记账簿”一样。

另外，从可行性的角度分析，创设“再确认”这一概念弊端甚多，而益处甚微。一方面，从中外交流的角度来看，这一概念可能会造成障碍。迄今为止，笔者尚未见到英文会计论著中使用带有“再确认”含义的专有名词。例如，1985 年 8 月出版的《英汉、汉英会计名词汇译》①（娄尔行、约翰·B. 法雷尔主编，上海人民出版社，生活·读书·新知三联书店香港分店，1985 年版）一书既未收录英文词汇“recognition”，亦未收录中文词汇“确认”和“再确认”，足见，刊发于 1980 年 12 月的 CON 3 所定义的“recognition”在 1985 年时尚未获得该书作者的高度重视。1999 年 9 月出版的《英汉会计词汇（第二次修订版）》一书未收录英文词汇“recognition”，也未提及与“再确认”含义相同或相近的词汇。② 2000 年 4 月出版的《汉英会计词汇》一书未收录“再确认”一词，该辞典所收录的“确认”一词的英文解释是“affirmation”和“confirmation”，与“确认函”的语境相同，而非会计确认之意。③ 国际会计准则理事会 2010 年 9 月发布的《框架》也没有相应的提法。可见，“再确认”一词并非来自英语世界，而是我国学者基于“确认”概念的再创造。通读 CON 5 的原文可知，该公告所阐述的会计确认概念并没有那么复杂。④ 另一方面，

① 该书是上海财经学院（今上海财经大学）受中国财政学会和中国会计学会委托，与洛杉矶加州大学商学院合作进行的中美比较会计研究的项目成果。

② 参见中国会计学会、香港会计师公会：《英汉会计词汇（第二次修订版）》，北京，中国财政经济出版社，1999。

③ 参见中国会计学会、香港会计师公会：《汉英会计词汇》，北京，中国财政经济出版社，2000。

④ 实际上，即使是在美国，会计理论著作和教材也普遍未把上述会计确认的派生概念列为核心知识点，例如：Ahmed Riahi-Belkaoui，2004：*Accounting Theory*. 5th Edition. Thomson Learning；Harry I. Wolk，James L. Dodd，John J. Rozycki，2008：*Accounting Theory*：*Conceptual Issues in a Political and Economic Environment*. 7th Edition，2008，Sage Publications；Donald E. Kieso，Jerry J. Weygandt，Terry D. Warfield，2010：*Intermediate Accounting*. 14th Edition，2010. Wiley。

若从弘扬传统文化的角度来看，“再确认”概念的引入则更成问题。我国原本已经有“记账、算账、报账”“登记入账”（或“入账处理”）“列入报表”这样通俗易懂的经验总结，并无引入令人费解的新名词之必要。

三、没有必要引入“初始确认—后续确认—终止确认”的提法

域外某些文件的这种提法所表达的其实就是“将某些信息纳入会计处理程序—对账载信息作后续调整—从会计处理程序中注销前述的信息”。但就其实质而言，财务会计的主要任务就是计量企业资源和义务的变化（会计原则委员会第 4 号公告，第 25 段），而企业资源和义务的变化等信息的入账、调整和注销，都要按照记账、算账、报账的流程进行处理。因此，它们所涉及的会计处理程序完全相同（见图 9—3），没有必要再作“初始确认—后续确认—终止确认”的区分。再者，那种区分仅仅对资产和负债有意义，对其他会计要素则不适用（见表 9—1）。①

表 9—1　　会计确认相关概念的适用性

会计要素	初始确认	后续确认	终止确认
资产	√	√	√
负债	√	√	√
所有者权益	√	不适用	不适用
收入	√	不适用	不适用
费用	√	不适用	不适用
利润	√	不适用	不适用

说明：“√”表示会计确认相关概念对于会计要素的适用性。

四、会计程序和会计循环的定义应予统一界定

人们通常所称的“程序”，是指“事情进行的先后次序”；“循

① “终止确认”这一概念甚至主要是针对资产负债表的极个别项目（如金融资产）而言的。金融工具的合同条款的复杂性使得金融资产的终止确认规则成为难题，因而其终止确认似乎显得比较重要。但对于常规资产（如存货、固定资产等）而言，其销账处理并不是难题，因此，并不存在强调终止确认规则之必要。显然，终止确认并不是一个适于推广使用的概念。

环”，是指“事物周而复始地运动或变化”（均据《现代汉语词典》）。鉴于会计确认与会计计量并非并列、先后、递进或环环相扣的关系，因此，不宜将二者并称为会计程序，也不宜简单地用它来指代会计循环。

那么，究竟何谓会计程序、会计循环？这要从实践中寻找答案。实践中，会计程序是指“审核原始凭证→填制记账凭证→登记会计账簿→编制财务报表”。① 会计循环就是周而复始的会计程序。1962年5月国务院副总理李先念同志在财政部、中国人民银行联合召开的全国会计工作会议上指出，“会计是管理社会主义建设的工具之一，它能科学地记载、反映经济活动情况，为决策机关提供数字资料。任何单位都必须要有会计，不能不记账、不算账、不报账”②。记账、算账和报账，可以说是对“审核原始凭证→填制记账凭证→登记会计账簿→编制财务报表”这一会计程序的精炼概括。“会计在其漫长的历史发展中，始终必须做好的一项最基本的工作是记账、算账和报账。”③ 自20世纪80年代初以来，我国会计理论界正是在“记账、算账和报账”的基础上，把人们对会计职能的认识进一步拓展到了预测、计划、控制、分析、考核等方面。

这里，需要区分通常所称的会计核算方法体系与会计程序的含义。会计核算方法体系，除了包括会计程序中所概括的会计核算方法以外，还包括一些不存在先后次序的会计核算方法——它们往往隐含在会计程序之中。例如，设置账户、复式记账、成本计算等会计核算方法隐含在填制记账凭证、登记会计账簿的过程之中，它们是后者的应有之义；财产清查这个会计核算方法隐含在登记

---

① 《中华人民共和国会计法》第九条规定，各单位必须根据实际发生的经济业务事项进行会计核算，填制会计凭证，登记会计账簿，编制财务会计报告。任何单位不得以虚假的经济业务事项或者资料进行会计核算。

② 财政部会计司综合处：《建国后三次全国性会计工作会议回顾》，载《财务与会计》，1995（10），8～10页。

③ 杨纪琬：《会计工作在不断开拓中前进——庆祝中华人民共和国建国三十五周年》，载《会计研究》，1984（4），20～28页。

账簿的过程之中，它是会计工作的纠偏措施。上述概念可概括如图 9—4 所示，图中的基本理念是："确认＝入账""确认条件＝入账条件"。

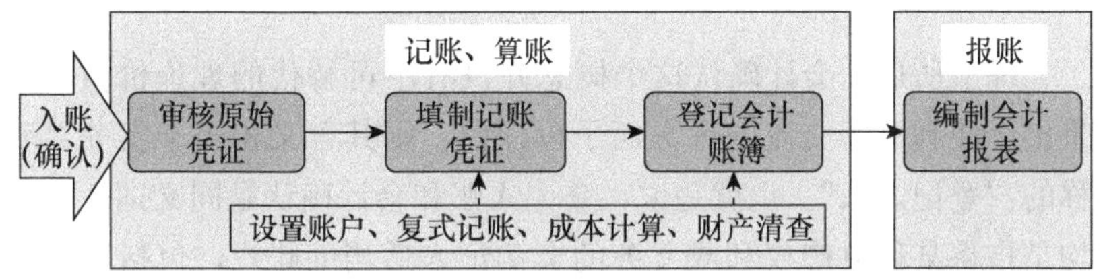

图 9—4　会计程序与会计核算方法等概念的关系

早在 20 年前，杨纪琬先生就明确反对过分推崇域外理论的做法，他说，"我看到有一两篇文章，从内容看好像有一种倾向，外国没有的我们有，我们错了，外国有的我们没有，我们也错了，横竖就是我们错了，这很值得思考"①。会计法规制定者清醒地认识到，"会计理论研究必须为实践服务。不着边际地从概念到概念，不能称之为理论研究；只会把国外的某些论述进行演绎，而不能结合中国的会计工作实践进行研究，也不是我们倡导的会计理论研究。正确的态度是，对外国会计理论、方法的研究成果，应当熟悉、了解，根据中国国情有选择地加以借鉴、吸收，真正做到融会贯通，为我所用"②。冯淑萍同志指出，我们会计学术界存在一些不容忽视的问题："跟风"现象严重，忽视研究框架的构建；只盯住热点问题，不注重研究基础的积累与理论的提升；重复研究严重，创新不足。③这些现象都值得学术界反思。实务中，会计人员即便不知晓"再确认""后续确认""终止确认"这些词汇，也不会影响其专业胜任能力，这也从侧面证明，会计法规没有引进这些词汇的必要。

---

①　夏冬林、马贤明：《中国会计改革之路——与杨纪琬教授就当前会计改革问题的谈话记录》，载《会计研究》，1993（4），22～27 页，33 页。

②　余秉坚：《五十年会计改革发展的成就与启示》，见项怀诚：《新中国会计 50 年》，65～96 页，北京，中国财政经济出版社，1999。

③　参见冯淑萍：《弘扬优良学风　认真研究中国会计问题》，载《会计研究》，2004（8），3～6 页。

第四节　结论和建议

综上所述，会计确认这个概念并没有不可替代的理论价值。如果出于便利国际交流的考虑而予以保留，则其含义相当于实务界所称的“登记入账”。也就是说，登记入账和会计确认是同义词，它们均是指将某种财产权利或义务的金额记入适当的账户，包括选择会计科目和进行会计计量（给出货币化的量化赋值）两个方面。确认条件也就是入账条件。会计计量则是会计确认的应有之义，它并不是与会计确认并列的会计程序。会计记录（recording）与登记入账含义相同，没有强调的必要，不应与登记入账（会计确认）并列。“确认与计量”的提法虽然不尽合理，但毕竟不会造成理论上的严重困扰，鉴于其含义等同于“会计核算”或“会计处理”，因此，出于国际趋同的需要，似无必要予以删除。但“会计确认、会计计量、会计记录和会计报告”的提法存在理论上的诸多偏颇，这就值得会计教育工作者细细考察了。

总之，“会计确认、会计计量、会计记录和会计报告”并列的提法不够合理，因此，不应将之概括为会计的基本程序。我国的《企业会计准则——基本准则》等会计法规并未采信那种说法。会计程序的恰当概括，应当是“审核原始凭证→填制记账凭证→登记会计账簿→编制财务报表”（如果有学者认为有必要给予进一步概括的话，不妨沿用“记账、算账、报账”的说法或者概括为“登记入账、列入报表”）。

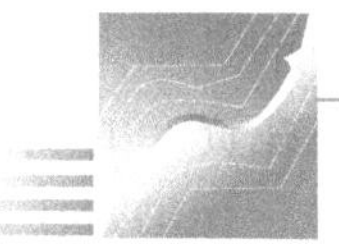

第十章　争论仍将继续，问题还在积累

域外会计规则及其理论体系存在严重的缺陷，但其规则制定者却为了自身的生存而屡屡成功抗拒社会各界的谴责。本章以鲜活的素材展示：公允价值会计自其在 20 世纪 90 年代问世之日起就面临严重争议，但证券行业、公共会计师行业却一意孤行。从储贷危机到次贷危机，域外规则一直在错误的理论基础上盘旋。20 多年来，域外理论没有取得一丝一毫的进展。

第一节　1990 年 9 月美国证监会主席布里登的演说①

财务报告的恰当角色：以市值为基础的会计

——理查德·C. 布里登在所罗门美邦第四届金融服务年会上的讲话（1990 年 9 月 14 日）

证监会最近关注的主要问题之一是如何对金

① Richard C. Breeden，1990：The Proper Role of Financial Reporting：Market Based Accounting [EB/OL]. www. sec. gov/news/speech/speecharchive/1990speech. shtml # chair. 2009-05-04.

融机构持有的金融工具进行估价。在现行的公认会计原则下，银行和储贷机构所使用的会计规则主要建立在历史成本的基础上。金融机构可以在账簿中采用摊余成本记录其资产，即便在资产的现行价值（current value）实质上已经严重缩水时也是如此。作为对比，基于市场行情的准则（market-based standard）能够更为精确地测度金融机构的健康程度。

在步入 20 世纪 90 年代的时候，我们应当认识到金融机构的会计准则的目标要有一个重大的转变。买卖金融工具是金融机构的常规业务，其价值都是根据现行市场状况来计量的。推动金融机构记录资产的现行价值（current value）而不是记录其初始成本(original cost)，应当是我们工作的方向。

现行的通用财务报告（general-purpose financial reporting）是以历史成本模式为基础的，几乎所有的行业都概莫能外。①

在大多数情况下，历史成本信息是可靠的，因为它是可验证的、对交易金额的记录。然而正如许多观察家所指出的，历史成本信息已经受到指责，在变动的经济环境中，它失去了相关性。80 年代的储贷机构和银行业深刻地体会到了这一点。俄亥俄州立大学的爱德华·J. 凯恩（Edward J. Kane）认为，金融机构所采用的历史成本会计低估了金融机构最好的投资组合决策，高估了最差的投资组合决策。由于不按照后续的市场行情调整账面价值（carrying value），历史成本会计就忽视了确凿的、通常易于观测的客观证据，这也许是它更糟糕的地方。

美国所经历的储贷机构的危机以及许多起特大型银行的失败案例都表明，金融机构所采用的以历史成本会计原则为前提的报告体系（reporting system）具有内在的、重大的危害因素。而以市场行

① 在历史成本模式下，大多数资产是按照其取得价格（acquisition price）计量的，这样的数字被认为是比较客观的。通常，仅仅在资产的未来利用价值（future utility）或者创收能力（revenue-producing ability）低于成本时，才允许偏离历史成本，其调整额计入当期损益。一个常见的例子是成本与市价孰低法（lower of cost or market，LOCOM）。参见财务会计准则委员会第 5 号概念公告第 67～69 段。

情为基础的信息（market-based information）却可以提示监管层和投资者对金融机构的真实经济价值（real economic value）和风险暴露做出更有意义的评估。监管层如果知道它们的投资头寸的现行市场价值，就可以在情况恶化以前采取恰当的监管措施。

一旦金融机构陷入破产危机，保险基金乃至纳税人的损失主要是按照资产和负债的市场价值来计算的，历史成本这时候就是无关信息。同理，保险系统的风险暴露也应当采用同样的计算基础。虽然一些流动性欠佳的资产（如 LDC 贷款和通知存款）的市场价值的计算难以像历史成本那样精确，但是，一个相关的良好估计要优于一个无关的精确测量。

有些银行业人士指责盯市会计（mark-to-market accounting）会导致经营业绩的异常波动等问题。但实际上，证券公司（broker-dealers）和投资公司早已经采用了基于市场行情的会计（market-based accounting），所罗门兄弟、美林等持有巨量证券头寸的公司每天都采用盯市会计，它们都没有出现上述问题。共同基金持有数以千亿美元计的证券投资的头寸，它们也采用了盯市会计。因此，很难想象商业银行和储贷机构采用这种报告方式会导致多么大的问题。

美国证监会认为，要将银行业和储贷机构的会计准则从以成本为基础的会计转换为以市场价值为基础的会计，是一项复杂的工程。我们意识到有关的研究才刚刚开始。但是我们坚信，这些努力的目标应当是尽快在财务报告中采用恰当的以市场为基础的估值措施。①

当前，银行和储贷机构对债券投资分作三类处理：对于交易性资产（trading assets），采用市场价格计量；对于投资性债券，采用

① 有若干个研究项目正在进行之中：财务会计准则委员会有一个关于金融工具会计的重大项目，包括采用以市场为基础的计量措施。财务会计准则委员会目前关注的是价值信息的披露（the disclosure of value information）。此外，国际会计准则委员会和加拿大特许会计师协会也已经启动一项类似的联合研究项目。这两个项目都包括考虑采用以价值为基础的会计与披露（value-based accounting and disclosure）。按照《金融机构改革、复兴和强化法》（FIRREA）第 1001 节的要求，美国财政部经过与联邦的银行机构等商议，拟对联邦存款保险系统进行研究，拟评估若干项议题，其中就包括探讨采用市场价值会计（market value accounting）的可行性。

成本计量（减去坏账准备）；对于既没有意图也没有能力持有至到期的债券，采用成本与市价孰低法计量。①

对于非交易性的债券，一般采用成本与市价孰低法：日本和德国采用成本与市价孰低法，加拿大主要采用成本计量，英国和法国等则是根据投资意图分别采用成本、市价、成本与市价孰低法。

根据现行的公认会计原则，以成本计量证券投资需要企业具有持有至到期的意图和能力。② 这种会计处理规则的原理是，如果这些债券是要持有至到期的，那么最后就可以收回其面值。由利率变动所导致的债券市场价值的临时波动不影响最后收回面值，几十年来的实际情况确实如此，因此，波动的债券市值就是无关的信息。然而，对于投资的价值、对于金融机构投资组合报酬率的真实价值而言，这种推理是无意义的。即便债券本金 29 年后能够收回，在这 29 年里我们依然关心金融机构的证券投资的价值是否有显著的下降，其实际净值（real net worth）是多少。

会计规则形成的年代与金融机构现在所处的经济环境有天壤之别。今天的金融机构主动管理其带息资产组合和带息负债组合，从而最大化其收益并且管理其利率风险。资产负债管理需要时常买卖证券，以匹配证券的到期时间。在这种情况下，如果再要求金融机构使用历史成本模式，显然是不合适的，因为那样会导致财务信息的相关性的弱化。

如果对证券投资采用历史成本会计，还会赋予金融机构“管理”其利得和损失的“能力”。一些储贷机构就是这么做的，它们仅仅出售那些市价高于成本的债券，而以成本列示那些市值下跌的债券组

---

① 其他主要国家多数对交易性账户采用市价计量，德国和日本一般采用成本与市价孰低法。

② 根据现行的会计规则，如果金融机构没有能力持有该金融工具至到期，则应确认市场损失。因此，《金融机构改革、复兴和强化法》要求储贷机构处置垃圾债券和风险投资的效果是迫使其确认投机性投资的价值持续下跌所导致的巨额市场损失。如果储贷机构的监管者上个十年间早就采用了以市场行情为基础的措施（marker-based measures）去评价储贷机构的资本需求（capital requirement），就可以更清楚地看出哪些机构没有意图和能力将这些债券投资持有至到期。

合。出售赚钱的头寸而保持亏损的头寸，这种做法被称作“利得交易”（gain trading）或“摘樱桃”（cherry picking），它会使得企业短期的盈利能力比较强劲，而未来的业绩却会大幅下跌。

80 年代末，《金融机构改革、复兴和强化法》颁布之前，联邦住宅贷款银行理事会（FHLBB）颁布了一项会计监管指南，试图限制利得交易。然而，该指南过于复杂且引起了较大争议，储蓄机构管理局（OTS）后来推迟实施这份指南，允许美国注册会计师协会详细论证银行业和储贷机构的会计原则并设计实施指南。

在过渡时期，证监会工作人员已经开始着手强化证券发行人向证监会备案的信息要求。在证监会备案的金融机构应考虑是否有必要提供投资组合的未实现利得和未实现损失的金额数字，必须陈述其对证券投资组合所采用的会计政策，必须提供关于未实现组合损失和组合销售对未来盈余的重大影响的分析结论。

如果证券发行人未遵循上述披露要求，证监会将会根据具体情形采取相应的强制措施。

美国证监会将会密切关注美国注册会计师协会和财务会计准则委员会有关银行业和储贷机构会计政策特别是有关证券组合评估的后续进展。实际上，就在昨天，证监会首席会计师就这一问题给美国注册会计师协会负责此项业务的委员会致信说：“我们都知道有人认为以市场为基础的估值（market-based valuation）将增大银行业和储贷机构的盈余数字的波动性，但是我们发现那种认识不具有说服力。金融机构的投资组合的任何表现都会导致波动性。会计准则不应当掩盖它们理应反映的事实。显然，财务报表不应忽视具有流动性的资本市场所提供的可靠的估计数字（reliable valuation）。”

由于很难根据意图和能力来划分投资组合的类别，特别是考虑到证券投资决策所处的高度活跃的市场环境，因此，必须认真考虑要求所有的证券投资都按照市场价值来列报。

目前为完善证券投资组合的会计处理规则所采取的措施应当与未来更广泛地采用盯市会计（mark-to-market accounting）的大方向保持一致。基于市场行情的会计益处甚多，值得我们更多地推广。

我相信，我们现在应该承认，基于市场行情的信息（market-based information）是最相关的财务数据。未来，可能只需要在非常有限的情形中使用历史成本。

美国证监会认识到，全面推广基于市场行情的会计需要谨慎而详尽的规划。证监会也知道反对的声音依然很强烈。特别要认识到，实施和持续执行市值会计的成本不应当超过预期的益处。考虑到市场价值信息的可靠性，还需要针对那些不具备市场流动性的资产和负债，进一步研究合理的和符合成本效益原则的估价技术。我们应当探索出将估计的主观性降低到可接受水平的新途径。一些管理有方的金融机构在经营决策中使用了估值技术，在企业合并中估值的用途更为广泛。我们既要充分认识到估值的意义和重要性，也要积极探索对它的改进方案。

储贷机构危机再次让我们认识到，对金融机构的有效监管依赖于合理的会计原则。金融机构的通用财务报告（general financial reporting）和监管报告（regulatory reporting）都应当遵循能够准确反映金融机构的财务状况和经营成果（results of operation）的会计准则。会计准则的目的是确保财务信息能够帮助决策者做出明智的判断。现行的会计准则并未要求公允的和准确的列报，没有达到它应该达到的目标。这一点往往会成为不当行为的遮羞布。有鉴于此，包括金融机构在内的所有的公众公司，都应当遵循同一套统一的会计原则。这套会计原则应当经过起草和审议程序，由一个独立的单设机构监督实施，以避免某些行业和监管者的干预。如果能够尽可能多地采用基于市场行情的估值技术，这套准则的价值将会更大。

我们应当从经历过的储贷危机中总结教训，加快建立披露准则。虽然可以采用会计技术让金融机构看起来好看一些，但是金融机构的实质并不会仅仅因为会计技术的改变而改善。改变会计准则并不会改变行业的实质。但我们至少可以借助改进了的会计准则看清楚金融行业的实际状况。因此，我们应当想方设法尽早知道金融机构所面临的偿付危机和金融风险，这是问题的关键。

理查德·C. 布里登　　　　艾伦·格林斯潘

第二节　1990 年 11 月美联储主席格林斯潘给美国证监会主席布里登的信[①]

格林斯潘给布里登的信（节选）

理查德先生：

联储注意到证监会最近开始倡导金融机构尽快转向市值会计。此外我们知悉，证监会正在敦促美国注册会计师协会和财务会计准则委员会要求银行业金融机构在 1991 年采用市场价值计量其证券投资组合和某些居民住房抵押贷款，未来将会全面推行市值会计。证监会指出，市值会计能够向投资者、监管者和财务报表的其他使用者提供更好的信息。联储认为，在考虑全面或部分地在银行业金融机构推行市值会计之前，首先需要解决一系列的重要问题。

---

① Greenspan: Letter to SEC Chairman Richard C. Breeden [EB/OL]. www.bob-mcteer-blog.com/? s=greenspan. 2009-01-22.

制定会计方法时，应着眼于测度企业目标或战略的成果，而不能为会计而会计。例如，对于从事当日交易（day trading）的机构来说，每日收盘价可以计量其企业目标的成功或失败，盯市的资产负债表显然是对它来说甚为恰当的会计程序。然而，商业银行的企业战略一般是运用其信贷经验将资产分散配置到特定的贷款人身上，并将此资产持有至到期。这种战略的成败，不能以贷款立即转让的价值来衡量。显然，在衡量交换价值时需要考虑交付期间的长短。但是，对于大多数银行贷款和表外承诺的价值来说，合适的估价是其初始取得代价减去预期其在到期日的表现。仅仅在其估价大大低于账面价值时，才能调整其账面价值。贷款损失准备所代表的正是这样的调整。

将贷款这样的资产盯住市价，以反映其在当时的清算价值——这听起来很有趣，但它根本不能用于衡量商业银行的运营是否成功。

平均而言，只有1/3的银行资产具有市场价格。对银行资产负债表中的部分资产（如全部的或部分的证券投资）而不是对全部资产负债表项目及表外项目应用公允价值会计，将会导致盈余和资本的波动，从而导致会计报表无法反映银行的真实状况。而且，如此报告的计量结果无法反映银行为降低利率敏感性的影响而采取的策略，如为匹配证券投资的到期时间和再定价时间而做出的筹资安排。

我要特别说明的是，银行业早已在财务报表和监管报告（Call Report）中披露证券投资的公允价值了，但相应的估值并不出现在利润表中。银行还必须在监管报告中披露证券组合的到期时间和再定价的频率。而且，为了改进财务报告，银行业在1988年发布了针对投机性证券的指南，要求在监管报告中对之采用市值信息进行报告。联储和相关银行业监管机构正在修订和扩展该指南，并拟详细审查银行业的证券实务。

推行市值会计还可能影响银行业持有的证券数量。一些金融机构将会减少其所持有的公开市场金融工具，这会产生降低银行业的流动性的问题，也与发展资本市场的重要目标相悖。

还需要指出的是，银行业监管规则在 1938 年以前是要求银行业采用市值会计对其证券投资组合进行会计处理的。联邦财政部和银行监管当局注意到市值会计对银行的财务业绩和投资决策具有负面影响，遂于 1938 年停止在监管报告中使用市值会计。虽然时过境迁，但这一事态至少说明，在大力推行市值会计之前，还是有必要全面评价其影响的。

若将市值会计用于全部的资产负债表项目或表外项目也存在很多潜在的问题。一个主要的问题是，银行资产、负债和表外承诺大多没有市场价格，而且缺乏估计这些项目的市场价格的准则。同时，资产对于持有者的价值往往显著区别于其清算价值，清算价值也往往因时间跨度长短不同而不同。除非有合理的估价准则，否则银行所报告的市场价值可能不存在可比性，很可能会出现高估资产、利润和资本的市场价值的情况。此外，审计师将缺乏评价市场价值估计额的依据。检察官也会面临同样的困境。

采用市值会计的成本和负担是相当可观的。其成本包括：收集和分析每一组资产、负债和表外承诺的现金流数据；估计金融工具适用的折现率；审计和监管审查中验证市场价值的估计额。要使成本和负担尽量小，对于小型金融机构来说尤其如此。

特别要指出的是，不采用市值会计，也同样能够有效地减少会计计量和经济计量对财务状况和业绩的计量差异。例如，在信贷问题所导致的经济价值下跌时，贷款损失准备能够反映利润和资本所受到的影响。

联储强烈建议全面研究市值会计的潜在问题并予以妥善解决，如此，方可谈论推广事宜。否则，它很可能会招致谴责。

艾伦·格林斯潘

1990 年 11 月 1 日

第三节 1992年3月联邦存款保险公司总裁泰勒给财务会计准则委员会主席贝瑞思福德的信①

泰勒给贝瑞思福德的信

贝瑞思福德先生：

我们知悉您所率领的委员会正在考虑要求金融机构以证券投资为起点开始采用市值会计（market value accounting）。这一问题受到高度关注，我们对此深表关切。

联邦存款保险公司对此有如下意见：

首先，存款性金融机构（depository institutions）的很多资产和负债是不便于“盯市”（mark to market）的。这类金融机构的职能很大程度上是为了维系借款与存款关系，这是证券交易所等证券市场所无法替代的。因此，如果非要让它们计算这种借款—存款关系以及相应的金融工具的市场价值，就会不可避免地需要借助于“猜测”，猜测市场（如果存在这样的定价机制的话）会如何对它们进行估价。

其次，仅仅对资产负债表中的部分项目采用市值会计将会扭曲存款性金融机构真实的财务状况。如果某些资产“盯市”，那么至少要对相应的负债项目也采用同样的规则。

您知道，1938年以前，银行业金融机构（banking organizations）对证券投资组合是采用市值会计规则的。1938年，美国财政部根据美国总统的指示召集银行监管当局的代表们召开了一系列会议，重新审议了既有的监管政策。会议认为，若继续使用市值会计，则将会对银行业履行信用中介职能造成不利影响。因为银行业将会被迫关注短期利率的波动，而不是关注借款人的还款能力。

① http://taxesandbudget-blog.ncpa.org/page/4/.

总之，我们认为在推广市值会计之前，还有必要做大量的研究论证。

威廉·泰勒

1992年3月2日

第四节　1992年3月美国财政部部长布莱迪给财务会计准则委员会主席贝瑞思福德的信[①]

布莱迪给贝瑞思福德的信

贝瑞思福德先生：

我们知悉财务会计准则委员会正在考虑要求包括银行业金融机构在内的所有公众公司都在财务报表中以市场价值记录其债券投资和股票投资，即使是以投资为目的而持有的证券也是如此。该方案可能会对银行授信和金融系统的稳定产生严重的、不可预料的影响。在此我们强烈要求财务会计准则委员会不要采用那样的规则。

目前尚不清楚以市值会计作为银行投资组合的会计计量基础是否妥当。如果资产价值的变化都列报为当期的收入或损失，那么，即使银行并无出售该资产的意图，市值会计也会导致利润和资本的大幅波动。这种波动与银行的经营业绩无关，因此，它会误导包括投资者在内的财务报表读者。

为避免这种人为的波动，银行业将会被迫寻求规避措施，这会造成显著的计量偏差和行为偏差。例如，银行业为平稳利润和资本的波动，可能会减持抵押贷款支持证券（mortgage-backed securities，MBS）和市政债券（municipal securities）。减持将会增强证券市场的下行预期，恶化市场流动性，从而导致抵押贷款和市

① http://www.bob-mcteer-blog.com/wp-content/plugins/uploads/MTM%20-%20Treasury%20letter%20to%20FASB%20March%2024%201992.pdf.

政债券规模的显著降低。

有人认为，市值会计能够降低证券投资的吸引力，从而能够刺激商业银行提供更多的商业贷款。我不同意那种看法。我的观察表明，在当前的经济衰退中，银行业的证券投资不是变得更少，而是变得更多了。虽然这往往被认为是贷款需求量下降的结果，然而监管当局所采用的过度严格的测试规则也是其中的重要原因，监管层的贷款减值测试规则是对过去的金融危机的过度反应。以下从几个具体的方面来阐释这一问题。

如果使用会计规则来惩罚进行证券投资的商业银行，可能会促使商业银行“捂住”其证券投资，而不是着力增加贷款投放量。它们为了匹配资产市值的下跌，会采用降低存款利息的办法去降低其负债额度。这样，社会资金将会流出银行系统。政府特别担心出现信贷紧缩（credit crunch）。我们认为，为了限制银行业的证券投资倾向，采用直接影响银行放贷行为的措施比采用会计规则的效果要好得多。更重要的是，市值会计更可能会导致更为频繁的信贷紧缩，因为资产市值的暂时性下跌会影响到资本充足率，这必然会导致银行授信能力急剧下降。

最后，财务会计准则委员会建议仅仅将市值会计应用于部分资产项目，这是不恰当的。这不能够反映银行业为了将利率敏感性减到最低所做的努力（例如银行可能会合理安排资金来源，以匹配证券投资组合的到期时间和再定价时间），这进而会加剧公众对金融不稳定的不安，即便在银行业态势良好时也会有这种负面效果。

您知道，市值信息的问题早在1991年《联邦存款保险公司促进法》（Federal Deposit Insurance Corporation Improvement Act）和1991年财务会计准则委员会的第107号准则（《金融工具公允价值的披露》）中均已论及。这些规则均要求银行在财务报表附注中补充披露市场价值估计额（market value estimate），但它们保持了以历史成本作为银行投资资产的首要计量方法的传统。

我们认为，在充分认识金融机构采用市值会计的潜在后果之前，披露的策略是最佳策略。将市场价值作为补充信息予以披露，而不

是在财务报表中列报，既能够向投资者等利益相关者提供足够的市值信息，也给政策制定者留下了足够的时间，以详细审查如此披露的优点和缺点。

我相信财务会计准则委员会在分析这一问题和提供解决方案时会考虑我们的关切。谢谢您重视这个重要的问题。

尼古拉斯·F. 布莱迪

1992年3月24日

尼古拉斯·F. 布莱迪

第五节 2002年2月美国证监会前首席会计师舒茨在参议院的证词[1]

沃尔特·P. 舒茨在参议院的证词（节选）

2002年2月26日

我认为，组建公众公司会计监督委员会（PCAOB）并不会解决根本性的问题（the underlying problem）。根本的问题是技术性的会计问题，问题的根源在于现行的财务报告规则，它们需要有深刻的、根本性的改革。除非我们改变这些规则，否则一切都不会改变。

现在企业对外报告的数字是由其管理层决定的，外部审计师对他

① Walter P. Schuetze, 2002: Accounting that adds up. *The CPA Journal*. New York. Apr. Vol. 72, Iss. 4. pp. 8-12.

们所做的估计没有钳制的能力。根据财务会计准则委员会的资产定义，商誉、递延所得税资产、资本化的借款费用等根本就没有市场价格的东西都被列作了资产。管理层所列报的负债数字也是如此。管理层自行决定各种预计负债的金额。这种制度安排导致的后果是盈余管理的日益猖獗。盈余管理就像灰尘一样无处不在。盈余管理是美国的灾害，在其他国家也同样存在这一问题，因为国际准则和美国的很相似。

如何防止管理层操控会计数字？我们应当要求公众公司按照现金销售价格列报其资产、按照现金清偿价格列报其负债。列报的价格必须由公司之外的人来签字证明。

唯一能够客观地反映公司的真实财务状况的措施就是采用盯市会计。

作为对比，财务会计准则委员会推出了一大堆繁冗的规则，导致财务报表无人能懂，而公司管理层却能够用之于赌博。只有那些能够记住财务会计准则委员会浩如烟海的规则文件的少数人才能看懂采用财务会计准则委员会的规则所形成的财务报表。无怪乎美国证监会主席皮特用“难以破译”（indecipherable）一词来形容会计准则。

而盯市会计是人人都能理解的。

我估计，全美约 16 000 家公众公司、7 000 家共同基金和 7 000 家证券公司每年的审计费合计约 120 亿美元，其中共同基金和证券公司承担的审计费约有 40 亿美元。如果实行完全的公允价值会计，可以大大地节约审计费用。

第六节　2009 年 3 月联邦存款保险公司前总裁艾萨克在众议院的证词①

威廉·M. 艾萨克在众议院的证词（节选）

2009 年 3 月 12 日

我使用“盯市会计”一词替代具有误导性的“公允价值会计”

① 参见美国联邦众议院听证会档案（www. house. gov/apps/list/hearing/financialsvcs_dem/isaac031209. pdf）。

一词，因为后者虽然名称冠以“公允”二字，但实际上很不公道。

我反对去年秋天通过的 7 000 亿美元的不良资产救助计划（Troubled Asset Relief Program，TARP），我不相信购买那些不良资产有什么用，我相信该计划的实施将会耗费纳税人的大量金钱。

我最关心的是立即停止实施盯市会计。我相信，如果美国证监会和财务会计准则委员会 9 个月前就暂停它，我们的金融体系和经济根本就不会陷入如今的危机。

20 世纪 80 年代的储贷危机期间，我担任联邦存款保险公司总裁。虽然我们从政府领导人和媒体上听到过当前危机的严重性，但当时美国金融机构的问题要比如今的情况严重得多。那时，基准利率超过 21%，1981—1982 年经济陷入严重衰退，失业率高达 11%。当时很多商业银行陷入严重的偿付危机，因为它们在高利率的环境下持有大量的长期固定利率的住房抵押贷款和债券。1980—1991 年，3 000 家银行业金融机构倒闭或被吞并。

具有讽刺意味的是，当时盯市会计对我有不小的吸引力，我觉得说不定它可以迫使商业银行主动匹配其资产和负债的到期时间。于是就安排联邦存款保险公司职员着手研究采用盯市会计的可行性。

最后我们拒绝了盯市会计，主要原因有三个。第一，盯市会计仅仅用于资产负债表上的部分资产项目（上市交易的证券），对于负债的公允价值如何计量，则是突破人类思维极限的问题。这显然会导致报表信息的误导性。例如，利率上升将会导致国债这种资产的市场价格下降，但却会导致浮动利率贷款这类资产的市场价格上升，还会导致固定利率负债（如固定利率储蓄存款和大额可转让存单）的市场价格下跌。如果信息系统捕捉一项价值变化而忽视另一项价值变化，那么它就是误导性的。而且，盯市会计根本就没有着眼于衡量企业业绩。第二，我们认为，盯市会计将会导致商业银行难以履行其基本职能。商业银行的基本职能是将存款人提供的相对短期的资金转换为企业和消费者所需的中长期资金。常态下，银行自然会有资产和负债方面的不匹配，这是监管当局应考虑的问题，而不应由会计准则来指手画脚。第三，我们认为，盯市会计具有顺周期的特性（这是银行业监管的大忌），若予以采用将会导致监管者难以处理未来的银行危机。

次级住房抵押贷款的规模达 12 000 亿美元（其中的大多数被证券化了），其中纳入联邦存款保险公司保险范围的银行业金融机构购买了 2 000 亿～3 000 亿美元，其余的流向了全球各地。

人们正在指责公司的贪婪、监管者的无能、货币政策的错误、证券公司的为非作歹、政府的放纵等因素，但我认为盯市会计才是危机的罪魁祸首。

公共会计师行业数十年来受高昂的诉讼成本的威胁，坚持要求银行尽快和尽可能地减记资产。这与银行业监管的原则是严重相悖的。当银行面临经济动荡和市场波动所造成的暂时性资产减值时，监管者应当给它们缓过来的机会。永久性的减值是需要确认的，但是没有理由把资产减记到清仓大处理的地步。监管者应当在合理的时间跨度内按照其经济价值来评价银行的资产。

如果我们在 20 世纪 80 年代的危机中采用如今的办法来处理危机，那么几乎所有大型银行都会国有化，银行将会倒闭更多。我相信经济将会从萧条转向衰退。

盯市会计的拥趸们对于暂停盯市会计规则颇有不满，他们认为那样会导致财务报表的透明度降低和企业价值的高估。恰恰相反，盯市会计才是不透明的，它严重地误导了社会公众。

如果暂停第 157 号准则，则银行管理层、审计师和监管者都有责任采用统一的会计规则评价所有的报表项目。他们应当考虑资产项目的现金流量，违约的可能性以及违约的可能损失。这种分析将会改进我们的估计和披露质量。

市场上提供的信息是十分恐怖的，因为没有人（包括会计师、监管者和评级机构）认真分析资产的真实的经济价值。相反，资产被随意地减记到了计算机屏幕上显示的价值，而这些价值是由卖空者那种投机之流所操控的。

我们能不能找到一种既能反映市场估价又不影响利润和资本的会计系统呢？我认为，历史成本会计模式作为公认会计原则的基石，

几十年来是胜任这一要求的。在历史成本会计下，证券投资（债券）在银行账面上是以摊余成本列报的，资产负债表附有披露证券投资组合的现行市场价值的表格。这使得投资者能够评价银行的资本和未来的盈利水平。第一，除永久性资产减值外，历史成本会计不会影响利润和资本。第二，它能够一视同仁地对待所有的资产和负债，能够准确和全面地反映银行的财务状况。作为对比，如今的会计准则是具有破坏性和误导性的。

会计准则实在太重要，万万不可留给会计界单独做决定。会计准则如今是一个叫做财务会计准则委员会的神秘的五人委员会制定的。美国证监会拥有否决权，但它从未行使过否决权（至少未曾公开否决过）。结果形成了如今如此不负责任的会计规则体系。会计规则的制定过程甚为繁琐和缓慢，无法应对迅速变化的市场和经济环境。更糟的是，美国证监会居然不负责任地企图把我们的命运交给更加不负责任（less accountable）、反应更加迟缓（more cumbersome）的国际会计准则理事会。

我注意到 H. R. 1349 将会授权一个五人委员会（由联储、证监会、FDIC、PCAOB、财政部）行使规则制定权，这是值得赞赏的，因为它包含了所有负责监管经济和金融系统的机构。这将会使我们更客观地制定会计准则，我们可以发挥那些负责维持强大的经济和金融系统的监管机构的经验。当然，美国证监会和财务会计准则委员会一定会说，不要把会计准则的制定工作政治化。

如果这样的委员会成立于美国证监会和财务会计准则委员会在 20 世纪 90 年代初炮制盯市会计规则之时，我们就不会走上这条破坏性的道路。当时联储主席、财政部部长和联邦存款保险公司董事会主席都写信给证监会，反对推出盯市会计。他们都提到了大萧条时期银行监管当局要求商业银行对证券投资组合采用盯市会计的经历。1938 年，财政部部长按照罗斯福总统的指示，与银行监管当局一起废止了盯市会计，以鼓励银行承担授信之职责，从而引导我们走出了大萧条。他们得出结论认为，盯市会计的顺周期性导致我们的国家在经济下行趋势上盘旋了 8 年之久。

如今，财务会计准则委员会和美国证监会俨然是超然独立于实体经济的超级机构。

威廉·M. 艾萨克

第七节 2009年3月美国证监会前主席布里登在参议院的证词[①]

理查德·C. 布里登在参议院的证词（节选）

2009年3月26日

虽然我在担任美国证监会主席时就很关注投资者保护这一问题，但是我可以向你们保证，没有什么能比持有十几亿美元的投资（布里登从美国证监会卸任后设立有基金公司）更让你关心这一问题。

20世纪30年代的法律都很好。《格拉斯-斯蒂格尔法案》(Glass-Steagall Act）是有益的，它有助于防止杠杆和冲突(leverage and conflicts）的问题。它后来被取消的原因是为了给组建

① Richard C. Breeden，2009：Statement of Richard C. Breeden（Former Chairman，U. S. Securities and Exchange Commission and Chairman，Breeden Capital Management）Before the Senate Committee on Banking，Housing and Urban Affairs. March 26，2009. 参见美国联邦参议院听证会档案（可从其官方网站 www. banking. senate. gov 数据库搜索得到全文）。

花旗集团提供法律依据。

缺乏领导力的不是司法机关（legal jurisdiction），而是执法机构（regulatory agencies）。对于美国国际集团（AIG）这样的公司的衍生金融工具和互换市场，缺乏有效的监管。监管机构拥有足够的权力，但是它们并没有发挥作用。不要再给这些不干活儿的机构更大的权力了。监管层光是写点规则，然后到处演讲，那对于履行监管职责是明显行不通的。找到问题之所在，才是解决问题的根本。

此次金融危机的原因包括：金融行业的逐利特征，过度的杠杆化，薪酬激励机制与长期业绩脱钩，误导性的、舞弊性的会计与披露，虚高的资产数额，对于银行内部风险模型的过度信赖，巴塞尔协议的风险调整的资本规则过于简单且效果较差。

我们对于会计与披露的准确性的要求日渐下降。美国证监会的执法力度与时代的要求很不相称，它关注鸡毛蒜皮的事情过多，而没有抓大的问题，即错误的、误导性的信息。美国证监会近年来的表现并不算好，麦道夫之流早该被抓住了，而美国证监会居然听之任之，最终导致此番惨剧，实在是难以想象。我们应当多关注个人投资者和机构投资者的声音，而不是去听那些肇事的银行高管的抱怨。

不要把美国证监会的会计、披露和强制执行等管理职能转授给美联储。强大的、有效的美国证监会对于投资者和经济的健康都很有益。

我认为，投资者保护的最重要的一点，就是及时和准确地披露有关公众公司业绩的重要信息。

好的披露包括对具有流动性的证券采用市场价格记录。那些批评盯市会计导致金融危机的人显然是错了。盯市会计不是金融危机的主因。我们需要的是准确的会计，而不是童话故事。经营业绩的透明度，是证券市场保持有效的基石，它是投资者准确评价一家公司的关键所在。

历史上，的确有某些州试图施加"善意"监管（"merit" regulation），官僚们甚至试图替富有经验的投资者做投资决策。我和同事们拒绝了他们的游说，坚持我们自己的较高的资本标准，因为我们不相信他们所建议的新资本标准对我们会有好处。市场时常会发生无人能够预测的流动性的问题。如果你有足够的资本，或者财务上比较保守，你就有可能生存下来，也不会有导致投资者、客户或纳税人承担巨额损失之虞。

……信用评级机构随意评出的AAA级，就像“笑气”一样导致投资者丧失了必要的警觉。没有哪个人或者哪个机构能够知晓所有的市场风险因素。因此，不要试图建立一个全能的金融监管机构。日本的财政部倒是全能的，但其问题仍然不少。

银行监管者未能有效监管美联银行（Wachovia）、华盛顿互助银行（WaMu）、花旗集团，保险监管者未能有效监管美国国际集团（AIG），证监会没有看住贝尔斯登、雷曼和美林。

在我担任美国证监会主席时，很多人（尤其是外国监管机构）忽悠我采信一个“全球的”资本规则，被我断然拒绝。我们不反对银行业监管机构采用它们认为妥当的所谓的准则，但我们绝不会采用我们认为不会有用的东西。与其采用一个无效的“全球”规则，还不如根本就别搞什么全球规则。这是因为，如果世界上的主要资本市场采用了所谓的“全球”规则，而该规则却是错误的，那么，受害的将不仅仅是一个国家的经济，而可能是全球的经济。

全球化协调能够为跨国经营提供便利，对于全球性的银行来说是有益的。但是这种便利也是有代价的，“万能的”全球规则可能很难适用于某个具体的市场，因为市场的流动性、市场规模、投资者的秉性等因素可能都不相同。采用比“全球”规则更严厉的本土规则的国家对银行的保护力度明显优于那些仅仅满足于采用“全球”规则的国家，比如西班牙就对衍生工具等某些条款持保留态度。

一般来说，长期投资对投资者是有益的，而卖空机制并不具备这样的益处。卖空机制具有提供流动性的优点，所以不必对之采取禁止的态度。但是，也不应对之采取推崇的态度。我建议对卖空强制要求提供100％的保证金。这是因为，杠杆化的空头必然导致市场上呈现巨大的下行压力，从而严重损害市场的稳定性。

信用违约互换（CDS）的市场份额很大，但是缺乏透明度。看来我们并没有足够的资本金提供给银行、保险公司、证券公司等主要的金融机构，当然也就没有足够的资本去为每一项市场风险作“保险”。如果风险是不可保险的，那么CDS又是什么东西呢？CDS市场上高杠杆化的赌博会刺激市场操纵行为。我们知道，保险法不允许我给邻居家的房产买财产保险，这是因为缺乏利害关系。然而，并没有买雷曼债券的对冲基金居然可以申购针对雷曼债券的CDS，如果雷曼倒台，对冲基金可就赚大发了。再加上它们又可以卖空雷曼的股票，这种机制的后果可想而知。

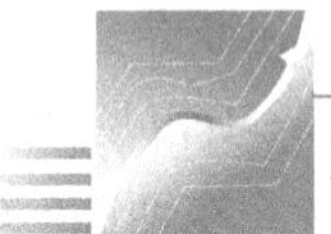

第十一章　论“根据法律事实记账”

世界文明史上先后诞生了两类会计规则：一是遵循民商经济法的、追求公共利益的会计制度；二是面向证券市场的、谋求私人利益的会计准则。我国2007年开始实施的企业会计准则本质上属于后者，它严重地削弱了税法、公司法的微观运行基础。会计报表上记载的利润总额不代表企业新增的确定性财产权利，从而具有“不可分享性”。本章检讨了企业会计立法中的理论偏差，我们认为，为贯彻税收公平原则和税收效率原则，会计法规必须遵循税收法规。民商法规定的财产权利计量规则和经济法（尤其是财税法）规定的企业收益分享规则，应当构成会计法规的主要内容。

第一节　会计法规背离税收法规：问题的引入

我国的企业会计准则体系引入了公允价值

(fair value) 理念，这被认为是中国商法的突破性改革。① 然而在理论上，其主要依据是美国证券市场的信息披露规则，与中国的法律制度差距甚大；在实践中，其可操作性是相当值得怀疑的，大量的操作规则建立在金融预期和估计的基础之上。会计法规与税收法规终于彻底分离了：会计准则主要面向私人利益，是以对证券投资具有决策“有用性”为价值追求的；而税收法规是面向公共利益，以公平和效率为基本原则的。② 实务工作者普遍反映会计准则极大地增加了纳税调整的工作量，会计规则的随意性也导致会计报表的虚假成分大增。为什么会计法规“敢于”背离税法？会计法规有无理由背离税法？本章拟采取史论结合的规范研究范式，尝试解开会计制度与税收法规的脱钩问题这一长期困扰研究者的理论谜团。

第二节　经济史中的会计制度变迁：法律遵从型会计规则的演进历程

会计学是唯一能够提供企业净利润数字的科学。传统上，人们之所以尊重会计工作，是因为会计能够按照法律规定提供具有证明力的资产和税后利润数据。依照法律规定指导会计工作的操作规则，就是惯常所称的“会计制度”。会计制度作为遵循民商经济法的会计规则，其特征是要求企业依照民商法记录企业的财产权利、债务和股东权益，依照经济法（主要是税法）界定企业的收入、费用和利润。故而，依据会计制度编报的账簿及报表在公法和私法层面均具有法律证明力。依会计制度所提供的“利润总额”，即为企业所得税法所承认的“应纳税所得额”；依会计制度所提供的“净利润”，即为公司法所承认的“税后利润”。这就为税务机关、法庭和贷款人等利害关系人

---

① 参见颜延：《会计改革的法律背景初探》，载《会计研究》，2006 (5)。

② 这种背离趋势事实上在1992年的会计改革时就已显现，不少文献还为此提出了“分离论”予以支持。

(stakeholders) 评价企业财务状况和经营成果提供了可靠证据。会计理论通常称此理念为“收入—费用观”① (revenue-expense view)。

会计制度的形成，是人类文明进程中民商法和经济法相互融合的结晶，是民族国家实行工商业统一管理和税收法定主义的产物。其构成要素有三项：其一，借贷记账法；其二，民商法关于财产权利的规则；其三，经济法关于企业利害关系人之间利益关系的规则。历史地考察，会计制度是在工商阶层兴起之后，宏观经济管理规则和微观经营管理规则和谐发展的生动体现。

一、商业革命与罗马法复兴是借贷记账法诞生的社会基础和法律基础

在罗马法复兴之前，商业的规模较小：商人的资金主要来自资本积累，而很难通过借贷筹资。因为自查理大帝公元 800 年接受教皇加冕承认教俗双重统治后，欧洲在思想上一直受教会的统治，借贷牟利乃为基督教教会法所不容。② 基督教的尼西亚公会议 (325 年) 严禁神职人员从事高利贷业务，在利奥一世时期该禁令扩大到所有教会成员，后来的《格拉提安教令集》(约 1140 年) 作为当时教规的标准教材所作的规定更为严厉。宗教之所以采取这种态度，是因为这不仅仅关系到中世纪的神学家们和史学家们的利益，还因为放贷牟利与道德制度乃至商业的需要严重不符。③ 因此，商人不容易通过借款的方式筹集资金。

---

① 该理念认为会计信息应有助于评价管理层的业绩，强调会计记录应当首要地妥善记录收入和费用，从而恰当地计算企业所实现的利润。因此，不妨更为直观地称该理念为“依法纳税观”或“依法记账观”。在该理念下，利润表比资产负债表更重要。

② 西欧中世纪法律的一个显著特点是二元化：基督教教会独立于国家政权之外，教会法与世俗法并存。教会法深深影响到世俗生活的各个领域，成为封建法律的重要组成部分。在基督教教义中有明确的规定：“你借给你弟兄的，或是钱财，或是粮食，无论什么可生利的物，都不可取利。借给外邦人可以取利，只是借给你弟兄不可取利”，见《申命记》第 23 章第 19～20 节；“我民中有贫穷人与你同住，你若借钱给他，不可如放债的向他取利”，见《出埃及记》第 22 章第 25 节，转引自乔恩：《货币史》，195～196 页，北京，商务印书馆，2002。

③ 参见乔恩：《货币史》，195 页，北京，商务印书馆，2002。

大约在1150年，西欧发生了一次贸易与商业的伟大复兴。这次复兴从很大程度上来讲，也就是工商阶层的形成。其中的一个重大问题，就是怎样调和教会对高利贷的态度与商人借贷的需求这样一对矛盾。罗马法复兴解决了这个难题。公元1135年在意大利北部发现《查士丁尼学说汇纂》原稿，由此揭开了罗马法复兴的序幕。罗马法作为“以私有制为基础的法律的最完备形式”①，受到城市新兴工商阶层的热烈欢迎，“因为在罗马法中，凡是中世纪后期的市民阶级还在不自觉的追求的东西，都已经有了现成的了”②。罗马法复兴之后，意大利商法（Law of Merchant，又称商人法）承认了高利贷的合理性，确认了商人的法律地位和财产权利，规定了制作和保存账簿的义务，强化了契约的执行保障。银行业务从此开始繁盛。应债权债务结算之需，借贷记账法大约在13世纪初期问世于意大利的银行业。③ 15世纪末经数学家卢卡·帕乔利（Luca Pacilio）进行科学总结以后，借贷记账法乃至会计学得以作为一门科学而跻身欧洲科学之林，进而随着商人的脚步传遍全球。在西班牙、法国、德国、荷兰，法学家们在完善企业法制的孜孜求索中对会计规则给予了充分的重视④，具有法律支持的会计制度呼之欲出。

二、民族国家对工商业和税收的统一管理进一步提升了会计的作用

工商阶层在成长过程中经受过文艺复兴、宗教改革和启蒙运动这三大思想解放运动的洗礼。结果是，教会所倡导的克己主义渐被抛弃，世俗的人生乐趣渐被承认，重商主义成为欧洲新兴民族国家

---

① 《马克思恩格斯全集》，中文1版，第20卷，113页，北京，人民出版社，1971。

② 《马克思恩格斯全集》，中文1版，第21卷，454页，北京，人民出版社，1965。

③ 意大利佛罗伦萨的银行账簿是有据可查的最早采用借贷记账法的会计资料，参见郭道扬：《会计史研究：历史·现时·未来》（第三卷），249页，北京，中国财政经济出版社，2008。

④ 例如，1522年西班牙法学家卡斯蒂罗的著作《论会计账户》关于法律和会计的研究具有深远影响，经西班牙国王查尔斯五世批准具有法律效力。

帕乔利像

帕乔利雕像

的政策基准，新教伦理所宣扬的新的价值理念成为商人们追求财富的信条。① 工商阶层不再倚重于行会制度来寻求发展，而是转向请求民族国家予以保护。1669 年，法国巴黎商人团体请求法国国王路易十四颁布统一的商业条例，之后，世界上第一部较为系统的商事立法《商事条例》于 1673 年在法国问世。

欧洲的民族国家以统一工商管理权为主要任务之一。② 在法国，腓力二世时期（1180—1223 年）为寻求城市居民的支持，颁布了 76 项支持城市自治和保护工商业经济的法律。腓力四世时期（1285—1314 年）进一步通过强有力的财政税收法律，削弱封建领主和教会的势力，壮大了中央的经济实力。腓力四世颁布法令强行对教会财产征收 20%的财产税，这结束了中世纪教会普遍免纳世俗税的历史，表明民族国家逐渐摆脱了教会所意图维护的世俗双重统治，在工商管理和税收方面开始掌握控制权。

一方面，工商阶层渴望由统一的民族国家作为其商业扩张的后盾，另一方面，王权也需要借助对工商业的管理获得战胜封建势力的保障。这两方面趋势的汇合，加速了民族国家夺取工商业控制权的过程，而税收的统一正是与此同时进行的重大变革。法国是统一工商管理和税收的典范。在路易十四执政时期（1643—1715 年），杰出的财政大臣、

① 参见周谷城：《世界通史》，491～537 页，石家庄，河北教育出版社，2002。
② 参见上书，563～571 页。

商人出身的著名晚期重商主义实践家科尔贝尔（Jean-Baptiste Colbert）推行重商主义政策，一举实现了国家对工商业和税收的统一管理。在统一工商管理方面，主要靠统一的商法来实现。路易十四时代颁布了最早的两个商事条例（即1673年的《商事条例》和1681年的《海事条例》），使得商法第一次在一个国家内得以统一，并对近代商法产生了很大影响，这两部法律一直得到传承并成为法国1807年《商法典》的立法基础。政府立法把产业的控制权力完全移于国家之手，还创立了警察制度，作为实行管理之辅助。在统一税收管理方面，主要靠税法和会计法来实现。科尔贝尔在税收管理改革中比较重视会计技术。1661—1664年，科尔贝尔为弥补好大喜功的路易十四所造成的巨额亏空，策动了税收制度的改革。他认识到“税收是一门拔最多的鹅毛而又使鹅叫声最小的艺术”，注意到会计制度对于税收的重要作用，于是接纳会计学家的思想而拟定了《簿记法》。《簿记法》是会计技术与民商法、经济法相互融合的典范，是世界上第一部会计法，对后世的经济立法产生了深远的影响。路易十四时代法国对工商业与税收的统一管理，是重商主义的重大胜利。会计从此与工商管理和税收管理统一起来，会计制度这一理论范畴就此形成。①

三、法律遵从型会计规则是规范社会经济秩序所必需的规则

在工商业主仅仅使用自有资金的时候，会计的作用只是为工商业主记录自身的财产数量；在借贷资金成为新的资金来源后，会计就增加了服务于债权债务计算的功能；在工商税收诞生以后，会计进一步具备了计算利润、分享利润的功能。会计逐渐形成了界定产权和分享收益的功能定位。由于产权界定功能是由民商法决定的，收益分享功能是由经济法决定的，所以，会计法规必然内在地由民

① 实际上，财政预算必须和会计制度结成一个“整齐而完备的制度”才能真正有效地运作。参见马寅初：《财政学与中国财政——理论与现实》，29页，78页，北京，商务印书馆，2001。

商法和经济法共同决定。① 这种遵循上位法的会计规则，就是会计制度。

会计制度的具体表现形式多种多样，这取决于一国的立法传统和自主文化传统。在经济法和民商法领域，法国和德国的会计立法比较有代表性。在法国，科尔贝尔所确立的将税收、商法和账户簿记紧密联系起来的商法传统一直延续到1807年拿破仑的法国《商法典》。法国商法对设置和保存账簿作了明确规定，《公司法》（是商法中的特别法）也对账簿、凭证和报表管理做出了规定。详细的会计规则由法国经济与财政部颁布的《会计总方案》（Plan Comptable General，PCG）予以规定。自1947年起，《会计总方案》即是法国会计管理的基准法规。法国的税法和会计法确认了税收法规和会计规则的一致关系。在德国，会计制度主要是指德国《商法典》第三编即“商业账簿”部分。德国《商法典》分五编，其中，用超过法典条款1/10的篇幅在其第三编“商业账簿”部分给出了规范会计行为的规则。该编汇总了补充适用于资合公司（股份有限公司、股份两合公司和有限责任公司）和合作社的规定，并区分一般企业、公司制企业、合作社、金融企业分别制定了会计规则。

无论一国的法律渊源采取何种形式，记录财产权利和企业利润的规则（即会计制度）是必不可少的。既然按照会计制度编报的利润数据自动为税法和公司法所认可，那么，为什么我国的新会计准则体系会导致企业纳税申报的调整工作量大幅增加呢？原因在于，我国目前实施的企业会计准则本身并不是前文所称的“会计制度”。新企业会计准则是借鉴国际准则和美国证券市场上的公认会计原则（GAAP）等国外主要资本市场惯用的信息披露规则制定而成的，其本身并不适合充任会计法规。

---

① 通常，确定产权和确认利润分享规则的法律均由国家最高立法机关以法律的形式予以规范。从而，会计规则是公法规则和私法规则的联结点。

第三节　证券市场的披露规则变迁：金融预期型会计规则的演进历程

证券市场的信息披露规则是由公共会计师行业（乃至证券行业）所主导的面向企业股权买卖的信息披露规则。其显著特点是在披露中包含了大量的金融预期因素，以下称之为“金融预期型会计规则”。

一、美国公共会计师行业夺取本国证券市场信息披露规则制定权

公共会计师行业是从代理记账业务发展起来的从事审计鉴证及咨询服务的独立职业。代理记账在文艺复兴时期的意大利就已经发展到了可观的规模，而真正形成一个法律认可的职业，则是 19 世纪 30 年代的事情。英国 1831 年的《破产法》（The Bankruptcy Act of 1831）授权会计师担任官方清算人（official assignees），这是历史上法律对公共会计师行业的首次正式认可。1854 年英国该行业的先驱们成立了英国第一个也是世界上第一个会计师行业组织——爱丁堡会计师协会（Society of Accountants in Edinburgh）。该行业试图为证券市场规定会计规则，1892 年，英国人迪克西出版的《审计学》是该行业的一份理论大纲，表明公共会计师行业开始将资本市场审计业务进行理论化和系统化。①

19 世纪末期，英国的一批公共会计师陆续奔赴美国开拓业务并发展自己的职业组织。1887 年美国公共会计师协会②（American

① 号称“独立会计师”的公共会计师行业早在 1600 年前后就已在证券市场中谋生存了。1720 年英国的《泡沫公司取缔法》对证券市场采取了长达 100 年的限制态度，这延缓了该行业的发展。待到 1802 年英国政府正式批准伦敦证券交易所营业，1825 年《泡沫公司取缔法》被废止，证券市场再度粉墨登场，会计师行业随之开始快速发展。

② 该协会于 1916 年改称公共会计师协会，1917 年又改称美国会计师协会，1936 年合并了 1921 年成立的美国注册公共会计师协会。1957 年改用现名“美国注册会计师协会”。为简化表达，以下本章将之统称为“美国注册会计师协会”。

Association of Public Accountants，AAPA）成立，成为公共会计师行业在美国发展的策源地。但受法律结构的限制（各州司法独立），该行业一直未能找到能够庇佑该行业的联邦法律或者政府机构。几经奔波，美国注册会计师协会终于以与纽约证券交易所合作为突破口，得到了美国证监会的支持，从而投奔了证券行业。[①] 1929 年证券市场崩盘引发了经济危机，临危受命的美国总统罗斯福实施新政，并立即着手整顿证券市场。缺乏统一的会计规则，被认定为股市崩盘的元凶之一。于是，1934 年的《证券交易法》决定成立专门机构实施证券监管。美国证监会依据该法享有证券市场信息披露规则之制定权。公共会计师行业见有机可乘，遂立即开展了猛烈的游说活动。结果相当令人满意：1938 年 4 月美国证监会在一份文件中决定，由美国注册会计师协会负责制定证券市场的会计规则。

美国注册会计师协会独享证券市场会计规则制定权达 37 年之久，其麾下先后有两个机构掌此大权。其一是 1936—1959 年的会计程序委员会（CAP），该机构共发布了 51 份会计研究公报（Accounting Research Bulletin）。其二是 1959—1973 年存续的会计原则委员会（APB），该机构发布了 31 份意见书。1973 年，美国注册会计师协会与五家证券市场从业组织[②]共同设立了财务会计基金会和财务会计准则委员会（FASB）：前者负责筹资，实际上是美国证券市场大佬们的俱乐部；后者负责“干活”，贯彻资本市场大亨们的意旨，其所发布的财务会计准则公告（Statement of Financial Accounting Standards）的号数多达第 168 号。虽然准则制定机构和准则名称在不断变换，但是万变不离其宗。这些准则从根本上来看都是由公共会计师行业牵头制定的，它是为证券行业所共同接受的。[③]

---

① 此前，该行业试图寻求州际商务委员会（Interstate Commerce Commission，ICC）、联邦贸易委员会（Federal Trade Commission）和联邦储备委员会（Federal Reserve Board）的支持，但未能如愿。

② 这五家机构分别是：证券行业协会、注册金融分析师协会、财务经理国际协会、管理会计师协会和美国会计学会。凡此种种，皆为证券行业的“利害关系人”。

③ 参见 Stephen A. Zeff，2005：The Evolution of U. S. GAAP：The Political Forces behind Professional Standards. *The CPA Journal*，January，pp. 18－27；February，pp. 18－29。

正是在这个意义上，以上所有历史文件，凡未被公告废止者皆被笼统地称作“公认会计原则”①。在美国证券市场上公开跨州发行证券的公司（即公众公司），都要按照美国证监会的要求，提交其遵循公认会计原则编制的财务会计报表。②

二、美国夺取国际证券市场信息披露规则制定权

涉足制定证券市场信息披露规则的不只是财务会计准则委员会，还有一个名为“国际会计准则委员会”的组织同样热衷于此。国际会计准则委员会其实只是澳大利亚、加拿大、英国、法国、德国、日本、墨西哥、荷兰和美国等国的 16 个会计师协会于 1973 年发起成立的一个行业联合会，类似于一个俱乐部，其总部设在英国伦敦。美国证监会一直对其持抵制态度，这使得该“国际”组织及其所颁布的“国际会计准则”在 1995 年之前并没有产生多大的影响力。直到 1995 年，证监会国际组织同意与国际会计准则委员会协作制定国际资本市场信息披露核心准则，国际会计准则才真正令世人瞩目。2000 年，证监会国际组织评估通过国际会计准则委员会的全部 40 项核心准则，并向全球各大证券交易所推荐使用。美国证监会及其资本市场感到了压力，于是不得不对国际会计准则持欢迎态度。安然事件等会计舞弊惊天大案引导美国社会发现了公认会计原则繁冗无用的真相，是美国资本市场信息披露规则积极“转型”的一个重要动因。2001 年，美国资本市场的主要参与机构依照特拉华州公司法成立了国际会计准则委员会基金会（IASC Foundation）③，控制了远在英国的国际会计准则委员会并将之更名为“国际会计准则理事会”。国际会计准则理事会制定的准则名为“国际财务报告准则”。

① 例如，1939 年会计程序委员会发布的第 1 号会计研究公报，被认为是第一份公认会计原则。

② 直到 2007 年，美国证监会才放弃其固守公认会计原则的做法，改为接纳依照国际准则编制的财务报表。其原因是，美国已于 2001 年控制了证监会国际组织所认可的国际准则的制定权。参见下文讨论。

③ 该机构现名为国际财务报告准则基金会（IFRS Foundation）。

国际会计准则理事会宣称，其目标是制定全球会计准则（global accounting standards），推动其应用以及国际趋同（convergence），从而为世界资本市场的参与者提供高质量的、具有透明度的、可比的信息。国际会计准则从此明确地贴上了“美国制造”的标签。所谓“全球会计准则”“资本市场的会计规则”，财务会计基金会乃执牛耳者。

三、美国将其金融预期型会计规则“理论化”并实施“理论输出”

公认会计原则的制定者炮制了一套所谓的“会计理论”，该“理论”认为，为了向证券投资者提供“可靠的、相关的”具有“决策有用性”的信息，企业就不应当按历史成本（historical cost）披露其资产、负债，而应当将其资产、负债的账面价值（carrying amount）调整为“公允价值”或者说“现行价值”（current value）予以披露①，这样投资者用资产的公允价值减去负债的公允价值就可以得到“净公允价值”（net fair value），净公允价值就是企业并购和股权买卖时讨价还价的参考数据。这就是金融预期型会计规则的“会计理论”所标榜的“公允价值理念”“资产负债观”（asset-liability view）。② 资产、负债的调整额根据“管理层意图”（management intention）计入利润或者计入股东权益。严格地说，这种“华尔街式”的“理论”根本就不是会计理论，而是把证券分析思路强加于会计而逐步炮制的魔鬼逻辑。③ 其阶段性的标志是1972年美国注册会计师协会抛出的“会计目标”论（即“决策有用观”）和

---

① 参见SEC，2003：Study Pursuant to Section 108 (d) of the Sarbanes-Oxley Act of 2002 on the Adoption by the United States Financial Reporting System of a Principle-Based Accounting System。

② 其核心理念是将资产、负债的列报金额调整为最新市价以便于股权买卖，不妨称之为“企业买卖观”。

③ 美国式会计理论从“依法纳税观”向“企业买卖观”的演变是在20世纪从40年代至90年代用半个世纪的时间逐渐完成的，是公共会计师行业向证券市场妥协的结果。参见周华：《会计规则的由来》，即将出版。

2002年财务会计准则委员会抛出的《财务会计概念公告第7号：在会计计量中采用现值》。如今，这套“理论”已经成为我国“会计理论”的主流，甚至成为“指导”我国企业会计立法的核心思想。①

第四节　金融预期型会计规则背离了税收的基本原则

金融预期型会计规则是面向企业股权买卖的信息披露规则，它从头到尾考虑金融预期，不仅资产和负债项目一律要盯住公允价值、记录资产的公允价值变动（即预期利润或预期损失，或称“浮动盈亏”），甚至还要对预期利润计算预期所得税费用。例如，我国《企业会计准则第22号——金融工具确认与计量》规定，企业买入上市公司股票时，可以根据企业管理层的意图，将其划分为“交易性金融资产”进行账务处理。在资产负债表上，该资产的账面价值要盯住其公允价值，并将公允价值变动损益计入利润表。假定买入时的代价是付出银行存款100万元，在资产负债表日（也就是结账和编制报表当天），股票的最新市价升值为900万元，则企业应将其交易性金融资产的账面金额调整到最新市价，故应增记交易性金融资产800万元，同时，增记公允价值变动收益800万元。② 于是，资产负债表中包含了预期资产800万元；利润表中包含了预期利润800万元（公允价值变动收益）。然后，根据《企业会计准则第18号——所得税》，企业还要对预期利润800万元按照预期适用税率计算预期所得税费用。若税率为25%，则本例中由于贯彻公允价值理念所记

① 最近20多年我国企业会计立法的理论主线是以美国财务会计准则委员会的会计概念框架为代表的金融预期型会计理论。1992年以前的企业会计法规体系，基本上属于遵从法律的会计规则；1992—2006年的会计立法，属于过渡阶段；2006年发布的企业会计准则体系属于金融预期型会计规则。

② 也就是说，在资产的现货市场买卖价格（即“公允价值”）升值时，企业要增记资产、增记利润。反之，在资产的现货市场买卖价格贬值时，企业要减记资产、减记利润。

载的预期资产（800 万元的交易性金融资产）、预期利润（800 万元的公允价值变动损益）、预期所得税费用（200 万元的“所得税费用——递延所得税费用”）① 和预期负债（200 万元的递延所得税负债）如表 11—1、表 11—2 所示。列在利润表中的预期净利润是 600 万元。

表 11—1　　资产负债表（简化格式）　　单位：万元

资产	金额	负债及股东权益	金额
流动资产：		流动负债：	
货币资金		交易性金融负债	
交易性金融资产	800	短期债务	
存货		非流动负债：	
各种短期债权		长期债务	
非流动资产：		预计负债	
可供出售金融资产		递延所得税负债	200
持有至到期投资		股东权益：	
长期股权投资		股本	
投资性房地产		资本公积	
固定资产		盈余公积	
无形资产		未分配利润	600
各种长期债权			
商誉			
递延所得税资产			
资产总计	800	负债及股东权益合计	800

表 11—2　　利润表（简化格式）　　单位：万元

项目	金额
一、营业收入	
减：营业成本	
营业税金及附加	

① 注意，在纳税申报时是不对浮动盈利征税的，税法不考虑浮动盈亏。

续前表

项目	金额
销售费用	
管理费用	
财务费用	
资产减值损失	
加：公允价值变动收益	800
投资收益	
二、营业利润	800
加：营业外收入	
减：营业外支出	
三、利润总额	800
减：所得税费用	200
四、净利润	600

这就是令人瞠目结舌的会计报表，报表上的资产、负债、股东权益和净利润全部包含了金融预期。[①] 表中的“资产”并非民商法意义上的“财产权利”，从而颠覆了财产权利的计量规则；表中的“利润总额”亦非财税法意义上的“应纳税所得额”，从而割裂了会计规则与税法的紧密关联。以上记载缺乏法律证据，资产负债观与税收原则及税法原则产生了全面的冲突。

第一，金融预期型会计规则违背税收公平原则。税收公平原则，被视为当代税收的首要原则，是指税收应当尽量使每个纳税人的税负与其负担能力相适应，并使纳税人之间的税收负担保持平衡。这一原则要求税收必须普遍征税和平等征税，以保证税收的横向公平和纵向公平。税法必须公平地对待纳税人，既不能对未实现盈利征税，也不能允许未实现亏损抵税。因此，税收公平原则就要求企业提供不包含预期的、具有法律证明力的纳税申报数据，即历史成本

① 金融预期堂而皇之地进入了《企业会计准则——基本准则》。该文件第二十条规定，“资产是指企业过去的交易或者事项形成的、由企业拥有或者控制的、预期会给企业带来经济利益的资源”；第二十三条规定，“负债是指企业过去的交易或者事项形成的、预期会导致经济利益流出企业的现时义务”。

数据。而只有法律遵从型的会计规则才能提供历史成本会计数据。在企业会计准则体系下，企业需要花费大量的时间用于纳税调整，其纳税成本被大大增加了。对国际准则的熟练程度直接影响到税收遵从成本，这表明会计准则造成了纳税人之间的不公平。

第二，金融预期型会计规则违背税收效率原则。税收效率原则，是指国家税收应当有助于资源的有效配置和经济机制的有效运行，尽可能地提高税务行政的效率。企业会计准则体系下会计报表（利润表）中的利润总额包含了大量的预期，因而它与所得税法所称的应纳税所得额之间有很大差异，不能直接用于纳税申报。税务机关在稽查时就需要进行大量的纳税调整，这对于税收征稽效率而言是个显著的负面影响因素。

如果税法允许根据公允价值数据征税，那么公允价值计量的随意性必然严重地违背税收法定原则。公允价值计量模式与税收和税法的公平原则和效率原则是截然对立的，企业所得税法根本不可能包容公允价值计量模式。无论会计如何处理，税务处理总是以历史成本为基准的。

第三，金融预期型会计规则并非稳定的、具有透明度的规则。财务会计准则委员会和国际会计准则理事会的主要成员来自特大型上市公司、知名证券公司（投资银行）、四大会计公司，我们能指望它们这些证券市场参与者为我国设计普遍适用的、稳定的会计法规吗？它们几乎每个星期都有修改稿问世，我们能指望它们为我国税法的实施提供持续、稳定的支持吗？事实上，国际会计准则是一套缺乏合理逻辑的金融分析规则。一方面，它要求使用现值等魔术化的金融估值技术进行公允价值计量①，另一方面，它采用“管理层意图”导向赋予管理层调节报表数据的自由度②，这二重因素导致了会计报表的随意化、假账的“合法化”。

① 现值的计算需要估计现金流量、时间和折现率，操作弹性较大。

② 例如，管理层可以根据其意图进行金融资产的分类处理，复核并调整折旧额和摊销额的算法。

我国企业会计立法之所以会出现这一系列令人匪夷所思的问题，原因在于，20多年来我国的学术研究积极引进美国资本市场上的金融预期型会计规则，以讹传讹地把这种具有明显私人利益导向的行业规则当作我国会计法规的理论依据，脱离了民商法、经济法和自主文化传统，最终导致会计准则体系与民商法、经济法产生分歧。①

既然企业会计准则体系中资产的计量规则违背了民商法，利润的计算违背了经济法，那么会计报表中的净利润数字究竟是为谁而计算的呢？答案出人意料：在金融预期型会计规则下，净利润数字几乎无人需要！——它具有不可分享性，税务机关不会需要；它不能代表盈利能力，信用评级机构也不需要；它没有实际意义，就连投资者也用不到它。其中的奥妙在于，金融预期型会计规则在最初设计的时候就公然否定了利润数字的“有用性”。根据国际会计准则所谓的“会计理论”，会计的“有用性”体现为有助于投资者进行投资决策。在资产负债观下，重要的是资产负债表，利润表数据并不重要，管理层可根据其意图确定所需要的利润数据。从而，在金融预期型会计规则下，净利润数据彻底变成一个没有具体用途的数字，对中小投资者具有较强的误导性。②

综上所述，国际会计准则的价值追求不是民商法和经济法所追求的公平、正义和效率，而是资本市场参与者的私人利益。③

---

① 长期股权投资的“权益法”核算规则是以讹传讹的典型。按照我国《企业会计准则第2号——长期股权投资》，在对被投资方具有共同控制或重大影响的情况下，投资方应按投资比例分享被投资方的股东权益增加额。例如，投资方如果持有被投资方30%的股权，对被投资方具有重大影响，则在权益法下，当被投资方实现会计利润500万元时，投资方应增记长期股权投资150万元、增记投资收益150万元。这个增记的投资收益，是典型的“黄粱美梦收益”（预期收益）——被投资方当时并未分配红利，你为什么要增记资产、增记利润呢？这个离奇的规则令实务工作者苦恼万分，却被教材和会计法规奉若神明。

② 鉴于“净利润”包含有大量预期因素，不少证券业人士戏称利润表主要是用来“骗散户”的。回顾我国2007年春季上市公司一季度报告公布后的证券市场行情，我们不能不感慨会计“净利润”的莫大欺骗性。

③ 诚如国际会计准则序言所称，其所关注的会计报表用户主要是股票投资者和债券投资者。

不是世界各国普遍接受的国际法，而仅仅代表资本市场参与者的利益，仅仅充任资本市场的信息披露规则。它披着会计规则的外衣，但本质上只是证券分析规则，因此，它无疑是依法治税的障碍。

第五节　作为法规的会计规则必须与税法保持统一性："利润法定原则"

一、遵循税法是保证会计法规"合法性"的必要条件

根据我国《税收征收管理法》的规定，纳税人、扣缴义务人按照有关法律、行政法规和国务院财政、税务主管部门的规定设置账簿，根据合法、有效凭证记账，进行核算。从事生产、经营的纳税人的财务、会计制度或者财务、会计处理办法和会计核算软件，应当报送税务机关备案，与财税法规抵触的，应当按照税收法规计算应纳税款。税法是所有企业都必须遵循的经济法律规范，依法纳税既是企业的权利也是企业的义务。税收公平原则和税收效率原则客观上要求企业遵循稳定合理的会计法规履行纳税义务，只有依税法计算的利润总额才能算作应纳税所得额。遵循税法的会计规则自动地生成公司法所认可的"税后利润"：应纳税所得额减去所得税而算出的净利润正是《公司法》所称的"税后利润"。上述关系体现了下位法遵循上位法的原则。而以国际会计准则为蓝本制定的会计准则，却是违背上位法的。既然比照国际会计准则算出的利润总额不能用于纳税，算出的净利润不能用于分享（纳税和分配），我国就必须另行制定符合税法的会计制度。

二、法律遵从型会计规则是唯一合法的会计规则

在法律遵从型会计规则下，企业会计记录的资产就是企业依据民商法所拥有的财产权利（如表11—3所示），即民事权利主体所拥

有的物权、债权、知识产权和部分的人身权。① 所谓利润，就是指企业在一定时期内所实现的确定性财产权利的净增加额。在此规则下，一方面，就财产权利的计量规则而言，其依据就是民商法和经济法，会计处理只需依法记录财产权利即可，收到的确定性财产权利就是收入，付出的确定性财产权利就是费用，确定性财产权利的净增加额即为利润总额。另一方面，就企业利润的可分享性而言，会计上计算的利润总额就是确定性财产权利的净增加额，在没有永久性差异的情况下，也就是税务上所承认的应纳税所得额，因此，税后利润便可以按照公司法的规定进入利润分配程序。

表 11—3　　法律遵从型会计规则下的会计报表具有法律证明力

资产	会计记录的主要法律依据	负债和股东权益	会计记录的主要法律依据
货币资金、存货	物权法、票据法、税法	流动负债	合同法、劳动法、税法
应收款项	合同法		
固定资产	物权法、税法	非流动负债	合同法
无形资产	知识产权法、土地管理法、税法	股东权益	公司法

三、倡导会计法规背离税收法规的“分离论”是错误的理论主张

自我国 1992 年的会计改革起，会计法规逐渐背离了税收法规，不少文献抛出了“分离论”来推波助澜，认为会计法规应当为投资者服务，而不应受税法的制约。实际上，“分离论”只是美国资本市场“会计理论”的翻版，具有较强的误导性。“分离论”是以会计目标和税收目标的不可协调性为假定条件的，但这一假定条件是不能成立的。从我国的税收制度、财务制度与会计制度的发展历史和现

① 本章称这种具有实质性法律支持的财产为“确定性财产权利”。

状来看，并不存在税务会计与财务会计分离的现实必要性。①

依法治税是依法治国的必然要求，体现在会计领域，就是本书所倡导的“根据法律事实记账”。

第六节 结论与政策建议

美国式“会计理论”的核心价值观就是将历史成本信息调整为公允价值，为企业买卖提供“净公允价值”。然而，如果说有必要面向证券市场专门制定信息披露规则，那么，该套规则的最佳方案或许就是完全的公允价值报表，而不是复合计量模式的报表。我们认为，在制定会计法规时，不应当将不同的信息需求同时强加在会计报表之上。会计报表要么提供法律证明力（历史成本信息），要么提供企业买卖的辅助信息（公允价值信息），这两个目标必须严格区分，不能指望在一张报表中满足诸多的不合理请求。会计的核心价值观是记录真实交易的成交代价，并通过配比来计算利润，只有遵循“根据法律事实记账”的基本原则才能保证会计记录具备法律上的证明力，除此以外的记录均不能被称为会计记录。国际会计准则语境下的“会计”，既不能提供具有法律证明力的财产权利数据，又不能提供可供分配的净利润数据，因而已不再是我们一贯所珍视的会计了。

因此，为构建稳定的财产权利计量规则和企业收益分享规则，按照“利润法定原则”另行制定企业会计制度，不仅是可行的，而且是必要的。根据法律事实记账，而不是根据金融预期记账，是会计保持其行业价值的底线。当然，在会计报表之外，银行业、保险业和证券监管机构可以要求行政管理相对人提供行业监管的专用报

① 参见黄菊波、杨小舟：《评财务会计与税务会计的分离问题》，载《会计研究》，1996（4）；周华：《会计制度与经济监管——中国企业会计制度改革的优化路径研究》，中国人民大学博士学位论文，2005。

告。如此立法，可最大限度地鼓励实体经济发展，而不唯发展证券市场、鼓励企业股权买卖。

本章权作抛砖引玉，我们期待与同仁一起建设体现本土价值观的企业会计法律体系。

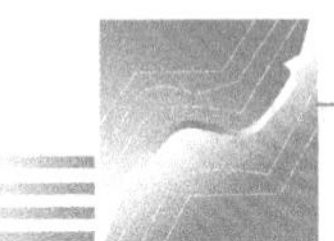

第十二章　贷款损失准备的监管规则："根据法律事实记账"理论主张的一个应用

银行业监管机构、税务机关和会计立法机构围绕贷款损失准备的监管规则一直存有争议，这导致实务操作陷入困惑。此种困局乃是我国经济立法"与国际接轨"的必然结果。美国金融市场上证券监管机构与银行业监管机构近20年的权力斗争导致沉疴不愈：一方面，会计规则定位失当，以致财务会计报告缺乏公益性和公信力；另一方面，银行业监管规则过分依附于会计规则，使得监管报告与财务会计报告不恰当地合二为一。这二重因素的叠加，导致银行拨备争论愈演愈烈。严格界定会计规则和金融监管规则并分别予以改进，是完善会计法规和改进银行监管的治本之策。本章的政策含义是，借鉴域外经验存有潜在风险，我国经济立法必须以体现本土价值观的、科学的会计理论和金融监管理论为立法理念，唯如此，方能真正对规范经济秩序有所助益。

"贷款损失准备"（loan loss reserves; loan loss allowance）自20世纪80年代始，以"呆账准备"之名见诸我国法规和学术刊物，此前的经济法规从未提及。计提贷款损失准备的效果是在报表中减记资产、减记利润，这意味着资产负债表和利润表的同步"瘦身"；而以后期间如果贷款的回收预期见好，又可增记资产、增记利润。这套规则为操纵报表数据提供了便利，令人匪夷所思，因此，围绕贷款损失准备的争论从未停歇。① 至今，我国金融法规、会计法规与税收法规围绕贷款损失准备的理念分歧未见弥合之迹象，三套规则并存的局面令商业银行的实务操作陷入困惑：金融法规借鉴美国银行业监管规则，倡导基于五级分类的贷款损失准备计算规则；会计法规借鉴国际会计准则，倡导基于预计未来现金流量现值这一金融分析理念的"已发生损失模型"（incurred loss model）；税收法规原则上不承认贷款损失准备，仅有非常有限的例外。② 面对这一困局，有无可能彻底解决金融法规、税收法规与会计法规三者之间的冲突？我们对此持乐观态度。本章运用原创的"根据法律事实记账"的理论主张厘定金融法规、税收法规与会计法规之间的关键分歧，

---

① 参见 D. Scott Docking, Mark Hirschey, Elaine Jones, 1997: Information and Contagion Effects of Bank Loan-Loss Reserve Announcements. *Journal of Financial Economics*, Volume 43, Issue 2, February, pp. 219-239; Myung-Sun Kim, William Kross, 1998: The Impact of the 1989 Change in Bank Capital Standards on Loan Loss Provisions and Loan Write-Offs. *Journal of Accounting and Economics*, Volume 25, Issue 1, 26 February, pp. 69 - 99; Larry D. Wall, Timothy W. Koch, 2000: Bank Loan-loss Accounting: A Review of Theoretical and Empirical Evidence. *Economic Review* (Federal Reserve Bank of Atlanta). Atlanta: Second Quarter 2000. Vol. 85, Iss. 2; pp. 1 - 19; George J. Benston, Larry D. Wall, 2005: How Should Banks Account for Loan Losses? *Journal of Accounting and Public Policy*, Volume 24, Issue 2, March-April 2005, pp. 81-100; Ana Rosa Fonseca, Francisco González, 2008: Cross-country Determinants of Bank Income Smoothing by Managing Loan-Loss Provisions. *Journal of Banking & Finance*, Volume 32, Issue 2, February, pp. 217-228。

② 参见《中国商业银行会计制度规范与信息披露及银行监管研究》课题组：《对我国商业银行呆账准备金提取及核销制度的若干思考》，载《金融研究》，2001（8）；孙天琦、杨岚：《有关银行贷款损失准备制度的调查报告——以我国五家上市银行为例的分析》，载《西部金融》，2005（6）；郗永春：《新会计准则对银行监管的挑战和思考》，载《金融会计》，2008（3）。

提出了彻底解决当前困局并完善我国经济法规的一揽子改进方案。

第一节 经济法规之间产生分歧：问题的引入

贷款损失准备最初以“呆账准备”之名引入我国，是在20世纪80年代。这一制度起始于1986年1月7日国务院发布的《银行管理暂行条例》第四十条，“专业银行应当建立呆账准备金，呆账准备金的额度由中国人民银行总行会商财政部制定”。这是我国借鉴域外经验首次针对贷款损失准备提出法律要求。此后会计管理、银行监管和税收管理的一系列文件陆续出台，但各监管部门所规定的规则之间龃龉频频，仅从名词的变化即可见一斑（见表12—1）。

表12—1　　苍云白狗——缺乏共识的专业词汇

	财政部会计司文件	财政部金融司文件	央行文件
1993年	贷款呆账准备根据规定按贷款余额的一定比例提取（财会字［1993］11号《金融企业会计制度》）	“各种准备金”计入成本，包括呆账准备金、投资风险准备金、保险未决赔款准备金和坏账准备金（财商［1993］11号《金融保险企业财务制度》）	/
2001年	银行应当计提一般准备、坏账准备、贷款损失准备（包括专项准备和特种准备两种）（财会［2001］49号《金融企业会计制度》）	建立统一的呆账准备制度，不再提取坏账准备和投资风险准备（财金［2001］127号《金融企业呆账准备提取及呆账核销管理办法》）	/
2002年	/	/	贷款损失准备包括一般准备、专项准备和特种准备（银发［2002］98号《银行贷款损失准备计提指引》）

续前表

	财政部会计司文件	财政部金融司文件	央行文件
2005 年	/	呆账准备，包括一般准备和相关资产减值准备。资产减值准备，包括贷款损失准备、坏账准备和长期投资减值准备。贷款损失准备包括专项准备和特种准备两种 (财金［2005］49 号《金融企业呆账准备提取管理办法》)	/

一、现行会计法规主张采用现值算法计算"已发生损失"

我国《企业会计准则第 22 号——金融工具确认与计量》规定了原则性的要求，在资产负债表日（即结账日），若有客观证据表明贷款发生减值，则应将该贷款的账面价值减记至预计未来现金流量（不包括尚未发生的未来信用损失）现值，减记的金额确认为资产减值损失。实际操作规则分为两种：对单项金额重大的贷款应当单独进行减值测试，遵照上述规定处理；对单项金额非重大的金融资产，可以单独进行减值测试，也可以包括在具有类似信用风险特征的金融资产组合中进行减值测试。单独测试未发生减值的金融资产，应当包括在具有类似信用风险特征的金融资产组合中再进行减值测试。以后期间，如有客观证据表明该金融资产价值已恢复，且客观上与确认该损失后发生的事项有关（如债务人的信用评级已提高等），原确认的减值损失应当予以转回，计入当期损益。这套规则就是前文所称的"已发生损失模型"①，它与金融法规的显著区别有两点。第一，它不允许记录"尚未发生的信用损失"，这是最显著的区别。第二，它推崇的是"现值"算法，在理论上存在明显的逻辑缺陷。"现

① 此概念具有很强的误导性。虽然美其名曰"已发生损失模型"，但据此计算的"损失"仍然只是估计的损失而非实际损失。所谓"已发生损失"，只是具有"客观证据"的、估计可能发生的损失。

值”本身是金融分析术语，乃是为了估计当前的公允价值而引入的计算规则，其逻辑问题在于：既然连现在价值几何都不知道，又如何可靠地估计未来现金流量、折现率和折现期间呢？这一逻辑缺陷否认了现值算法的合理性。实践情况表明，现值算法的主观性的确造成了金融监管的困难性。① 现行会计法规是借鉴《国际会计准则第 39 号：金融工具确认与计量》制定而成的，而后者则是照搬美国证券市场上的公认会计原则（GAAP）汇纂而成的②，因此，现行会计立法缺陷的根源在美国。

二、金融法规更为强调“五级分类”和“预期损失”

自 1997 年起，我国央行和银监会先后致力于推行贷款五级分类规则十余年，要求银行把贷款区分为正常、关注、次级、可疑、损失共五类。但央行课题组的调研表明，五级分类缺乏实践基础，操作弹性较大，过度依赖于主观判断，实务中甚至出现了年终围坐在一起研究确定不良贷款数字、根据领导确定的数字做材料的怪现象。③ 面对商业银行普遍反映的操作困难的问题，有些研究者简单地将其归因于“商业银行会计人员素质普遍不高”。而实际上，五级分类本身就依赖于主观判断，问题出在制度本身。④

---

① 参见中国银行业监督管理委员会财会部、国家开发银行财会局联合课题组：《实施〈企业会计准则〉后银行贷款减值准备计提实务与监管》，见中国金融会计学会：《新企业会计准则下的金融会计理论与实务》，261～293 页，北京，中国经济出版社，2010。

② 第 39 号国际会计准则实质上是美国证券市场上的第 115 号、第 130 号财务会计准则的改编版。

③ 参见孙天琦、杨岚：《有关银行贷款损失准备制度的调查报告——以我国五家上市银行为例的分析》，载《西部金融》，2005（6）；《中国商业银行会计制度规范与信息披露及银行监管研究》课题组：《对我国商业银行呆账准备金提取及核销制度的若干思考》，载《金融研究》，2001（8）；司振强：《新会计准则下的贷款减值准备监管问题研究》，载《金融会计》，2008（4）。

④ 五级分类是美国银行业监管机构设计的规则，其动机是防范商业银行过于自由裁定的风险，尽量限制某些主观判断。十国集团以外的许多国家根据不同复杂度，采用了不同的贷款分类系统（如分为 3～9 级）。迄今，关于贷款分类仍各行其是，难有定论。参见邹平座、张华忠：《贷款风险分类的国际比较》，载《中国金融》，2007（4）。

金融法规不仅关注会计法规所称的"已发生损失"，还关注"预期损失"。银行监管当局要求银行不仅要对已经发生的损失计提专项准备，还要对可能发生的损失计提一般准备。中国人民银行 2002 年发布的《银行贷款损失准备计提指引》第二条规定，"银行应当按照谨慎会计原则，合理估计贷款可能发生的损失，及时计提贷款损失准备。贷款损失准备包括一般准备、专项准备和特种准备。一般准备是根据全部贷款余额的一定比例计提的、用于弥补尚未识别的可能性损失的准备；专项准备是指根据《贷款风险分类指导原则》，对贷款进行风险分类后，按每笔贷款损失的程度计提的用于弥补专项损失的准备。特种准备指针对某一国家、地区、行业或某一类贷款风险计提的准备"。其中所称的"一般准备"与巴塞尔银行监管委员会的一贯立场一致，但却与会计法规中强调"客观证据"的立场存在差异。① 巴塞尔银行监管委员会认为，贷款减值准备应反映银行预期的信贷损失，而资本应反映可能发生的非预期的损失。它所推出的资本监管规则也一再鼓励银行多计算贷款损失准备。国际会计准则强调在计算贷款损失准备时要有"客观证据"表明贷款损失已经发生，这与银行业监管政策的审慎性和前瞻性要求在一定程度上是矛盾的。②

三、税收法规对贷款损失准备持保留态度

基于"依法治税"理念，税法要求税前扣除项目必须具备法律证据而不承认主观确定的"资产减值损失"，这是税收公平原则和税收效率原则的内在要求。我国税收法规曾长期与会计法规保持一致，但自 1992 年起会计法规却试图"国际化"，理论界甚至提出了"会计制度与税收法规分离"的口号（即"分离论"），导致两者差异渐

---

① 国际财务报告准则只确认截止到资产负债表日的减值，《国际会计准则第 39 号：金融工具确认与计量》特别说明，未来事件可能造成的损失，不论发生可能性之高低，均不应予以确认。而新巴塞尔协议考虑了在未来 12 个月中可能发生的所有减值。

② 参见李伟：《国际会计准则与中国银行业的发展》，载《金融会计》，2005（11）。

次扩大。在这一过程中，税收法规对贷款损失的态度经历了从“姑息容忍”到“始乱终弃”再到“有限容忍”的转变（见表12—2）。针对1993年发布的《金融企业会计制度》《金融保险企业财务制度》所规定的“呆账准备”，国家税务总局1999年发布的《国家税务总局关于加强金融保险企业呆账坏账损失税前扣除管理问题的通知》采取的是容忍的态度。2002年，国家税务总局收紧税前扣除口径，《金融企业呆账损失税前扣除管理办法》只允许按1%的标准扣除呆账损失。2006年，企业会计准则体系对贷款损失准备的计提方法做出重大调整，推出了前述的以现值算法为基本理念的“已发生损失模型”。而2007年通过的《中华人民共和国企业所得税法》不再允许扣除包括贷款损失准备在内的任何形式的资产减值损失，这是自1992年以来税收法规首次明确否认估计损失的税前可扣除性。① 此举引起了商业银行业的热议。② 经过多方沟通，财政部、国家税务总局2009年4月30日发布的《关于金融企业贷款损失准备金企业所得税税前扣除有关问题的通知》再度允许按1%的标准扣除呆账损失，该通知自2008年1月1日起至2010年12月31日止执行。可见，税收法规对待会计法规、金融法规所规定的贷款损失准备的态度相当矛盾，在理论论证不足的情况下，过渡性的规定体现了税务部门务实的态度。

表12—2　　欲理还乱——税收法规面对贷款损失准备的矛盾态度

时间	税收法规	法规标题	法规概要
1997年12月	国税发［1997］190号	《企业财产损失税前扣除管理办法》	坏账损失经税务机关审查批准后准予税前扣除。金融保险企业不执行本办法

① 一些研究者错误地以为，税法就应当按照会计的思路进行修订，从而确保会计能够反映企业的经济实质。他们没有认识到，税法以税收公平和税收效率为原则，依法治税是税法的根本要求，缺乏法律证据支持的记账行为根本不应得到税法的认可。

② 2008年3月，全国政协委员、招商银行行长马蔚华提出议案，建议适当提高金融业呆账准备金税前扣除标准，允许金融企业按照风险资产2%提取呆账准备金并在企业所得税前扣除。该提案经媒体报道后在业界引起了广泛的关注。

续前表

时间	税收法规	法规标题	法规概要
1999 年 11 月	国税发［1999］213 号	《国家税务总局关于加强金融保险企业呆账坏账损失税前扣除管理问题的通知》	呆账损失和坏账损失，应按实际发生额据实扣除，报经税务机关批准也可以采取提取准备金的办法；提取比例按有关税收法规规定进行，税收法规没有规定的，不得高于国家统一的财务制度规定的比例，并实行差额提取
2002 年 9 月	国家税务总局令［2002］4 号	《金融企业呆账损失税前扣除管理办法》	可以提取呆账准备。允许税前扣除的呆账准备＝本年末允许提取呆账准备的资产余额×1%－上年末已在税前扣除的呆账准备余额
2007 年 3 月	中华人民共和国主席令第 63 号	《中华人民共和国企业所得税法》	不允许扣除任何形式的资产减值损失
2009 年 4 月	财税［2009］64 号	《关于金融企业贷款损失准备金企业所得税税前扣除有关问题的通知》	准予当年税前扣除的贷款损失准备＝本年末准予提取贷款损失准备的贷款资产余额×1%－截至上年末已在税前扣除的贷款损失准备余额

总之，从商业银行经营管理的角度来说，政出多门导致法律遵从成本加大而益处甚微；从金融监管的角度来看，主观性过强的会计与金融法规也加大了银行业资产及利润数字的主观性，不利于金融稳定。大量的主观判断也给监管部门评价商业银行收益或损失的真实性带来一定困难。面对这一困局，众多文献提出了很多很好的改进建议，但经济法规之间的冲突仍然久拖未决。① 有鉴于此，我们另辟蹊径，基于经济学和法学的交叉学科研究路径，全面反思会

① 参见谷裕：《对改进我国呆账准备金制度的思考》，载《金融研究》，1999 (1)；刘玉廷：《关于金融企业会计改革的几个问题》，载《会计研究》，2001 (6)；丁友刚、岳晓迪：《贷款拨备、会计透明与银行稳健》，载《会计研究》，2009 (3)。

计法规和经济法规的立法理念，从而得以厘清问题的根源。我们发现，经济法规之间的上述冲突，是借鉴美国“经验”的结果。

第二节　经济监管借鉴域外经验：舶来的困局

一、我国会计法规借鉴美国证券市场上的“公认会计原则”

1985 年 1 月 21 日通过的《中华人民共和国会计法》规定，“国务院财政部门管理全国的会计工作”，“国家统一的会计制度，由国务院财政部门根据本法制定”。这时，会计理论界所提供的理论导向是借鉴域外会计规则。① 1985 年颁布的《中外合资经营企业会计制度》正是以公认会计原则为样板、“遵从国际惯例”制定而成的。该制度解决了引进外资中的会计难题，是新中国第一部参照国际惯例设计的全新会计制度。② 1991 年发布的《会计改革纲要（试行）》提出，会计核算制度改革的目标是“制定全国统一的会计准则”。1992 年发布了《企业会计准则》，这份借鉴域外经验制定而成的部门规章起到了指导会计立法的作用，其理念体现于 1993 年颁布的 13 个全国性、分行业的会计制度及相关财务制度。1995 年发布的《会计改革与发展纲要》提出，“要按照社会主义市场经济对企业会计核算的要求，由财政部统一组织制定适合中国国情、与国际会计惯例接轨、具有法规约束力的企业会计准则”。于是，自 1997 年至 2001 年，财政部陆续发布了《关联方关系及其交易的披露》等 16 份具体准则。2006 年，财政部发布新的企业会计准则体系，实现了与国际会计准则的“实质性趋同”，其中，《企业会计准则第 22 号——金融工具确认与计量》引入了前文所述的“已发生损失模型”，该文件是借鉴《国

---

① 20 世纪 80 年代，理论界和立法机关恢复了对美国证券市场上的公认会计原则的引进和探讨。

② 参见刘玉廷：《中国会计改革开放三十年回顾与展望（上）——我的经历、体会与认识》，载《商业会计》，2009（2）。

际会计准则第 39 号：金融工具确认与计量》制定而成的，两者的规则几乎完全相同。而国际准则所规定的“已发生损失模型”又是从美国证券市场上的公认会计原则照搬而来的。①

二、我国金融法规借鉴美国的银行业监管规则

《中华人民共和国银行管理暂行条例》颁布以后，财政部据此于 1988 年规定，按照贷款本息违约期限将贷款分为正常、逾期（贷款本息拖欠超过 180 天）、呆滞（利息拖欠逾期三年）、呆账（贷款人走死逃亡或经国务院批准的）四类，这就是“一逾两呆”标准，一直沿用至 1997 年央行推行五级分类时才被取代。央行制定的部门规章和规范性文件长期沿用该规则，如 1996 年 8 月发布的《贷款通则》基本上重申了这一标准。事情到 1997 年有了转变。东南亚金融危机期间，中国人民银行与巴塞尔委员会于 1997 年 10 月在北京共同举办“信贷资产分类和呆账准备金制度国际研讨会”，决定引进贷款五级分类制度，与国际接轨。1997 年 11 月召开的全国金融工作会议也提出了推行五级分类的要求。

1997 年 12 月，《中共中央国务院关于深化金融改革，整顿金融秩序，防范金融风险的通知》提出，“要参照国际惯例，结合我国实际情况，完善现行信贷资产质量分类和考核办法”。中国人民银行遂于 1998 年 5 月在广东进行“清分”（清理银行资产，为贷款分类）试点，并于 1999 年 7 月发布《关于全面推行贷款五级分类工作的通知》及《贷款风险分类指导原则（试行）》，实际执行仍沿用“一逾两呆”标准，五级分类仅用于统计分析。然而，贷款五级分类制度的推行遇到很大困难，2000 年 9 月中国人民银行发布的《不良贷款认定暂行办法》更是回到了推行之前的状态，该办法重申的是“一

---

① 国际准则所借鉴的公认会计原则，主要是《财务会计准则公告第 115 号：特定债权和权益性证券的会计处理》、《财务会计准则公告第 114 号：债权人对贷款减值的会计处理》和《财务会计准则公告第 133 号：衍生工具和套期活动的会计处理》。其中，已发生损失模型见于第 114 号准则。

逾两呆”的贷款分类标准。

在这进退两难之际，证券监管部门介入。2000 年 11 月，中国证监会发布《公开发行证券公司信息披露编报规则第 7 号——商业银行年度报告内容与格式特别规定》，要求上市商业银行年度报告按国际准则编制补充财务报告，并请国际会计公司审计；要求上市银行披露最近三年年末贷款的五级分类情况、各级贷款呆账准备金计提比例、呆账核销政策和程序。中国民生银行成为采用贷款五级分类的首家银行。但境内外贷款损失准备的计提标准存在较大差异，使得境内外审计结果差异巨大，令商业银行和监管部门吃惊。有关部门迅速对此做出反应：财政部迅速修订了《金融企业会计制度》，要求商业银行足额提取贷款损失准备；中国人民银行在 2002 年出台了《银行贷款损失准备计提指引》。

2001 年 4 月，在四大国有商业银行中，中国银行率先在年报中披露五级分类法下的不良贷款率为 28.78%。市场未见不利反应，中国人民银行信心倍增，遂于同年 12 月再次发布《关于全面推行贷款质量五级分类管理的通知》。2003 年中国银监会成立，第一个大动作就是发布《关于推进和完善贷款风险分类工作的通知》，全面推行五级分类。① 贷款五级分类从此成为银行业监管机构大力推行的监管规则。

三、世界银行技术援助项目的推动作用

在会计法规和金融法规谋求与国际接轨的过程中，世界银行技术援助项目的助推作用颇为关键。1992 年，中国人民银行和财政部申请获得世界银行对中国“财政金融技术援助项目”（Financial Sector Technical Assistance Project，P003623），立项文件覆盖金融法规、会计法规、政府债券市场、支付结算体系等领域，要求中国人民银行引进贷款分类标准等审慎监管规则并协助财政部参照国际会计准则制定中国的会计准则，世界银行派遣专家提供帮助。其中，

---

① 参见凌华薇：《贷款分类改革十年曲折》，载《财经》，2003（15），86～90 页；邹平座、张华忠：《贷款风险分类的国际比较》，载《中国金融》，2007（4）。

中国人民银行应在1998年6月30日前采用世界银行认可的资产分类标准对四大专业银行的资产进行全面审查。该项目于2002年9月30日结项，世界银行的项目评价报告认为，该项目"对中国的财政金融改革发挥了影响，推广了审慎监管理念和国际惯例"。

在会计法规方面，世界银行及其推荐的咨询公司（德勤会计师事务所）向我国财政部提供技术援助，引导中国从自主研究并制定会计法规（research/writing approach）转向直接采用国际会计准则（adopt-IAS approach），协助财政部制定了与国际接轨的会计准则。中国的会计制度（accounting system）从以苏联模式为基础、以税收为中心，转为与国际接轨、引入国际会计准则。[①] 在金融法规方面，世界银行及其推荐的咨询公司（普华会计师事务所）向中国人民银行提供技术援助，协助央行制定了四部银行法，推行了贷款损失准备、CAMELS评级体系等与巴塞尔协议一致的审慎监管规则。贷款损失准备从按照期末贷款余额1%的比例计算，转变为根据五级分类（five category asset classification system）计算。[②]

综上所述，我国经济法规围绕贷款损失准备所出现的困顿，是世界银行"技术援助"的结果。这一结果与立法机构借鉴域外先进经验的良好意愿背道而驰。

第三节 美国金融监管中的权力斗争：困局之本源

为什么引进的金融法规和会计法规之间存有冲突？原因在于，

---

① 参见世界银行项目评价报告；孙一曲、冷智宏：《"会计风暴"即将来临》，载《经济日报》，1993-04-28。《经济参考报》1993年2月8日新闻稿《世行资助中国"账房"打"国际牌"》报道，"世界银行近日提供了总额为300万美元的赠款和贷款，以资助中国实现改革会计制度与国际会计惯例靠拢的计划……2月5日，财政部与国际著名的德勤会计公司在北京签订了会计准则咨询项目合同，根据该合同，德勤会计公司将在以后三年里充当中国制定新会计准则的'军师'"。

② 参见世界银行项目评价报告；邹平座、张华忠：《贷款风险分类的国际比较》，载《中国金融》，2007（4）。

美国的相关规则实际上是金融监管权力斗争的产物，本身并不具有先进性。在美国，银行业监管规则与公认会计原则原本素无瓜葛，但储贷危机之后国会立法却将公认会计原则强行列入银行监管规则，由此引发了会计规则与金融监管规则的冲突。公认会计原则与银行业监管规则的复杂纠葛，乃是导致国内经济法规陷入困局的本源。

一、公认会计原则被强行列入金融监管规则

公认会计原则泛指美国证监会认可的公众公司信息披露规则。作为罗斯福新政的产物之一，美国证监会依据1934年《证券交易法》成立，负责管理跨州发行证券事宜，制定信息披露规则是其法定职责。但它并未亲自履职，而是在1938年4月将规则制定权转授给了美国注册会计师协会，后者麾下的会计程序委员会自1938年至1959年发布了名为“会计研究公报”的公认会计原则，会计原则委员会自1959年至1973年发布了名为“意见书”的公认会计原则。但在此期间证券行业并不买账，批评之声不绝于耳。[①] 1973年，规则制定权转交给由六家证券相关机构组建的财务会计基金会，由其麾下的财务会计准则委员会操刀至今，其所发布的准则被称作“财务会计准则公告”。公认会计原则的公认范围限于证券市场和证券行业，但储贷危机的爆发却使得其影响力“波及”银行业监管领域。

贯穿整个20世纪80年代的储贷危机令证券监管和银行业监管备受指责，证券监管规则和银行业监管规则成为“替罪羊”。1991年4月22日，联邦审计署向参众两院提交调查报告《失败的银行：亟须进行会计和审计改革》(Failed Banks: Accounting and Auditing Reforms Urgently Needed)，指责银行计提的贷款损失准备太少，认

① 实际上，美国没有联邦统一的公司法，公司需依照各州公司法注册成立并接受各州的法律管制，在缺乏市场主体法的情况下是不可能制定出市场行为法的。因此，美国根本不可能制定出联邦统一的会计规则。见周华、刘俊海、戴德明：《会计准则与法律制度的理念分歧——关于会计准则之价值导向的反思》，载《社会科学战线》，2009 (7)。

为银行提交的监管报告中并没有预先警示银行真实财务状况的恶化程度，公认会计原则也存在缺陷，要求尽快进行改革。一时间，贷款损失准备的会计及金融监管规则成为众矢之的。1991 年，美国国会通过《联邦存款保险公司促进法》，该法第 121 节"会计的目标、原则等规定"要求银行业监管机构采用"与公认会计原则一致的统一的会计原则"。从此，公认会计原则的适用范围扩大至银行业监管领域，银行业监管机构不得不认真应对。

二、美国金融监管机构之间展开拉锯战

作为对联邦审计署高调指责的回应，财务会计准则委员会 1993 年发布《财务会计准则第 114 号：债权人对贷款减值的会计处理》，推出了全新的、运用现值算法进行单项贷款减值测试的规则。在此之前，财务会计准则委员会曾于 1975 年发布《财务会计准则第 5 号：或有事项的会计处理》。这两份准则形成了如下规则：单项金额较大的，应进行单项测试，以账面价值与未来现金流量现值之差计算贷款损失准备；单项金额非重大的，应与单项测试未减值的部分一起打包进行组合测试，采用余额百分比或数学模型计算贷款损失准备。[①] 货币监理署（OCC）、美联储（FRB）、联邦存款保险公司（FDIC）、储蓄机构管理局（OTS）等四家联邦银行业监管机构（以下合称"四大机构"）为了借助第 114 号财务会计准则敦促银行业提高贷款损失准备的水平，遂于 1993 年 12 月联合发布《贷款和租赁损失准备的联合政策公告》(Interagency Policy Statement on the Allowance for Loan and Lease Losses)，要求银行业在计算"估计信贷损失"(estimated credit losses) 时遵循公认会计原则。该文件坚持原有的银行业监管规则，要求按照 5C 原则进行五级分类，对次级类、可疑类、损失类贷款分别按 15%，50%，100%计算贷款损失准备，对于关注类贷款按照未来 12 个月的估计损失来计算。四大机构

① 这套规则被原样写入《国际会计准则第 39 号：金融工具确认与计量》和我国的《企业会计准则第 22 号——金融工具确认与计量》。

提出的“预期信用损失”(expected credit losses)理念起到了提升贷款损失准备的效果，银行业的贷款损失准备果然一路屡创新高。以至于联邦审计署1994年10月向参众两院提交的报告《存款机构：多样化的贷款损失计算方法破坏了财务报告的有用性》认为，与1991年报告的拨备不足的情形相反，现在的问题是拨备过度，大多数接受检查的银行的贷款损失准备包含有缺乏合理依据及证据的巨额补充性储备。

美国证监会主席莱维特对这种现象深表忧虑，1998年他在纽约大学法律与商学中心发表题为“数字游戏”的著名演讲，猛烈抨击了上市公司中普遍存在的五种操纵利润数字的造假现象，其中所提及的“各种各样的秘密准备”中就包括贷款损失准备。① 莱维特指责这种现象是“基于不存在的假定进行计算”，以便在形势好时进行秘密准备，形势差时进行利润平滑。实际上，资产减值规则这时候已经“遍地开花”，贷款损失准备只不过是因为金额巨大易于引起关注而被“点名批评”。太阳信托银行(SunTrust)不幸被当做贷款损失准备超标的典型。11月，美国证监会通知它重新评估过去三年的贷款损失拨备水平，从而迫使该银行将1997年的贷款损失准备从7.125亿美元降至6.125亿美元，下调幅度为13%。这是证券监管机构首次直接干预银行会计领域。美国银行业一片哗然。四大机构立即照会美国证监会，它们在1998年11月24日发布《联合公告》(Joint Interagency Statement)，力求缓和矛盾。该文件称，“我们共同致力于监督金融机构妥善地计算贷款损失准备而不存在操纵盈余现象，这样既符合保护投资者利益的目标，也有益于保持银行体系的安全和稳健。各大银行业监管机构理解，证监会对盈余操纵的担心不仅仅是针对银行业的，这是一个普遍的问题，目前仅有一小部分银行存在通过贷款损失准备操纵利润数字的问题。财务报表对于投资者的利益和银行体系的安全及稳定至关重要。我们一直认为，金融机构应当维持谨慎的、保守的而不是过多的贷款损失准备，其

---

① 参见［美］莱维特：《数字游戏》，载《证券市场导报》，2002(5)。

数额应当处于可接受的范围内"。

然而此后不久，美国证监会再度向一些金融机构发函要求下调贷款损失准备，这引起了银行业的不安。为了澄清误解，四大机构与美国证监会于 1999 年 3 月 10 日共同发布《致金融机构联合公函》，重申了合作立场。该公函称，"去年 11 月我们发布了联合公告，如今我们坚持前述立场。金融机构应当遵循公认会计原则，确定谨慎的（prudent）、保守的（conservative）而且不过量的估计损失的合理区间，并按其最佳估计（the best estimate）记录贷款损失准备。必要时可以取估计区间的极大值。如今国际市场的动荡可能需要金融机构具有更高的贷款损失准备"。该文件鼓励和支持深入研究如何区分贷款在资产负债表日的内在损失（probable losses inherent in the portfolio）以及预期损失（possible or future losses），似乎为银行业监管机构热衷的"预期损失"理念留下了突破口。

然而，财务会计准则委员会 1999 年 4 月 12 日发布的《第 5 号和第 114 号准则在贷款组合中的应用》（Application of FASB Statements No. 5 and No. 114 to a Loan Portfolio）却给银行业监管机构泼了冷水，该文件禁止银行对预期的未来信用损失计提贷款损失准备。5 月 20 日，美国证监会批准该文件（即 Topic D-80），要求上市银行采用，过渡期截止到第二季度末。银行业监管机构迅速反击。美联储担心证监会的政策导致金融机构在第二季度大幅削减准备金，遂于次日发布公函，猛烈抨击美国证监会出尔反尔的做法。美联储称，"证监会强调透明度，它要求准备金应当是足够的（adequate）而不是过量的（excessive），而从安全和稳定的角度来看，银行业监管机构鼓励金融机构保持较高的贷款损失准备"。该文件鼓励银行业的管理层按其最佳估计保持较高的准备金，试图避免银行业的过度反应。权力斗争进入白热化阶段。

三、美国证监会与银行业监管机构达成妥协

为解决银行业监管机构与证券监管机构之间的冲突，美国众议院匆忙于 1999 年 6 月 16 日召开听证会。众议院金融机构委员会以立

法干预作为威胁，敦促证监会和四大机构尽快消除分歧。四大机构与证监会见状只得乖乖就范，它们于 7 月 12 日再度联合发布《致金融机构联合公函》，声明美国证监会并不试图压低金融机构的贷款损失准备水平，美国证监会在对某个金融机构采取行动以前将会会商银行业监管机构。双方不再争论孰是孰非，而是将注意力集中于设计文书流程和论证它们共同认可的会计处理程序。四大机构与美国证监会于 2001 年 7 月联合发布《关于银行和储蓄机构的贷款及租赁损失准备的方法和文件要求的政策公告》，该文件后被写入全美储蓄机构联合会（NC-UA）2002 年 5 月发布的《关于联邦保险的信用合作社的贷款及租赁损失准备的方法和文件要求的政策公告》。最终，美国证监会与五大银行业监管机构于 2006 年 12 月 13 日共同发布了新版《贷款和租赁损失准备的联合政策公告》。贷款损失准备从此成为一桩悬案，“与国际接轨”的我国金融法规与会计法规就这样被带上了荆棘之路。

第四节　厘定会计法规与金融法规：困局之剖解

现行的银行业监管规则与会计规则均提倡“审慎性原则”（prudence），均主张计提贷款损失准备，但究竟如何计提贷款损失准备，二者存在较大分歧。[①] 会计规则禁止对预期损失计提准备，要求在计提准备时必须具备客观证据证明损失已经发生。银行业监管规则却主张尽可能多地计提贷款损失准备，甚至要对预期损失计提。两者的关键分歧在于如何控制贷款损失准备计算过程中的主观性。这是解决困局的关键因素。两者之间的分歧，是“谨慎性原则”这一失当理念的必然结果。

一、谨慎性原则的失当性

传统的“历史成本会计”具有公益性和公信力，是真正意义上

① 参见谷裕：《对改进我国呆账准备金制度的思考》，载《金融研究》，1999（1）。

的会计。会计在传统上是为企业经营管理和国民经济管理提供具有法律证明力的财产权利与业绩信息的管理活动。根据法律事实记账（以下简称"依法记账"），公平地对待所有的会计信息使用者，是传统会计的价值追求（本章称之为"传统模式"）。[①] 法律事实是指引起企业法律关系的产生、变更或消灭的事实，包括法律事件和法律行为。由于传统会计的记录行为以法律事实为记录前提，因此，传统上的会计信息具有公益性和公信力的特征。然而，屈从于外在的压力，公认会计原则却逐渐向传统的历史成本会计中添加了资产减值会计和公允价值会计，由此形成了"混合计量模式"（mixed attribute model），这就把会计带上了金融分析的道路。[②] 自 1947 年《会计研究公报第 31 号：存货跌价准备》发布时起，会计进入了历史成本会计与资产减值会计并存的时代（本章称之为"修正模式"），大量的资产减值会计规则陆续涌现。自 1993 年《财务会计准则公告第 115 号：债券和股票投资的会计处理》发布时起，公允价值会计问世并与历史成本会计、资产减值会计并存，就此形成"混合计量模式"。自 2005 年起，财务会计准则委员会响应金融分析师协会的建议，宣布将致力于推行完全的公允价值会计（本章称之为"预期模式"）。所幸的是，次贷危机的爆发使得其计划被暂时搁置。史实清楚地表明，在商业银行充任会计信息的主要使用者的时代，会计规则制定者屈从于压力，推出了资产减值会计规则；在投资银行（证券行业）充任会计信息主要使用者的时代，会计规则制定者屈从于其压力而推出了公允价值会计规则。当今时代的公认会计原则和国际会计准则是一套缺乏理论根据的金融分析规则，它们背离了传统会计，不再具有公益性和公信力，不再是我们所尊重的"会计"了。[③]

① 参见周华、刘俊海、戴德明：《法律制度、金融预期与会计准则》，载《中国人民大学学报》，2009（6）。

② 参见周华、刘俊海、戴德明：《质疑国际财务报告准则的先进性》，载《财贸经济》，2010（1）。

③ 参见周华、刘俊海、戴德明：《会计准则与法律制度的理念分歧——关于会计准则之价值导向的反思》，载《社会科学战线》，2009（7）。

“谨慎性”原则是资产减值会计规则的“理论依据”，它要求企业在作估计时适当“加入一定程度的谨慎，以便不虚计资产或收益，也不少计负债或费用”①。这一理念被时下流行的教材奉若圭臬，然而却缺乏合理依据。既然仅仅根据估计就可以减记资产，那又何必侈谈“谨慎”呢？又如何“真实反映”和保持“中立性”呢？可见，谨慎性原则与域外会计理论框架所规定的真实反映、中立性、可比性等原则是冲突的。② 资产减值会计要求企业在资产市价下降时调整其账面价值，这种记录缺乏法律证据（原始凭证）的支持，没有任何法律证据能够证明企业的财产权利或业绩发生了变更。这种缺乏原始凭证的记账规则违背了会计原理，显然是失当的。《中华人民共和国会计法》第九条规定，“各单位必须根据实际发生的经济业务事项进行会计核算，填制会计凭证，登记会计账簿，编制财务会计报告。任何单位不得以虚假的经济业务事项或者资料进行会计核算”。由此可见，在缺乏证据的情况下对会计账簿的篡改应当依法被认定为违法行为。因而，资产减值会计是失当的会计规则。我国会计学界对谨慎性原则的抵制之声早已有之。早在 20 世纪 30 年代，业界前辈潘序伦先生就曾撰文批评“成本与市价孰低法”③，以杨纪琬先生为代表的当代学者也曾在 20 世纪 90 年代初声讨这一舶来品。④

由于理论背景缺失，资产减值规则难免漏洞百出。就减值额的

---

① IASB，2006：Framework for the Preparation and Presentation of Financial Statements，Par. 37.

② 参见［美］亨德里克森：《会计理论》，91～91 页，上海，立信会计出版社，1987。

③ 潘序伦先生对谨慎性原则的评价可简述如下：其一，谨慎性原则在理论上是自相矛盾的，“即在市价跌落时，承认其未实现损失，而在市价高涨时，不承认其未实现利益是也”，此种矛盾方法，对于损益计算“诚可尽其歪曲之能事，是会计原理上及实务上之大患也，倘一予以深究，便更觉其严重”。其二，该原则导致计算工作至为繁重，极不经济。其三，该原则并不能达到稳健之目的，反而“有利于”操控利润数字。见潘序伦：《存货估价问题》，载《立信会计季刊》，1931（3）；潘序伦：《存货计价论》，载《立信会计季刊》，1949（6），见《潘序伦文集》，上海，立信会计出版社，2008。

④ 参见夏冬林：《初探“稳健主义”》，载《会计研究》，1992（4）；杨纪琬：《对当前几个会计问题的思考》，载《会计研究》，1996（4）。

确定而言，并不要求法律事实和法律证据，管理当局拥有较大的自由度。例如，关于"资产预计未来现金流量的现值"，国际准则中给出的计算规则全部建立在"估计"的基础之上，计算现值所需的参数由管理层以其"最佳估计"来确定：预计资产未来现金流量时，企业管理层应当合理且有依据地对资产剩余使用寿命内的整个经济状况进行最佳估计；企业管理层应自行选择适用的折现率。这就是说，可收回金额和资产减值额可由管理层自行确定。[①] 资产减值会计规则往往被管理层用作跨期调节利润的工具。我国学者和立法机关在疏于思辨的情况下积极引进，使得该规则在 1992 年进入了会计法规。1992 年发布的《企业会计准则》第十八条规定，会计核算应当遵循谨慎原则的要求，合理核算可能发生的损失和费用。同期发布的《企业财务通则》第十三条做出授权性规定，企业按照国家规定，可以计提坏账准备金。1993 年发布的分行业的会计制度规定了相应的坏账准备金计提标准。此后，谨慎性原则的使用范围逐步扩大到了大多数资产项目，在 1997 年东南亚金融危机之后更是被推广到大多数资产项目（见表 12—3）。在实践中，资产减值会计规则干脆就是"久用不衰"的十大会计魔法之一："巨额计提，秘密准备，各种版本的故事层出不穷。"[②] 与此相对应的是，一些研究者对中国经济中的现实问题置若罔闻，不仅不反思国际准则的缺陷，还呼吁有关部门努力创造国际准则的实施环境。其逻辑十分不足取。法的规范作用包括对本人行为的指引作用、对他人行为的评价作用、对一般人行为的教育作用、对当事人行为之间的预测作用、对违法行为人的强制作用。会计法规本身就应当直面现实，而不应虚构一个"人人都不会滥用会计准则中的主观性条款"的实施环境。

---

① 参见 International Accounting Standard No. 36：Impairment of Assets。

② 参见 2003 年第 27 期《证券市场周刊》封面文章《会计魔方》，该文是国内权威媒体首次比较系统地指控资产减值会计规则导致上市公司"造假合规化"的问题；马贤明、郑朝辉：《会计迷局》，34～39 页，大连，大连出版社，2005。

表 12—3　　我国会计法规中资产减值会计的引进过程

	1985	1992a	1992b	1992c	1998	1999	2000	2006
应收账款的坏账准备	—	○	○	○	●	●	●	●
存货跌价准备	—	—	●	●	⊙	●	●	●
短期投资跌价准备	—	—	—	—	⊙	●	●	●
长期投资减值准备	—	—	—	—	⊙	●	●	●
其他应收款的坏账准备	—	—	—	—	—	●	●	●
委托贷款减值准备	—	—	—	—	—	—	●	●
固定资产减值准备	—	—	—	—	—	—	●	●
在建工程减值准备	—	—	—	—	—	—	●	●
无形资产减值准备	—	—	—	—	—	—	●	●

注：●表示义务性规定。○表示授权性规定。⊙表示仅对 B 股、H 股公司作要求。
1992a：《股份制试点企业会计制度》　1992b：《外商投资企业会计制度》
1992c：《企业会计准则》和分行业会计制度　1998：《股份有限公司会计制度》
1999：财会字［1999］第 43，49 号　2000：《企业会计制度》
2006：新企业会计准则体系

计算资产减值损失时只要求具备"确凿证据"，会计记录本身是缺乏"法律事实"支持的。因此，该规则很容易被企业滥用，而成为操纵报表数据的利器。一个常见的情形是用该规则调节各年度的利润：计提资产减值损失时，可起到调减资产、调减利润的效果；转回资产减值损失时，可起到调增资产、调增利润的效果。这样，会计利润就可以在各年度间转移。另一个情形是用于修饰财务报表：对于连年略微亏损的企业来说，可能会先行计算巨额的资产减值损失做出巨额亏损，再在以后年度转回资产减值损失做出"利润"。可见，计提和转回资产减值损失所记载的资产和利润的增减，仅仅是预期，而不代表企业的法律关系或经营业绩的变动。故而，"谨慎性原则"对报表读者的益处有限而危害甚大。这就是潘序伦先生、杨纪琬先生等前辈谴责"谨慎性原则"的主要原因。

由于资产减值会计缺乏法律证据的支持，需依赖于估计和主观判断而为之，因此，如此生成的会计信息是监管层、审计师所难以验证和判断的。[①] 缺乏法律事实的数据一旦涌入会计报表，将会对会计信息使用者造成严重误导。正因为如此，公认会计原则和国际会计准则为了遏制过度计提等盈余操纵行为，要求计提贷款损失准备必须具有客观证据，并且禁止对预期损失计提准备。但在评价标准缺失（即缺乏法律证据）的前提下，这些措施仅仅具有象征意义而难以奏效。这也正是美国证监会无法论证自身规则的优越性，无法对抗银行业监管机构倡导的五级分类制度的原因所在。

二、金融监管报告不应当与财务会计报告合二为一

1991 年《联邦存款保险公司改进法》把公认会计原则楔入银行业监管规则，导致监管报告与财务会计报告合二为一，从而导致贷款损失准备这一问题陷入僵局。公认会计原则与资本监管规则、贷款损失准备监管规则的结合，一方面导致商业银行计提贷款损失准备的操作成本高昂[②]，另一方面导致银行业监管规则具有明显的顺周期效应。[③] 从两套报告的性质来看，这两套报告仍应单独编报，不应合二为一。理由如下：其一，会计信息的读者是不特定的利害关系人，为确保其具备公益性和公信力，会计报表数据应当以法律事实为基础。特殊的利害关系人的信息诉求可通过补充披露的形式予以满足，而没有理由、没有必要在会计报表中予以列示。贷款损

---

① 参见中国银行业监督管理委员会财会部、国家开发银行财会局联合课题组：《实施〈企业会计准则〉后银行贷款减值准备计提实务与监管》，见中国金融会计学会：《新企业会计准则下的金融会计理论与实务》，261～293 页，北京，中国经济出版社，2010。

② 参见肖伟：《国有商业银行呆坏账准备金制度的回顾与思考》，载《金融会计》，2004（12）。

③ 参见 Luc Laeven，Giovanni Majnoni，2003：Loan Loss Provisioning and Economic Slowdowns：Too Much，Too Late? *Journal of Financial Intermediation*，Volume 12，Issue 2，April，pp. 178－197；J. A. Bikker，P. A. J. Metzemakers，2005：Bank Provisioning Behaviour and Procyclicality. *Journal of International Financial Markets*，*Institutions and Money*，Volume 15，Issue 2，April，pp. 141－157；Vincent Bouvatier，Laetitia Lepetit，2008：Banks' procyclical behavior：Does provisioning matter? *Journal of International Financial Markets*，*Institutions and Money*，Volume 18，Issue 5，December，pp. 513－526；周小川：《关于改变宏观和微观顺周期性的进一步探讨》，载《中国金融》，2009（8）。

失准备仅仅是预期损失而不是实际损失，为确保利润数字的公信力和公益性，不应在会计报表中列报贷款损失准备。其二，为了维护金融体系的安全和稳健，金融监管报告有必要强调前瞻性，保守的准备金水平符合“以丰补歉”的理念。而这不符合会计关于证明力的要求。因此，银行监管报告应当在具有公信力的财务会计报告的基础上另行编制，这样可以同时发挥会计信息和金融预期信息之优点，而避免两者混合之弊端。

我国法律为金融监管报告与财务会计报告的分离提供了可能。2003 年修订的《中国人民银行法》第三十五条规定，中国人民银行根据履行职责的需要，有权要求银行业金融机构报送必要的资产负债表、利润表以及其他财务会计、统计报表和资料。2003 年《银行业监督管理法》第三十三条规定，银行业监督管理机构根据履行职责的需要，有权要求银行业金融机构按照规定报送资产负债表、利润表和其他财务会计、统计报表、经营管理资料以及注册会计师出具的审计报告。可见，财务会计报告与金融监管报告是完全有可能予以严格界定并分别予以改进的。

反之，如果金融监管报告继续与财务会计报告合二为一，则会计规则强调“法律事实”与金融规则强调“金融预期”之间的矛盾永远无法消解，前述困局就不可能得到解决。国际动态验证了这一点。事实上，正是由于陷入此等纠葛，巴塞尔委员会和国际会计准则理事会关于贷款损失准备问题始终没有达成一致意见。前者坚持以银行贷款损失的历史经验值为基础对预期损失计提减值准备；后者则要求银行以客观证据为基础通过对未来贷款现金流量贴现计算贷款减值准备。两种方法虽然都强调银行要充足计提贷款减值准备，但对减值的判断和计算有明显的不同，会计标准倾向于通过对未来现金流的折现测算准备，监管标准则倾向于以过去的经验数据来推测资产可能发生的损失。

三、财务会计报告与金融监管报告的分离式设计是治本之策

国际会计准则所认定的服务对象是证券投资者，它拒绝将金融

稳定作为其目标之一。在这种情况下，资本监管规则应当以历史成本会计为基础。银行业的资本充足率监管报告和风险监管报告应在具有法律证明力的财务会计报告的基础上调整生成（见图 12—1）。如果银行会计能够根据法律事实记账，编制具有法律证明力的历史成本会计报表，那么计算银行监管指标时的繁琐程度将会大大降低，这将使银行会计工作更有价值。会计立法机构应当尽快设计出具有公信力和公益性的法定的财务会计报告体系，以便为金融监管提供具有法律证明力的可靠信息，减少银行会计工作中无谓的劳动量。

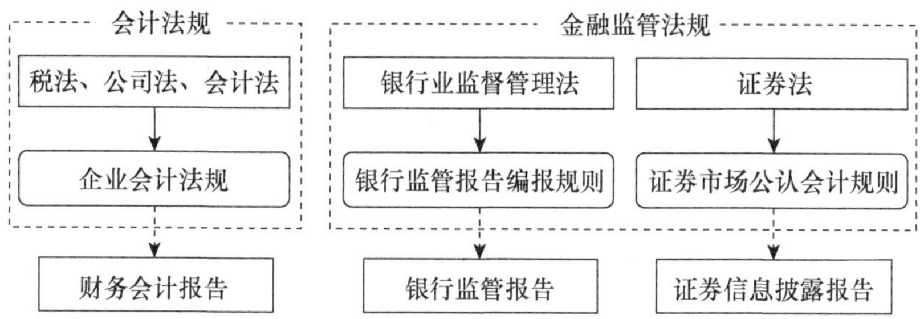

图 12—1　会计法规与金融监管规则的区分及其协作机制

资料来源：周华等：《法律制度、金融预测与会计准则》，载《中国人民大学学报》，2009（6）。

当前应当尽快改变过去纯粹通过会计手段实施银行业监管的思路。实际上，目前金融监管已经有两个成功的先例证明了分离式设计的可行性。一是资本充足率监管制度，该制度实现了银行业监管规则（资本充足率）与会计偿债能力指标（资产负债率）的分离。资本充足率作为监管部门衡量银行偿债能力的重要指标，是第一个实现监管和会计对偿债能力评价分离的指标。① 二是保险公司偿付能力监管制度，该制度体现了偿付能力报告与财务会计报告的分离。就美国金融市场上的实际情况来看，在 1991 年《联邦存款保险公司促进法》颁布之前，其银行业监管规则与公认会计原则也一直是彼此独立的。

① 参见郗永春：《新会计准则对银行监管的挑战和思考》，载《金融会计》，2008（3）；刘玉廷：《金融保险会计准则与监管规定的分离趋势与我国的改革成果》，载《会计研究》，2010（4）。

四、维护利润数字的公信力是协调会计法规和金融法规的关键

综观我国和美国各监管机构之间的理念分歧，其中的核心问题在于如何界定利润的概念。遗憾的是，何谓利润？何谓所得？对这一重大基础理论问题，尚未取得共识，这不能不说是经济立法中的一大缺憾。现实中的困惑大多由此引发。例如，一位监管层人士的一系列疑问就颇具代表性："既然不允许未实现收益计入资本，那么是否还承认包含未实现收益的会计利润呢？如果承认未实现收益作为会计利润并纳入风险评级体系，是否与不允许未实现收益计入资本的做法产生矛盾？如果不承认未实现收益计入会计利润，那监管部门如何评价商业银行的盈利能力呢？是放弃这一指标，还是像监管部门当年放弃资产负债率这一会计偿债指标而制定资本充足率作为监管偿债能力指标那样另行制定监管利润指标呢？""如果直接采用财务会计提供的利润进行风险评价，无疑违背了监管的审慎原则，和资本充足率的审慎修正原则发生冲突。在这种情况下，监管部门是独创监管会计，像将税务会计与财务会计分离那样彻底与财务会计分离，还是干脆放弃商业银行的盈利能力而退守资本充足率作为核心监管指标以坚守监管审慎原则？或者是同时容纳审慎原则为基础的资本监管和中性原则为基础的利润监管？这些确实是监管部门必须认真思考的问题。"① 如果既希望保持会计利润数字的公益性和公信力，又希望会计数字能够反映审慎监管的要求，则必然造成根据法律事实记账理念和审慎监管理念的冲突——会计报表本身无法提供既具备法律证明力又包含估计的信息。因此，应当抛弃监管规则与会计规则合一的做法。

第五节　结论与政策建议

在上述理论探讨的基础上，贷款损失准备的监管规则问题可迎

① 郗永春：《新会计准则对银行监管的挑战和思考》，载《金融会计》，2008 (3)。

刃而解。无论如何设计贷款损失准备的会计规则，都难以摆脱其显著的主观性。因为贷款损失准备所代表的，仅仅是预期损失而不是实际损失。因此，最终的解决方案不是如何把主观性控制在合适的区间，而是完全在会计报表中避免主观性。应当严格区分会计制度和监管规则，这是妥善处理贷款拨备这一金融监管难题的关键。

第一，会计法规中应当确立“根据法律事实记账”的基本原则，禁止缺乏法律证据的会计行为。应当保持财务会计报告的客观性，而将主观性较强的信息一律放在会计报表之外单独披露。这样，会计信息对银行经营管理和银行业监管将会更加有用。财务报表如果能够小心地区分法律事实和金融预期，同时列报贷款原值和预期损失，就会起到扬二者之长、避二者之短的效果。银行业监管当局需要的贷款减值信息完全可以作为会计报表的补充信息而另行提供，而完全没有必要在利润表中列报预期损失信息。在会计报表之外进行补充披露，是改进贷款减值计量规则的重要方面。补充披露的做法既不会干扰企业的会计管理，也不会影响国民经济统计、资本充足率监管等指标体系。

第二，在金融法规中界定金融监管报告，制定简便易行的贷款损失准备计提规则。应当使银行拨备的计算规则简单明了，易于操作而不易操纵。这是因为，对应于贷款损失准备的资产减值损失在本质上仅仅是预期损失而不是实际损失，算法越复杂，操纵的可能性越大。简便易行的计算规则对于商业银行和监管机构均有益处。可考虑进一步完善央行和银监会长期倡导且行之有效的基于五级分类的计提方法。作为对比，国际会计准则推出的基于现金流量现值和模型估值的计算方法反而加大了准备金的复杂性，既加大了银行的管理成本，也加大了操纵空间。

综上所述，我国从美国引进的会计规则和金融监管规则存在内在冲突，导致我国的会计法规和金融法规陷入困局。这一事实启示我们，完善中国的经济立法，需要有体现中国气派的社会科学研究成果提供理论支持。以本土原创成果服务于实体经济发展、引领国际学术前沿，应当成为社会科学研究者的价值追求。这就是本章的结论。

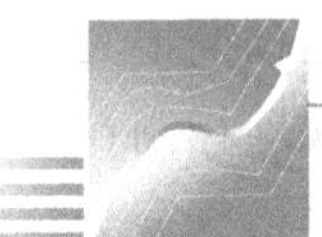

第十三章　中国近代会计理论家与本土学术积累

立法机构在寻求外援之前，不妨先梳理一遍本土学者积累的原创成果。20 多年来，由于过度仰赖域外经验，坊间所见多为域外言论，以至于本土学术的光辉被有意无意地遮蔽了。实际上，近百年来我国学者的热烈争辩曾经激发出许多先进的会计思想，值得立法机关、业界同仁珍惜。

正所谓“一时强弱在于力，千秋胜负在于理”，有这些历久弥新的学术思想在，就决不能说中国的会计比国外的弱。研究者有责任大力推进文化传承创新，扬弃旧义，创立新知。中国近代会计理论家的先进思想值得予以发扬光大，迷信域外理论的倾向实不足取。

第一节　西式复式记账法和注册会计师行业的引入

清末民初，拥有海外工作或学习阅历的蔡锡

勇和谢霖二位先生，是大力引进域外会计经验的领军人物。他们的历史功绩突出体现为两个方面：一是把西式记账法引入我国，改良传统的中式会计；二是把注册会计师制度引入我国。这些经典人物本着家国天下的责任感，大力引进有益的域外经验，其理论勇气值得称赞。这个时期，域外规则中的失当之处尚不明显，因此，借鉴域外经验时的争论较少。

一、率先引进西式复式记账法：蔡锡勇①

蔡锡勇（1847—1898），字毅敬，福建龙溪人，中国速记法的创始人，洋务实业的开拓者，以晚清外交人员身份在海外游历多年。蔡锡勇以其丰富的阅历，开阔的视野，撰写《连环账谱》一书，率先向国内介绍西方复式簿记。

蔡锡勇1864年考入广州同文馆学习外语和自然科学知识，是广州同文馆第一批学生，在校七年，学习英语、法语、俄语、德语、日语及天文、数学、万国公法、测量、医学生理、物理、化学等课程。1867年，蔡锡勇等6名学生被选到北京参加英语考试，蔡锡勇以优异成绩唯一获“监生”称号。然后回粤任职。1872年，蔡锡勇以“福建龙溪县监生”的身份，免试进入北京同文馆深造。进修三年，各科成绩俱列优等。1875年，蔡锡勇为出任美利坚合众国（兼领秘鲁、日本）钦差大臣的陈兰彬（字荔秋）担任翻译官出洋，不

---

① 参见蔡凯如：《自强——珞珈精神的源头——纪念自强学堂首任总办蔡锡勇先生》，载《武汉大学学报（人文科学版）》，1993（6）；王建忠：《蔡锡勇的〈连环账谱〉》，载《现代财经（天津财经学院学报）》，1984（1）；张永刚：《蔡锡勇——张之洞幕府前期实业总管》，载《河北大学学报（哲学社会科学版）》，2006（6）；郭道扬：《〈连环账谱〉前言》，见蔡锡勇：《连环账谱》（重印本），上海，立信会计出版社，2009。年月勘定以蔡锡勇曾孙蔡凯如先生之著述为准。

久被奏准以“候选通判”身份任驻美文化参赞，期间获哈佛大学名誉博士学位。光绪二年（1876 年）调任驻美使馆翻译。1884 年，蔡锡勇回国，被两广总督张之洞任命为洋务委员，先后筹办湖北炼铁厂、枪炮厂、银元局、织布局、纺纱局、缫丝局、自强学堂、武备学堂。曾取法美国凌士礼（Lindsley）一派速记术，研制中国拼音文字方案，著有《传音快字》。1893 年，张之洞奏请朝廷创办以学习近代西方自然科学理工科兼备的“自强学堂”（武汉大学的前身），并任命蔡锡勇为“总办”（即校长）。1898 年 2 月蔡锡勇突发脑出血不治去世，被朝廷追赠“内阁大学士”。

蔡锡勇外文根底坚实，接触西洋文化的机会颇多，对西方普遍推行的借贷复式记账法较为赞赏，于是萌发向国人介绍与推广的念头。在广东和湖北从事洋务实业期间，蔡锡勇接触到大量财金管理方面的具体业务，深感以四柱结算法为核心的传统中式记账法远远适应不了近代工矿企业管理的需要，急需改进。于是，他根据出使美国期间学习、掌握的借贷复式记账法，写成《连环账谱》书稿。书中的“连环”二字，即对应、复式之意。但在生时未能将其付梓，后经其子蔡璋赴日本考察，对全书加以校订，《连环账谱》才得以在光绪三十一年（1905 年）由湖北官书局出版发行。该书采用我国习惯使用的“收”“付”符号介绍复式簿记之妙，早于谢霖、孟森合著的《银行簿记学》两年，从而成为中国引进西方借贷复式记账法的开篇之作。

蔡锡勇在《连环账谱》的“连环账凡例”中，阐释了他关于借鉴西式簿记改进中式簿记的思想，这些思想对如今的会计研究仍然具有启发价值。特摘录如下（原书为繁体字，此处用了简化字处理）。

连环账凡例

□须辨明收（该）、付（存）两款。凡收货收银之人，曰某人该货款、该银款。凡付货付银之人，曰某人存货款、存银款。故我买某号之货，曰货款该某号；我卖货与某号，曰货款存某号。

□须立买货簿一本。比如，买棉，则载明某号某等棉花几包，每包若干斤，每百斤价若干。加行用挑力若干，或扣行用若干，照来单逐一列明；或将原单粘于货单簿内编一号数，亦可统言之为一单，入账时，则言某日买某号棉花一单，最为简便。

□须立卖货簿一本。比如卖纱布，则载明某号某等若干匹，用意同卖货簿。

□须立银款簿一本。专记现金出入。收者居上，付者居下。每月结账一次，结存之数须与所存现银相符方无错误。

□须立钱款杂用簿一本。凡零星购买杂项物件均在杂用簿内支付。至月底，统算共付若干串，折合银若干两。归为一条照入银总，以归便易。

□须立汇票簿一本。凡汇银与我者，一收汇单即照式登记汇票簿内，俟到期收银再入银款簿。

□须立期票簿一本。凡我出票与人订明何年月日付银者，即照式登记期票簿内，以便随时检阅，预备归还。俟还银后再入银款簿。下有数表可备选用。

□须立货款簿一本。买货卖货簿记其详，即所谓流水簿也。货款簿则只记其略：只需载明某年月日买卖某号某货一单，不必再详货之斤重多寡各色，以归简易。凡未入银款簿者，皆须备载于此，勿得遗漏。

□须立汇清簿一本。将银款、货款、票款三簿汇记于此。须分明某项该某项。如银款该货款之类，专言该而不言存者，缘有该即有存。如银款该甲号，即甲号存银款也。反观即是。勿待赘述。汇清之后，款目明晰，以之登记总账，可无错误。

□立总账一本。照汇清登记而添入存者一项，如各号该银款，即银款存个号也。一总一分须细玩用意之简妙处。账法之善，无过于此者。

□连环账法创自意大利国，欧美两洲经商者无不效之，其妙处在一收（该）一付（存）。凡货物出入，经我手者，必有来历去处。我收（该）即彼付（存）。无彼我之可指者，如买物，则物该银款，银款存某物，所谓连环也。结账时，所该必与所存相符，如有不符，即是错误，亟须查明更正。至总结时（或半年一总结或一年一总结），一买棉之价及局用之费，与售布之价比较，多者为盈，少者为亏。盈亏之数又必与我欠人者及人欠我者对除外所余之数相符，则毫无错误。照所设账谱依法登记，朗若列眉，细玩之，当能悟其妙用。

《连环账谱》巧妙地引入收（该）、付（存）作为记账符号，从而得以把中式簿记的账户名称与西式簿记的复式记账规则结合起来，达到了润物细无声的境界。这种创新精神值得后人借鉴。

著名会计史学家郭道扬先生在《连环账谱》重印本（立信会计出版社，2009 年）前言中对《连环账谱》给出了如下评价：《连环账谱》“既是我国出版的第一部介绍西式复式簿记的专著，也是第一次立足于中西账法相结合，以达到改良中式会计目的之创举。它是西式复式账法引进的先导，是后来中式簿记改良的先声，它对于推动我国近代会计的发展是具有重要意义的”。

二、推行借贷记账法和注册会计师制度的先驱——谢霖①

1. 谢霖亲身推行借贷记账法。

谢霖 1905 年东渡日本，1909 年在明治大学（早稻田大学）获商学士学位。谢霖在留学期间，与孟森合著有《银行簿记学》一书，于 1907 年在东京出版。该书实际上是翻译而成的著作，该书凡例称，其蓝本是“森川镒太郎所著之银行簿记学，不遗一字”。该书是我国学者撰写的第二部介绍西式复式记账法的著作，与《连环账谱》不同的是，该书直接采用借贷记账符号来介绍复式簿记，采用横式书写方式，运用阿拉伯数字记账。其功绩是把借贷符号引入我国，该书凡例指出，该书所参考的日文著作本是从英文翻

① 参见黄太冲：《我所知道的谢霖先生（一）》，载《上海会计》，1983（12）；毛伯林：《中国注册会计师事业的先驱·改革者·奠基人——记中国近代会计史上的杰出人物谢霖先生》，载《中国注册会计师》，2002（10）；成圣树：《民国时期上海会计师史话》，载《新会计》，2004（1）。

译而来，“若贷借两方之称，乃此学进步必明之理，不在商改之列”。但他们所引进的借贷符号由于不便理解而颇受诟病。

谢霖（1885—1969），字霖甫，江苏人。在大清银行（中国银行的前身）和交通银行推广借贷记账法，实现了从引进到推广的转变。与孟森合著有《银行簿记学》一书。他还是我国注册会计师制度的创始人，我国第一位注册会计师，创办了我国第一家会计师事务所。

谢霖精于会计学与经济法，强调会计行业要遵循法律，要以单据、账册为依据。

回国后，谢霖应试经济特科（相当于留学生学历认证考试），为商科举人，初被分配到四川总督衙门任文案委员、四川劝业道商务科长，主管教育工作，举办商务传习所，自任所长讲授复式簿记，为我国培养了第一批新式会计人才。谢霖主张走“母实业而父教育”的救国道路，得到民族实业家、清末状元、南通人张謇的赏识。

1912 年元月，谢霖任大清银行总司账，次月中国银行组建，遂继任总会计。他根据复式簿记原理和银行业务特点，设置了中国银行的账簿组织体系，首次采用西式账页和阿拉伯数字，历时 5 年，成效显著。1917 年，谢霖加入交通银行，为交通银行改革账簿组织，也颇有成效。① 后来，谢霖于 1922 年出任交通银行总秘书，1924 年年底辞去总秘书职务，1925 年离开交通银行。②

---

①　参见刘常青：《中国会计思想发展史》，141～143 页，成都，西南财经大学出版社，2005；郭道扬：《〈银行簿记学〉前言》，见《银行簿记学》（重印本），上海，立信会计出版社，2009（4）。

②　参见黄德清：《介绍中国第一号会计师——谢霖教授》，载《财会月刊》，1984（4）。作者黄德清为谢霖的学生。

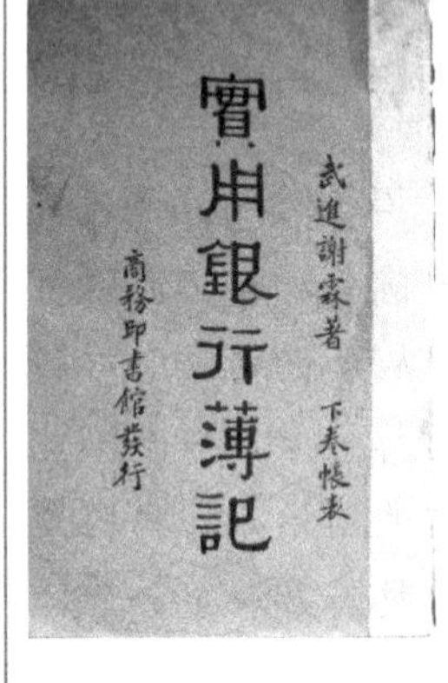

谢霖先后在中国银行和交通银行推行会计改革，按照西方现代会计原理改革中式会计，设计出了中国银行、交通银行两行会计制度。谢霖把改革的理论和实践概括成为《实用银行簿记》一书，由商务印书馆出版发行。1923 年，全国银行工商联合会提出了统一全国银行会计科目的提案，之后，北京、天津、上海、汉口四个公会又推选出以谢霖为首的 11 人负责这项工作，为 1942 年 12 月 1 日颁布统一的银行会计科目创造了条件，1945 年 1 月，在此基础上又产生了较为完整的《暂行银行统一会计制度》。

2. 谢霖对注册会计师行业的贡献。

1918 年 6 月，谢霖上书北洋政府农商部、财政部，建议设立“中国会计师制度”。北洋政府主管全国工农商业经济的农商部认为谢霖的申请“有利商民”，于同年 9 月发布了谢霖起草的《会计师暂行章程》，随后向他颁发第一号会计师证书，谢霖于是成为中国第一位注册会计师。1918 年 9 月，谢霖创办了正则会计师事务所，这是我国办理公共会计师业务的第一家会计师事务所。

3. 谢霖的会计思想和教育理念。

1937 年，日本入侵上海，时任上海光华大学副校长的谢霖受校长张寿镛的委托到成都筹办分校。抗战时期，各方面条件都异常艰苦，但谢先生凭借自己忠诚教育、支持抗日之心，白手起家，仅用几个月的时间，就建成了这所光华大学成都分校。

谢霖特别强调会计行业遵循法律，他谆谆告诫：一定要遵守法律法规，即使当时法律不够完善，也只能遵从，但可反映意见；要学法懂法，要学习民法及刑法有关部分，要学习有关商事法规，办事要持公正态度；要以单据、账册为依据，不应虚伪呈述，不能稍涉偏私，必须严格遵守职业道德。谢霖在教学和著述中最重“实用”，强调理论、实际与制度的结合，他说：“理论、事实与法律三者合而一之才不‘隔膜’，对学生的帮助才大。”

谢霖为传播会计和经济管理知识，撰写出版了大量著作，包括《银行簿记学》《实用银行簿记》《银行会计》《铁道会计》《审计学要义》《成本会计》《公司法要义》《票据法要义》等。谢霖在各大学讲授银行会计时，特别强调增加新意。他说，“炒冷饭，对讲者如同嚼蜡，对听者毫无新得，就没味道了”。

谢霖非常重视法律知识，其著述主题广泛。作为对比，当前我国会计学者过于“画地为牢”，审计、会计、财务管理、管理会计、金融会计等学科领域划分过细，甚至出现了研究审计的不熟悉会计规则的怪现象，这种现象亟须纠正。还有学者片面宣扬“实质重于形式”原则，对域外理论缺乏质疑精神，以至于会计理论中弥漫着推崇“会计职业判断”“管理层意图”等脱离法律原则的提法。总之，会计理论研究对经济法的研究比较薄弱，亟待加强。

第二节　会计改革与会计改良之争

一、用收付复式记账法改良中式簿记——徐永祚

徐永祚 1914 年毕业于上海神州大学经济科，任天津中国银行练习生。翌年，被聘回母校银行科任教。1917 年任《银行周报》编辑及主编。1919 年上海证券交易所成立前特聘徐永祚拟定业务规程、会计制度和培训会计，1920 年交易所开业，徐永祚出任会计科长。

徐永祚（1891—1959），字玉书，浙江省海宁县人。收付复式记账法的发明人，改良中式簿记运动的发起人。徐永祚会计师事务所（后改名正明会计师事务所）的创办人。著名爱国民主人士。

主张借鉴西方借贷记账法改良中式簿记，反对完全照搬西方借贷记账法。

1921年，徐永祚从北洋政府农商部取得会计师执照，在上海创办徐永祚会计师事务所，开始从事执业会计师工作，并发起改良中式簿记运动，致力于中国会计的改良。1925年上海会计师公会成立，徐永祚是发起者之一，当时只有会员23人，这是中国第一个会计师公会。1933年，徐永祚会计师事务所创办《会计杂志》月刊及会计员训练班，拟定了《改良中式簿记方案》，出版《改良中式簿记概说》一书。1935年出版《改良中式簿记实例》。徐永祚及其会计师事务所还与上海市商会商业学校联合举办培训项目，培养了大批新式簿记人才。[①] 1934—1935年，潘序伦先后在《会计杂志》上发表《为讨论"改良中式簿记"致徐永祚君书》、《批评徐永祚的改良大纲10条》和《改良中式簿记之讨论》等文，顾准也发表了《评徐永祚氏"改良中式簿记"》。这场学术争论，被以后的会计史学者认为是"改良派"与"改革派"之争。尽管徐永祚提倡"改良中式"，但在所主编的《会计杂志》上，则是兼收并蓄地大量刊登同他的主张对立的，如潘序伦、顾华等的文章。而且，他自己也撰文在《立信会计季刊》发表。嘤鸣求友，玉石相揉，当时形成了极为生动活跃的会计学术百家争鸣的局面。[②] 徐永祚与潘序伦结下了深厚的友谊。

徐永祚所著的《改良中式簿记概说》是系统论述改良中式簿记理论与实务的专著。书中详细地介绍了记账、结账、算账的方法和收付复式簿记的原理原则，是我国中式簿记较为完善的一部著作。改良中式簿记是我国会计发展史上的一件大事。改良中式簿记的基本特点是以收付为记账符号，采用"四柱"结算方法和上收下付的记账程式，用原始凭证直接登记账簿。一切经济业务均先记入日记账，凡现金收付事项，只记与现金发生对应关系的账户，而以收付之差，反映为现金净余额。转账事项则视同现金，以虚收虚付处理，有收有付，收付相等。然后从日记账过入总清账，结出平衡表，对

① 参见刘常青：《中国会计思想发展史》，143～148页，成都，西南财经大学出版社，2005。

② 参见高波：《徐永祚的治学态度》，载《上海会计》，1981（6）。

人欠、欠人等资产负债事项，则另行登记明细分类账，编制明细表以与总清账中各该统驭账户的数额相核对。对日记账中每日现金的收付数额，过入总清账时要反其方向，即现金收入数过入总清账现金账户的付方，现金付出数过入总清账现金账户的收方。如果总清账不设现金账户，那么编制平衡表时，要从日记账的现金余额列入平衡表的付方。由此可见，改良中式簿记的重要意义之一，是吸收西方借贷会计之长，补我国单式收付簿记之短，把单式收付簿记改造成为复式收付簿记。①

徐永祚1945年加入中国民主建国会。新中国成立后，任华东军政委员会监察委员，是中国民主建国会第一届中央委员会委员，中国人民政治协商会议第二届、第三届全国委员会委员。1949年，徐永祚出席在北京召开的中国人民政治协商会议第一届全体会议，并参加了开国大典。中国人民政治协商会议开幕第一天，毛主席与徐永祚亲切地握手，并风趣地说："你是孔夫子的同行啊!"接着又亲切地说"不过我们今天的会计工作，要比孔夫子那个时代重要得多啦!"②

二、在扬弃中推广域外经验——潘序伦③

潘序伦（1893—1985），江苏宜兴丁蜀镇人。1924年获哥伦比亚大学经济学博士学位。曾任上海商科大学教务主任兼会计系主任和国立上海暨南大学商学院院长等职。1927年创办潘序伦会计师事务所（后名立信会计师事务所）。他创立了立信会计师事务所、立信会计学校和立信会计图书用品社"三位一体"的立信会计事业。

① 参见赵友良、朱肖鼎：《值得纪念的中式簿记改革家——徐永祚》，载《上海会计》，1991（3）。

② 参见陈荣法：《徐永祚与孔夫子》，载《上海会计》，1981（3）。

③ 参见罗银胜：《潘序伦传》，上海，上海人民出版社，2007。

潘序伦12岁便考入上海浦东中学，颇得该校校长、著名教育学家黄炎培的赏识，二人建立了深厚的师徒情谊。但潘序伦15岁时由于参加抗议某位老师阅卷太严而交白卷，被学校开除。之后是考军校、做中学教师、失业、嗜赌……几经坎坷之后，在黄炎培先生的举荐下进入上海圣约翰大学。1921年毕业后赴美留学，1923年获哈佛大学企业管理硕士学位，1924年获哥伦比亚大学政治经济学博士学位，其博士学位论文的题目是《中美贸易论》（The Trade of the United States with China）。他1924年回国，担任上海商科大学教务主任兼会计系主任，1925年秋转任暨南大学商学院院长，着力引进和传授西方先进的会计理论和实务。

鉴于当时国内除了大型银行外，采用新式簿记和会计制度的工商企业为数极少，而且会计界的许多人都有改进旧式账簿的要求，1927年1月，潘序伦辞去一切职务，在上海创办了潘序伦会计师事务所。第二年他取《论语》中“民无信不立”之意，将“潘序伦会计师事务所”更名为“立信会计师事务所”。

《潘序伦回忆录》摘录

在青年时期由于自己的过错，在求学、就业方面走过许多弯路，其中有一段时间，我险些堕入了污泥浊水之中。

说起来很惭愧，现在我被有些人称为会计专家，甚至过誉为会计界的泰斗。但是，在30岁以前我还不知道会计是什么样的学科呢！

直到我进入哈佛大学商业管理学院，才在学习会计学的征途上迈出第一步。我采取“人弃我取”的方针，选定了会计作为我的终身职业。我觉得会计是一门应用面很广泛的学科，公私事业单位以及农业方面都有需要。所以，我认定我国日后对于会计人才的需要定会逐年增加。现在看来我的选择还是对的。

在哈佛的两年间，我未看过一场电影，也未到饭馆吃过一顿饭，从清晨到深夜，都是在自己的宿舍内或学校图书馆里度

过的。有时连饭也没有工夫做，只好买个面包就着一杯温水充饥。

1927 年，南京国民政府财政部颁布了《会计师注册章程》。其后，会计师移归工商部管辖，又另颁发了《会计师章程》。1929 年，立法院又制定了《会计师条例》并公布施行。至此，会计师的职务范围便逐渐确定。

比如《会计师条例》第一条明确规定，“会计师受公务机关之命令或当事人之委托办理关于会计之组织、管理、稽核、调查、清算、证明及鉴定各项事务”，“会计师得充任检查员、清算人、破产管财人、遗嘱执行人及其他信托人”，“会计师得代办纳税及登记事务，并得代撰关于会计及商事各种文件”。

我认为会计师的信誉很要紧，可以说是会计师业务的生命力，所以我把我的事务所改名为“立信”，就是要取得社会的信誉。但是，资本家委托会计师办事，总希望对他们有利。这样，有个别会计师就以造假账或出具不真实的证明书以迎合某些委托人的要求，而取得会计师业务。但是，这种业务我所是绝对不接受的，我宁可放弃这种委托，这样，当时看起来似乎是吃亏了，但日子一久，就会给社会人士产生一种印象，认为“立信”是信得过的，是可靠的，反而会引来大批的业务。

资料来源：潘序伦：《潘序伦回忆录》，载于《财务与会计》，1984 (1) ～ (9)，(11) ～ (12)。

立信会计师事务所开业，正值我国民族工商业有所发展的时期。社会上对会计、审计工作的需求，使立信事业迅速扩大，到 1936 年 2 月搬到浙江兴业银行大楼办公时，全所已有成员 50 余人，租赁房屋十余间，分设有计核、信托、法律、文书、编辑和总务六个科，十年中承办的各种案件达 4 000 余件，另附设有一所会计学校。潘序伦在设立会计师事务所初期，就深深感到，非改良企业会计制度和训练会计专业人员不可。于是就从这两方面着手，一方面附设了会计补习学校，另一方面自行编译会计书籍，并开设图书社，把事务所、学校和图书社三者融合起来，形成三位一体的“立信会计事业”。①

1980年上海立信会计专科学校复校，潘序伦献出一生积蓄，设立潘序伦奖学金，将存书2 000余册捐赠给立信会计图书馆，将事务所赚的钱和立信会计编译所出版的“立信会计丛书”的版税，全部投入会计教育，作为购置校具、扩充校舍等基本建设费用。

潘序伦先生在会计理论和会计实务方面的精深造诣值得后人学习。尤其可贵的是，潘序伦先生在引进西方会计理论的时候比较注重对域外学说的扬弃。他亲自撰写了两篇文章分析谨慎性原则之弊端，至今仍具有很高的理论价值。例如，现在人们经常问这样的问题：为什么经常出现利用谨慎性原则操纵报表数字的现象？为什么利用谨慎性原则进行“大洗澡”的现象屡禁不止？潘序伦先生早在1934年就撰文给出了答案：谨慎性原则的设计本身就存在理论问题，它是会计造假的利器。遗憾的是，我国会计学界对这一问题不够重视。

三、改革派与改良派之争②

20世纪30年代，潘序伦与徐永祚之间曾展开一场争论，焦点是中国会计要不要与国际接轨。以徐永祚为代表的中式簿记改良派主张在保存中式簿记核算形式的前提下进行改良，而以潘序伦为代表的改革派认为，会计属于一种科学技术，是不分国界的，也无所谓中西之分，而要看方法科学与否。

1928年，上海暨南大学《会计学报》创刊号发表了徐永祚的《改良中国会计问题》。文中提出，中式簿记具有古代“四柱结算法”原理的优点，应用“改良簿记”。1933年元月，徐永祚会计师事务所创办并主编《会计杂志》月刊，介绍国内外财会管理的理论和经验。

---

①② 参见曹继军、颜维琦：《中国现代会计之父——写在潘序伦诞辰120周年》，载《光明日报》，2013-09-12。

随后，徐永祚的《改良中式簿记概说》出版，此外他还发表了《改良中式簿记实例》《改良中国会计问题》《改良中式簿记缘起及简章》等文章，并在上海举办改良中式簿记展览会，掀起了改良中式簿记的热潮。

而在1934—1935年，潘序伦先后在《会计杂志》上发表《为讨论“改良中式簿记”致徐永祚君书》《批评徐永祚的改良大纲10条》《改良中式簿记之讨论》等文，顾准也推出了《评徐永祚氏“改良中式簿记”》。

这场学术争论被以后的会计史学者认为是“改良派”与“改革派”之争。“改良派”以徐永祚为首，认为尽管中式簿记存在许多问题，但都可以参照西方复式簿记原理加以改良，仍然保留收付为记账符号及中式账簿记账方式等传统做法。“改革派”以潘序伦等为代表，认为中式簿记是不科学的、不进步的，只有借贷复式记账法（西式簿记）才是科学的、进步的，从发展趋势看，中式簿记必然被西式簿记所取代。

我国著名会计史学家郭道扬教授这样评价：“20世纪30年代所发生的改革或改良中国会计之争，是我国会计发展史上影响最大的一次会计学术讨论与交流，是我国老一辈会计学家、学者为振兴中国实业，改进中国会计行业落后状况而作的重要努力，也是我国会计学术初步取得进展的重要标志。”

第三节　安绍芸的立法实践及其学术理念①

一、安绍芸的会计立法实践

1949年10月1日，中华人民共和国成立。11月1日，财政部

① 参见杨纪琬：《疾风知劲草——纪念安绍芸诞辰九十周年》，载《财务与会计》，1990（11）。

安绍芸（1900—1976），河北武清人，新中国财政部第一任会计制度司司长。1923从年清华学堂毕业，同年和梁实秋一起从直隶省考入清华大学。1926年留学美国威斯康星大学，获硕士学位后回国任复旦大学会计教授，后在上海多所大学执教。1929年著《经济学说史纲要》一书由世界书局在上海出版。1933年与著名会计师刘大钧联合创办大成会计统计事务所，任主任会计师。

新中国成立后，安绍芸先生带领杨纪琬先生等一行七人到财政部共同开启了中国会计立法的崭新局面。他还是娄尔行先生的老师。

正式办公。当年年底，财政部成立会计制度处，安绍芸被任命为第一任处长。1950年9月，经政务院机构编制委员会核定，财政部组织机构进行调整，由设处调整为设司，会计制度处调整为会计制度司，1951年4月安绍芸被任命为第一任司长。1957年8月，安绍芸积劳成疾，因患脑血栓致半身瘫痪，离开工作岗位，1976年7月去世。

1949年7月，以雍文涛、谭伟、林里夫三人为首的东北会计招聘团来到了刚解放的上海，请曾经在上海从事地下工作、新中国成立后担任上海市第一任财政局长的顾准推荐一位著名的会计专家带队去东北。顾准立刻想到了安绍芸。在林里夫的陪同下，安绍芸一行数人于1949年10月上旬到达天津，此时接到中央财经委员会的电报，请他们不到东北，即刻到北京。到北京后，才知道是陈云同志的意见。当时陈云同志兼任中央财经委员会主任，这位高瞻远瞩的党和国家领导人身经百战，想到恢复经济、发展经济都需要会计专家，一听说从上海组织了一批会计专家去东北，就立即下令给中央财经委员会输送一部分。当时，中央财经委员会设立了一个计划局，曹菊如担任副局长，准备在计划局下成立一个成本价格处。安

绍芸到达北京后，即去中央财经委员会报到，受命筹组成本价格处。就在筹组期间，又一道令下，去财政部。原来，当时在财政部有一个苏联专家库图佐夫，说在苏联，会计是由财政部管的，这批会计专家还是应该到财政部来。薄一波欣然接受这个意见，向陈云同志要来了安绍芸等人。就这样，安绍芸等七人在1949年12月来到了财政部。安绍芸提出，要统一会计工作，先统一会计制度。根据这个意见，财政部于1949年12月30日设置了会计制度处，统管全国的会计制度工作。从此，开始了新中国会计史的第一章。

1950年3月3日，政务院颁布《关于统一国家财政经济工作的决定》，同日公布了《中央金库条例》。3月9日，政务院中央财经委员会发布《关于草拟统一的会计制度的训令》，指出现在各企业单位的会计制度十分紊乱，严重地影响了经济核算制度的贯彻，使计划与管理遇到许多阻碍，要求中央各企业主管部门，分别就所属企业及经济机构草拟各单位的统一会计制度草案及有关的规则和账簿、报表、单据的格式，由财政部设专门机构统一审查，报中央财经委员会核定施行。在安绍芸同志的组织下，财政部于1950年4月25日成立了会计制度审议委员会，于10月召开了全国预算、会计、金库制度会议。之后，财政部公布了总预算会计制度和单位预算会计制度，这是新中国公布的第一批全国统一的会计制度。

仅仅一年多的时间，实践就证明，以安绍芸为代表的财政部会计专家，完全能够胜任全国各项会计制度的审查。曹菊如建议，今后所有属于财经系统和非财经系统的企业主管部门的统一会计制度的制定和改进会计制度工作，均授权财政部统一主持办理，由财政部审定后即公布施行，不必报中央财经委员会和政务院。政务院采纳这个建议，在1951年1月6日，以政务院的名义发布了命令。此后，安绍芸等一批会计专家肩上的担子就更重了。

1951年11月1日，财政部召开第一次全国企业财务管理及会计会议，讨论了国营企业统一会计报表、统一会计科目。这些统一制度，成为一直沿用至20世纪90年代初的模式的基石。

二、安绍芸的学术理念

1. 积极学习苏联经验。

在学习苏联的问题上，安绍芸认为苏联在社会主义经济建设上是老大哥，中国搞社会主义没有经验，离不开苏联的帮助，为此，他50岁带头自学俄文，十分刻苦，并且在不太长的时间里，就能自己翻译俄文。1951年4月6日，苏联会计教授马卡洛夫来财政部作《社会主义会计实务》的报告，安绍芸认真听讲。他虚心向苏联专家请教，但是，他认为不能一切照搬。

安绍芸同志发明的会计科目

安绍芸认为，学习马列主义要结合中国具体情况，如果会计上学苏联，连科目文字也和苏联的一样，那不是一个好学生。同时，学生超过先生，应该是一般的规律，不是对苏联专家讲的一切都不许越雷池一步。说是这样说，做起来可就困难了。在这个问题上，安绍芸当时受到的压力是相当大的。比如，折旧这个名词，有人从俄文翻过来叫"磨损"，有一个部，坚持说学苏联不能走样，我们的会计制度中不能叫"折旧"而应叫"磨损"。状告到主管部长那里，最后还是由部长拍板，用"折旧"。还有一个"待摊费用"，俄文原文照译，是"现在支付的应由本期和以后各期负担的费用"，如果这一大串作为我们的科目、报表的名称，那真"不堪设想"。安绍芸领着一帮人，琢磨了几天几夜，终于琢磨出一个"待摊费用"新的科目名称，"预提费用"也是这样，这两个名词用到现在，不是挺好的么。

资料来源：杨纪琬：《疾风知劲草——纪念安绍芸诞辰九十周年》，载《财务与会计》，1990（11）。

2. 支持采用借贷记账法。

1951年1月29日，章乃器先生在上海《大公报》上发表文章，主张使用收付记账法，提出了民族化、大众化的口号。安绍芸认为，记账方法涉及千万会计天天都要做的记账工作，主管会计工作的财政部应该有个意见。从科学化和国际通用化的角度看，还是借贷记账法好。安绍芸向部领导作了汇报，最后经部领导同意，发布了在企业会计中统一使用借贷记账法的规定。章乃器是人民银行的顾问，力主在人民银行实行收付记账法，一批老专家不太赞同。人民银行的一位副行长与王绍鏊副部长商量，最后安绍芸建议折中，银行的会计制度可以在收、付后面加括号标明借、贷。这个办法，后来用在出现借、贷与增、减之争时，并一直沿袭至今，倒真是个好办法。

3. 强调会计要与统计配合。

安绍芸指出，“会计和统计、计划，如果不很好配合，当要造成许多工作上的浪费，减低工作的效率，但如果超越限度，过于被动，也必将低估自己所负的使命，同样对工作发生不利”①。

第四节　赵锡禹的学术理念②

会计界曾有“南潘北赵”“南安北赵”之说，其中，“潘”是指潘序伦先生，“安”是指安绍芸先生，“赵”是指赵锡禹先生。

赵锡禹（1901—1970），河北乐亭县人。较早在中国人民大学开设西方会计理论课程，强调会计要为管理服务，为实业服务。

赵锡禹先生主张要通过加强管理来推动实业发展，企业管理要抓好会计工作。他特别强调，会计一定要为管理服务，要批判性地吸收国外会计理论学说，不能生搬硬套。

一、为发展实业而改学工商管理

赵锡禹中学曾就读于河北省昌黎汇文中学和北京汇文中学，

① 安绍芸：《拟订中的国营企业新资产负债表的内容与格式》，载《新会计》，1951(10)。转引自汪一凡：《安绍芸　奠基会计事业》，载《新理财》，2008(12)。

② 参见王景新：《赵锡禹和他的学术思想》，载《中国人民大学学报》，1989(5)。

1921 年考入燕京大学英语系，1924 年本科毕业后攻读新闻系研究生，1925 年学成后留校任教。1926 年辞职，立志走实业救国道路。

1927 年，赵锡禹赴美国留学，先后在芝加哥大学和纽约大学商学院学习，1930 年获工商管理硕士（MBA）学位后在美国一家百货公司从事会计工作，后受上海商务印书馆之邀回国供职。

1932 年，上海发生"一·二八"事变，商务印书馆总馆因被焚毁停业。赵锡禹回到北平，任辅仁大学经济系教授、系主任，直至 1952 年院系调整。讲授工商管理、高级会计学、会计学、统计学等课程。于 1934—1941 年、1946—1948 年，两度兼任燕京大学经济系教授。1948—1949 年，根据辅仁大学休假进修制度，他再度赴美考察。

1952 年全国院校调整，赵锡禹出任中央财经学院会计系、财务管理系两个系的系主任和院工会主席。1953 年暑期，中央财经学院并入中国人民大学。赵锡禹在中国人民大学工作期间，先后担任会计教研室主任、财政系主任、图书馆副馆长、校工会主席等职务，在此期间赵锡禹还历任第一、二、三届北京市政治协商会议委员。

赵锡禹青年时代受当时社会新思潮的影响，主张"实业救国"。他在谈到他留学美国、由新闻专业改学工商管理时，说振兴中华需要发展实业。发展实业需要两方面的人才：一是工程技术人员；二是经济管理人才，经济管理工作很重要，必须有良好的工程技术人员和工人，如果有了足够适用的材料和设备，而没有经济管理人员合理地加以组织，企业也难以搞好。他还说，管理人员效率的高低是企业成败的关键。他决心去美国攻读工商管理学，学习经营管理的本领，为振兴中华、开拓我国实业、搞好我国企业的经营管理，作出自己的贡献。这是他放弃在国内多年学习研究的新闻学专业，改变研究方向，去攻读工商管理的根本原因，也是他后来长期兢兢业业，不辞辛苦从事经济管理方面教育工作，大量培养经济管理人才的主要动机。

二、会计的首要任务是为管理服务

赵锡禹还认为，搞好企业管理，首先需要做好会计工作。会计是企业管理的一个重要方面，是决定企业经营管理好坏的关键。多年来他潜心研究会计工作，大量培养会计人才，他主张现代企业会计首要任务是要为管理服务。

一个好的会计人员，必须具备扎实的业务基础，不仅要有做好会计工作的基本技能，还必须懂管理，了解生产，善于调查研究和具备其他有关的本领。因此，会计人员除了要学习会计学有关的知识，还必须学习经济学、财政学、货币银行学、心理学和有关的生产技术等。早在20世纪50年代末60年代初，赵锡禹就提倡会计人员要学会运用电子计算机进行会计数据处理，掌握运筹学和必要的数学知识，为做好财务分析、预测和辅助决策打下基础。但他也反对那种不务实际的“迷信数学”的做法，对国外有些人不调查、不研究，关起门来进行数学演算、找答案，他称之为搞“数学游戏”。他主张，运用数学方法必须联系实际。

赵锡禹还说，在对会计人员的教育中，一定要非常强调会计为管理服务，他说，一个会计人员在企业中的职位越高，他的会计技术方面的知识，越是要和他在企业管理方面的知识以及作为企业领导参谋所需要的知识融合成一体，成为一个完整的体系，作为他完成各项任务的业务基础。但另一方面，他又主张课程要少而精，主要学习基本技能、基础知识、基本理论，凡是适于在实习中、实践中学习的内容，就不要在课堂中讲授。

他对待学习西方资本主义的态度是，一方面非常鄙视资本主义腐朽的社会制度，另一方面又积极主张学习其学术上合理的科学的内容。他说学习西方不能生搬硬套。他自1961年起在中国人民大学开设西方会计理论课程。赵锡禹逝世以后，他的同事们把他的讲课记录整理出来，出版了《资本主义会计专题讲座》。[①] 篇幅虽不长，但从中可见赵锡禹学术理念之一斑，可借以研究赵锡禹丰富的学术理念。

---

① 该书由赵锡禹著，王俊生整理，1981年由中国人民大学出版社出版。

第五节　会计管理活动论的提出

在 1979 年 12 月 26 日至 1980 年 1 月 7 日召开的中国会计学会成立大会暨会计理论讨论会上，杨纪琬先生和阎达五先生冲破“会计具有强烈的阶级性”和“会计是经济管理工具”的理论束缚，第一次提出，“无论从理论上还是从实践看，会计不仅仅是管理经济的工具，它本身就具有管理的职能，是人们从事管理的一种活动”①。他们就此提出并逐步完善了“管理活动学派”，主张会计工作要从“算账型会计”向“管理型会计”发展过渡，推动了人们对会计工作的作用和地位的新的认识。

一、杨纪琬先生传略

杨纪琬（1917—1999），上海松江人，新中国会计制度的奠基人，新中国注册会计师，批判性地借鉴域外经验的代表人物，1980 年与阎达五先生合作创立会计“管理活动学派”。

杨纪琬先生长期领导制定新中国的会计制度，1980 年发起成立中国会计学会，1980 年起主持起草《中华人民共和国会计法》，倡议恢复注册会计师制度并得到财政部批准，1988 年任中国注册会计师协会第一任会长，1993 年任财政部企业会计准则咨询专家组中方组长。

1935 年，杨纪琬考入国立上海商学院会计系，1939 年毕业后留校任教，并攻读中英庚款基金会的在职研究生。1939 年起至 1949 年止，先后担任国立上海商学院、东吴大学、之江大学、大夏大学、

① 杨纪琬、阎达五：《开展我国会计理论研究的几点意见——兼论会计学的科学属性》，载《会计研究》，1980（1）。

光华大学的会计学助教、讲师、教授。新中国成立后，杨纪琬于1949年11月调入财政部工作，先后任会计司副处长、处长。1957年任副司长。1979年财政部恢复会计司后，自1980年至1985年任会计司司长，1985年起任会计司顾问。中国注册会计师协会第一任会长、高级顾问。1993年后任财政部会计准则中方专家咨询组组长。杨纪琬同志是我国当代著名的会计理论家、教育家，是我国社会主义会计制度的奠基人之一。

杨纪琬先生提议并发起成立了中国会计学会，并长期担任中国会计学会的领导职务。杨纪琬教授长期担任主编的《会计研究》杂志，是我国会计理论研究和交流的重要阵地。

在改革开放初期，杨纪琬教授高瞻远瞩，认识到培养一大批高素质的会计人才是当务之急，并身体力行培养会计人才。1979年起，杨纪琬教授在财政部财政科学研究所指导硕士研究生，亲自讲授会计理论。在他的倡议下，排除种种障碍，克服种种困难，从1981年年初我国改革开放后录取的第一批硕士研究生中选派出八名研究生，赴美国进入当时的国际上“八大”事务所的永道和安永会计师事务所进修实习，开创了会计人才国外培养之先河。

杨纪琬同志高度重视我国注册会计师事业。早在1980年改革开放初期，杨纪琬同志就倡议恢复注册会计师制度。在杨纪琬教授的提议下，经财政部批准后，我国在上海和北京等地试点成立会计顾问处。1980年年底，财政部颁布了《关于成立会计顾问处的暂行规定》，针对当时的情况，提出“从经济管理体制改革来看，发展外部的审计制度，很有必要”，“作为今后的发展方向，逐步使外部审计形成一种正常的制度”。在他的倡导下，中国注册会计师事业在20世纪80年代有了长足发展。1988年中国注册会计师协会成立，杨纪琬教授出任第一任会长。在杨纪琬担任会长期间，中国注册会计师协会制定和发布了一系列注册会计师法规制度，初步形成了适应当时发展需要的注册会计师法规体系，使我国注册会计师制度得到健康发展。我国的注册会计师制度的恢复，注册会计师事业的发展壮大，凝聚着杨纪琬同志大量的心血和汗水。随着改革开放的深入，杨纪琬同志深谋远虑，积极鼓励审计准则体系的建立，并亲自担任咨询专家组组长。杨纪琬同志十分强调注册会计师的职业道德，1993年领导设计了《中国注册会计师职业道德守则》。

另外，值得一提的是，杨纪琬先生反对照搬西方会计理论（例如，坚决反对把谨慎性列为会计原则）。

二、阎达五先生传略

阎达五先生（1929—2003），与杨纪琬先生一道在20世纪80年代创立会计“管理活动学派”。

阎达五先生创建了中国人民大学会计系并任第一任系主任，参与组建中国会计学会并任副会长，是第二届至第五届北京市人民政府专业顾问，国务院国民经济核算协调委员会委员。

阎达五先生1929年12月生于山西祁县，1947年入北平私立华北文法学院法律系和经济系学习，并积极参加学生爱国运动。1949年3月入华北大学第一部，同年6月被选为该校政治研究所辅助研究员。1956年3月加入中国共产党。从1950年10月中国人民大学建校起，先后任教员、讲师、副教授、教授，财务会计教研室主任，财政系副主任、主任，会计系主任等职务。1986年被国务院学位委员会评为博士生导师。1988年在原会计专业的基础上创立中国人民大学会计系并担任系主任。

早在20世纪50年代，阎达五先生就主张苏联经验与中国实际相结合，与黄寿宸教授一起合作编写了新中国成立后第一部我国自主编写并公开出版的《工业会计核算》教材。该书出版后在社会上影响很大，被许多高校选作教材。

阎达五先生与杨纪琬先生在1980年中国会计学会成立大会上合作发表题为《开展我国会计理论研究的几点意见——兼论会计学的

科学属性》的论文，首次提出了"会计管理"概念，视会计为一种管理活动。之后，阎达五先生又对会计作了科学的分类，提出会计按其服务对象，可分为宏观会计和微观会计，微观会计又可按其经营目标分为营利性组织会计和非营利组织会计，营利性组织会计按管理过程又可进一步分为预测决策会计、内部责任会计和对外报告会计。阎达五先生于1985年和1987年分别出版了《会计理论专题》和《责任会计的理论与实践》两本专著，前者是专门论述"管理活动论"的专著，已在日本翻译出版。1989年、1990年先后出版著作《社会会计》（中国财政经济出版社，1989）和《会计管理结构》（北京出版社，1990）。

三、会计管理活动论的发展

杨纪琬先生和阎达五先生开风气之先的理论主张在1980年《会计研究》第1期发表以后，引起了热烈的响应和探讨。得益于宽松的学术环境，一些学者提出了不同意见。杨纪琬先生和阎达五先生分别撰文进行了回应和交流。

"管理活动学派"论点摘登

两年前，我们在一篇文章中使用了"会计管理"概念，文章发表后，引起了一些议论。有的同意，有的怀疑，有的反对。有的同志认为这个提法与传统的会计观大相径庭，使会计的概念似乎变得有些捉摸不定，也有些同志感到这个概念很生僻，对在当前会计理论研究中使用这个概念的意义不够理解。承认不承认"会计管理"与是否承认会计有监督职能有很大关系，否认会计管理必然要导致否认会计有监督职能。

——杨纪琬、阎达五（《论"会计管理"》，载《经济理论与经济管理》，1982（4））

认为会计是"收集、加工、存储、输送信息的系统"是对信息系统的歪曲理解，是新词旧解；信息系统实际上是信息控制系统，

把控制排除在外也是对信息系统的误解；把“信息系统论”作为否定“管理职能论”的论据，只能给人们的认识带来极大的混乱，结果是适得其反，反而说明会计信息是管理信息的重要组成部分，会计工作是管理工作的重要组成部分。

——阎达五（《浅析“会计是一个信息系统”——为纪念建国三十五周年而作》，载《会计研究》，1984（5））

有人说“会计管理”的概念是财政部和人民大学的人提出来的。我想说明的一点就是这个概念既不是财政部也不是人民大学哪一级组织提出来的，而是我和阎达五同志的个人看法。提出这个概念的目的，是为了使会计更好地服务于“四化”建设，是想为建立一个具有中国特色的会计理论体系，在某一个基本问题上提出我们自己的观点，意图在于突破传统会计观的束缚。但绝不是主观体验的产物，而是基于对会计工作经验的总结。

“会计管理”的概念，是建立在“会计是一种管理活动，是一项经济管理工作”这一认识基础之上的。我认为，通常讲的“会计”，就是指的“会计工作”。在没有“会计学”的概念时，就有了“会计”的概念，显然就是指的会计工作。“会计管理”的概念，就是建立在“会计就是指的会计工作”这一固有的含义基础之上。

关于“会计管理”这个概念提出来以后，由于和传统的会计观大相径庭，引起了一些误解。现在，有这么几个方面的看法需要澄清：有人认为，提出“会计管理”是为了提高会计的地位、鼓舞会计人员工作的信心。这种说法只是一种推测。会计的地位、会计人员工作的信心，不是提出一个概念所能决定的，概念的产生也不取决于人们的主观愿望。更何况在现实生活中，随着经济的发展，随着经济体制的改革，随着对经济效益的追求，会计的地位和作用较之过去已有了很大的提高，这是一种客观存在，而不是提出一个概念所能产生的结果。恰恰相反，客观现实中会计地位、作用的提高，是产生“会计管理”概念的重要基础。有人说，

> 不同意会计是一个信息系统的说法，就是不重视会计的反映作用，就从根本上抹杀了会计的特点。我认为不能这样推理。我们历来认为核算和监督是会计的两大基本职能，离开了核算就无所谓会计，监督也无从谈起，它是整个会计工作的基础，而离开了监督，会计也就失去了生命，它是整个会计工作的灵魂。
>
> 会计在微观经济中是经营管理的重要组成部分，在宏观经济中是国民经济管理的重要组成部分。
>
> ——杨纪琬（《关于“会计管理”概念的再认识》，载《会计研究》，1984（6））

“管理活动学派”作为本土原创的会计理论主张，延续了徐永祚、潘序伦、安绍芸、赵锡禹等先辈的思想精髓，其核心是：会计是国民经济管理和企业经营管理的重要组成部分；会计监督与会计核算一样，是会计的重要职能。这一理论是1985年通过的《中华人民共和国会计法》的立法理念。当时该法共分六章，各章题目依次是总则、会计核算、会计监督、会计机构和会计人员、法律责任、附则。

会计“管理活动学派”经过我国学者的循序论证逐渐形成体系。有学者阐释了“会计管理活动论”的哲学基础。“会计不是人的身外之物，而是由人直接参加的，按预定目标管理控制生产过程的一种实践活动。”“会计作为一种管理实践，其主体是有意识、有创造性的人。”“世界上不存在脱离社会制度、经济体制和文化、法律背景的抽象会计，当然也就不存在仅有技术性没有社会性的会计。在会计改革进程中，只有承认会计的技术性，才能借鉴国际经验为我所用。只有承认会计的社会性，才不会照搬照抄，才能批判地吸收，才能真正地建立起符合社会主义市场经济和国情的会计理论和方法体系。”[①] 有学者明确地提出了与西方会计理论观点迥异的主张，认为“会计是管理活动，对管理有用是人们对会计信息最基本的质量

① 王世定：《“管理活动论”的哲学基础》，载《会计研究》，1993（4）。

要求”，从而正确指明了会计在社会经济生活中的重要地位：“会计计量的结果不仅反映了企业的财务状况和经营成果，而且揭示出经济资源的利用程度和利润分配关系。不仅如此，会计还直接介入企业分配方案的制定与执行。企业是国民经济的细胞。企业经济资源的利用和利润的分配直接关系到整个社会经济资源的配置和纯收入的分配。会计在经济管理中的地位之所以重要，很大程度上与此有关。”① 学者们还提出了会计的三职能论（反映、监督、合理分配），通过进一步“追加对会计职能的认识，充实了会计管理理论，有利于把会计本质的理解推进一步”②。

本土原创理论强调会计应当为管理服务，成为管理的一部分，这与西方会计理论强调会计主要为证券投资决策服务的目标导向存在根本性的差异。

第六节　本土学术积累与会计立法理念

最近 100 多年来，我国涌现出一大批杰出的会计理论家，形成了许多优秀的理论成果。但受篇幅所限，本章仅仅概要阐述了与本章主题“会计立法理念”最为相关的业界先辈的会计思想。读者如欲拓展阅读，可参阅会计史研究成果。③

仅就本章前述业界先辈的事迹而言，我们可以从中归纳出如下先进理念。

一、会计应当着眼于为实体经济发展服务

蔡锡勇先生在海外游历多年，在洋务运动中积累了实业管理的

① 娄尔行：《研究我国会计理论和会计准则促进会计实践》，载《会计研究》，1989（2）。

② 娄尔行、张为国：《确保合理分配是会计的一项职能》，载《会计研究》，1991（4）。

③ 参见郭道扬：《郭道扬文集》，北京，经济科学出版社，2009；许家林：《会计理论发展通论》，北京，经济科学出版社，2010；刘常青：《中国会计思想发展史》，成都，西南财经大学出版社，2005。

经验，对借贷复式记账法的先进性深有体会。他大力推行西式簿记，与他崇尚实业救国、教育兴国的理念是一脉相承的。

当谢霖还是一位留日的本科生时，他就认识到域外流行的复式记账法更适合新型企业组织形式的需要，他的《银行簿记学》最早引入“借、贷”汉字符号。他在中国银行和交通银行的实践经验也证明借贷复式记账法是能够满足企业需要的。记账方法不是会计法规的关键。徐永祚先生之所以大力宣扬收付记账法，是为了让会计人员更好地适应复式记账法，同时避免完全抛弃传统的会计方法。应当说，这种渐进式的改进方案取得了相当的成效。徐永祚先生设计的收付记账法和梁润身先生发明的增减记账法在实践中起到了积极的作用，与借贷记账法相比，并不存在明显的劣势。足见，记账方法并不是会计立法中的首要的基本问题。会计只要着眼于为管理提供查有实据的信息，不管采用什么复式记账方法都是可取的。安绍芸先生的事迹也清楚地说明了这一点。

赵锡禹先生出于实业救国的理念而转行学习工商管理，他认为，管理人才与工程技术人才一样重要。他较早强调会计在工商管理中的重要地位。

杨纪琬先生和阎达五先生更是把会计管理理念推广到了国民经济管理和企业经营管理的新境界。实际上，公司法、税法、统计法的实施都离不开会计制度的支持，这是会计“管理活动学派”的理论主张成为会计法的立法理念，并受到广泛支持的一个主要原因。

二、会计应当遵守法律

谢霖先生强调，会计必须以账册为依据，遵守法律，反映事实。他的理念与1985年颁布的《中华人民共和国会计法》的规定惊人地相似。

安绍芸先生指出，会计应当与统计密切配合，这种理念是对会计在微观层面上的企业经营管理功能以及在宏观层面上的国民经济管理功能的正确认识。

杨纪琬先生强调，要“正确处理借鉴外国与总结我们自己经验之间的关系”。“会计准则是外国先搞起来的，他们有几十年的经验，并且形成了一整套东西……我们可以借鉴，拒绝接受外国那些科学的、适合我国国情的好东西的想法是不对的。但是，学习、借鉴不是照搬、照抄。中国的政治、经济体制、管理方式以及生产力的发展程度，毕竟与外国有很大差别，作为经济管理工作的会计工作也与外国不完全一样。因此，把西方的东西‘拿来’以后，要加以分析、解剖、研究，借鉴其中的有用的部分，搞出我们自己的一套‘会计准则’来，切忌被西方的程式所束缚，而不能自拔。”① 他旗帜鲜明地主张把“合法性”原则作为一项会计基本原则写入《企业会计准则》。

作为对比，我国学界存在迷信“实质重于形式原则”的倾向，这种倾向值得警惕。会计原理要求记账行为必须具备原始凭证的支持，法律形式虽然只是形式，但它是必不可少的形式。

三、注册会计师行业是服务行业

谢霖先生在倡议设立公共会计师制度的时候，是以“有利于商民”的立场来看待公共会计师行业的。潘序伦先生和徐永祚先生等业界先贤所从事的也只是委托业务，当时的注册会计师法规也是以收费服务业务为立法理念的。中介本身并不具有监督的能力和可能。代理记账、纳税申报、管理咨询等服务业务是其服务角色的正确定位。杨纪琬先生在20世纪80年代主张恢复注册会计师业务之时，是以向客户提供服务为着眼点的。应当说，这种定位符合中介行业的实际。

但是自20世纪90年代起，我国的会计审计立法偏离了业界先辈们探索出的正确方向。

1992年以来的会计立法偏离了会计管理理念，导致会计目标出现大逆转。如今的会计目标不再是为实体经济的管理活动提供法律事实，而是为证券投资提供决策有用的信息。在会计先辈们倾力引

① 参见杨纪琬：《关于会计准则的若干问题——在“会计原则专题理论讨论会”上的讲话》，载《会计研究》，1989（2）。

进西方（主要是美国）的会计审计制度的时候，它们的会计规则还没有进入公允价值会计的阶段。在 1990 年以前，美国证券市场上的公认会计原则还只是“历史成本会计＋资产减值会计”，其危害还不是特别大。因此，这时候学习域外规则的副作用不很明显。但就在我国会计立法从 1992 年起亦步亦趋地追随域外规则的时候，它们却步入了“历史成本会计＋资产减值会计＋公允价值会计”这种“混合计量模式”的时代。简言之，我国会计立法实际上被逐步诱导，变成了金融分析规则——跟着“师傅”走上了一条歪路。我们引进的会计规则不再强调会计必须具备原始凭证，会计造假逐步“合规化”，这是自 1992 年以来“会计信息失真”成为热门话题的根源。

在恢复注册会计师制度的时候，会计师事务所为客户提供收费服务的最初定位是正确的。但后续立法逐渐要求审计报告向不特定的利害关系人公布，这就导致注册会计师行业须向第三人承担侵权责任；立法要求以企业委托会计师事务所审计的方式来代替会计监管，其结果是，中介除非辞职，否则很难发挥监督作用。应当说，要求注册会计师为公共利益服务，名义上看是拔高了注册会计师行业的社会地位，但实际上却导致该行业陷入了向不特定的第三人承担侵权责任的境地。中介组织应当尽力为委托人服务，这才是中介组织的恰当定位。政府对企业会计的监管可以通过委托中介审计的方式来进行，但前提条件是中介不能直接收取被审计单位的钱财。

远视眼（丁聪　作）

第十四章　探寻社会科学研究与教学的结合之道

——“会计学原论”系列论著的探索

最近30年，我国会计理论界跟踪域外理论，引进了很多新颖的概念和做法，这对于丰富理论知识可谓不无裨益。但研究发现，也有不少概念和方法存在以讹传讹的问题，这就导致学习者时常陷入困惑。自20世纪90年代初以来经济学和管理学领域过度推崇实证研究范式的导向，使得科研和教学脱钩的问题越来越突出。对此，中国人民大学商学院“会计学原论”研究团队自1999年以来秉持立法导向、教学导向和实务导向的科研理念，形成了“会计学原论”系列论文和著作。基于这些原创成果，探索出一套以辩证教学为核心的研究型教学方法，形成了一套以“会计学原论”系列教材为主体的立体化教学资源库。实践证明，社会科学研究与教学的对接有助于同步提升社会科学的研究质量和教学质量，这应当成为社会科学研究的重要目标。

学术研究的过度细碎化、脱离教学实践等问题近年来引起了学术界的反思，在经济和管理教育中，这一问题尤其突出。科研论文的泛模型化、空洞化倾向，使得论文成果越来越无法在课堂立足。学者们所做的研究，很少能够沉淀于专业教材或应用到课堂教学中。在高校经济和管理类教材中，除了少数教材含有本土学者的优秀成果外，大多找不到本土学者的研究观点。科研和教学的分裂，使得大学经济和管理教育中出现了以技术取代思想的倾向，而这样的高等教育质量很难得到广大师生和家长的认可。为了探寻社会科学研究与教学相互结合、相互促进的可行之道，经过自 1999 年以来的持续探索，中国人民大学商学院"会计学原论"研究团队确立了立法导向、教学导向和实务导向的学术研究价值取向，形成了"会计学原论"系列论文和著作等初步成果，并在原创成果的基础上，初步建设形成了一套研究型教学方法和一套"会计学原论"教学资源库，取得了良好的教学效果。实践证明，以原创成果支撑研究型教学、以研究型教学引导研究性学习的教研方法能够很好地将社会科学的研究与教学直接对接，从而实现科研和教学的良好互动和相互促进，有助于同步提升社会科学的研究和教学质量。

第一节　立法导向、教学导向和实务导向的科研：以提升教学质量为目标

最近 20 多年，教学和科研脱离实践的现象在会计学科愈演愈烈。一方面，会计学术研究的问题在于，自 20 世纪 90 年代初以来，学术主流一直在追赶北美流行的"实证会计"研究范式，实证会计论文遍地开花，但研究内容较少涉及会计理论，难以对会计立法、会计教育和会计实践发挥推动作用。另一方面，会计教育领域的问题在于，财务会计教材的内容自 20 世纪 90 年代初以来几乎被全面替换为美国证券市场上的公认会计原则，很多内容缺乏考证，诸多来历不明的会计理论和会计方法常常无法令青年才俊们信服，许多

资深教师纷纷感慨“越教越糊涂、越学越不明白”。会计学术研究与会计教育的背离导致讲授者和学习者在教学过程中很难达成共识，面对频繁变动的会计理论和会计法规，学习者、研究者和实务工作者常常感到手足无措。

一、研究理念的确立

面对这种困局，为了使学术成果更好地服务于会计立法、会计教育和会计实践，我们自1999年起确定了立法导向、教学导向和实务导向的研究理念（见图14—1）。

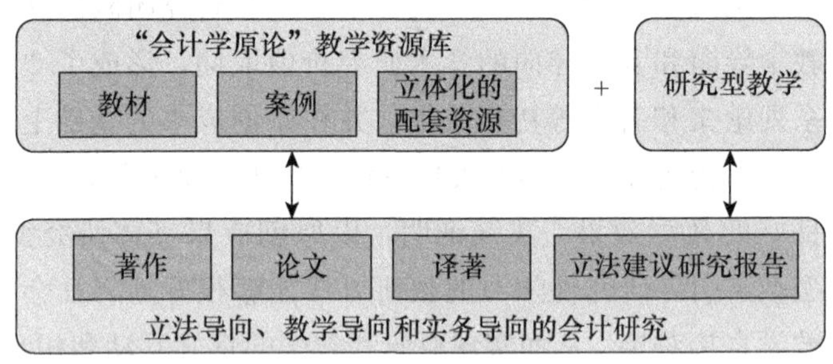

图14—1　研究理念

一是立法导向。我们认为，社会科学的研究和教学必须紧紧围绕特定的“规则”展开，以完善特定的规则为使命。特定区域、特定人群的行为规律和行为规则是社会科学研究的归宿，社会科学研究需要致力于完善特定的行为规则。会计学术研究应当致力于协助立法机关完善会计法规，为实务工作者提供良好的法律环境。对于域外流行的会计规则（尤其是朝令夕改的国际会计准则），学术研究应当给出辩证的评价，供立法机关参考。会计学术研究需要加快从“照着讲”向“接着讲”转变，回归著书立说的基本价值尺度，即传承该传承的经验，创新该创新的知识。但不管怎样，所传承和创新的，都必须是真知灼见的东西。

二是教学导向。我们主张社会科学研究必须以提高教学质量为目标，做能够提高教学质量、丰富教学内容、沉淀于教材的学术研究。社会科学研究的金标准，是对最懂行的人具有启发价值。合格的社会科学研究成果应当有资格进课堂、进教材。每次讨论论文选题时，我们都会问：这篇论文有没有创造新知识？它能不能沉淀于本专业的核心教材？因此，我们的论文和著作大多围绕国际会计准则中的重点和难点问题展开。例如，衍生工具会计、套期保值会计、研发支出资本化、商誉减值、递延所得税、企业合并、合并报表、外币折算、资产减值会计、公允价值会计等教学重点和难点均存在学科知识来路不明的问题，我们的论著就着重考察上述会计规则的设计理念和历史演变，运用会计原理鉴别会计规则的科学合理性，并提出相应的改进方案。

三是实务导向。我们认为，社会科学研究必须围绕重大现实问题展开，着力为社会实践创新提供支持。因此，“有用的”学术成果必须是社会发展实践所需要的规则。正如会计规则制定者所指出的，“会计理论研究必须为实践服务。不着边际地从概念到概念，不能称之为理论研究；只会把国外的某些论述进行演绎，而不能结合中国的会计工作实践进行研究，也不是我们倡导的会计理论研究。正确的态度是，对外国会计理论、方法的研究成果，应当熟悉、了解，根据中国国情有选择地加以借鉴、吸收，真正做到融会贯通，为我所用”①。

二、初步的研究成果

基于上述理念，我们自 1999 年起对会计教材和流行理论学说中存有争议的问题进行追溯分析，逐步积累了比较系统的反思性理论文章。研究发现，现行的会计、审计、财务管理等课程中存在很多以讹传讹的问题，会计专业教材中所称的“国际先进经验”大多缺乏合理依据，这是会计教育陷入困顿的主要原因。实证会计研究范式的盛行更是将会计教育引入歧途。基于服务于会计立法、服务于会计教学、服务于会计实践的治学理念，我们在 2011 年夏初步建设

---

① 余秉坚：《五十年会计改革发展的成就与启示》，见项怀诚：《新中国会计 50 年》，北京，中国财政经济出版社，1999。

形成了一套“会计学原论”系列论著（包括论文、著作、教材，200多万字）。此外，出于研究和教学的需要，我们还牵头翻译了一批经典著作。

第二节　研究型教学：以创新成果为后盾的创新教学

在学校的政策引导和大力支持下，我们探索出了以直观教学、辩证教学、交叉学科贯通、幽默风趣为特色的研究型教学方法，注重培养同学们的创新能力和研究性学习能力，取得了良好的效果。

一、直观教学和实践教学

直观教学是运用“直观性”教学原则，采用实物直观、模像直观和言语直观等教学方式开展的实践教学，这种教学方式有助于解决目前会计教育中普遍存在的知识积累与能力培养脱钩的问题。例如，针对会计学的入门教学难度较大的问题，我们开发出“快速入门：十个分录学记账”的教学模块，帮助初学者在接触会计学的第一天就亲自动手记账，接触并使用图表、账册、凭证，了解从原始凭证、记账凭证、会计账簿到会计报表的全套记账、结账、报账过程，通过新鲜有趣的实践经历，培养和强化学习兴趣。其中，我们运用语言直观性的原则，在介绍每一张记账凭证时都强调“记账行为必须具备原始凭证”，帮助初学者理解这一会计学基本原理，为后续阶段的辩证教学打下基础。如此，用三次课（9学时）即可帮助初学者掌握入门知识。这种超常规的教学方法自2005年以来应用于中国人民大学商学院、财政金融学院和经济学院的会计学课堂教学，效果显著。通过这种教学，同学们普遍能够快速掌握会计方法，培养创新思维习惯，建立研究型学习模式。经过如此训练，同学们可熟练地进行会计处理、阅读会计报表。又如，我们在“中级财务会计”课程中详尽地讲解了流转税、企业所得税的纳税申报，在“高级财务会计”课程中结合远期、期货、期权、互换的中外实践情况，讲解了套期保值的操作要领及其会计处理规则。在教学过程中大量采用了我们精心绘制的上百张图表、账册、凭证，通过仿真模拟素材，将理论和实践紧密对接，取得了很好的教学效果。教学内容注重实践性，紧扣我国现行法律法规，讲解法规的理论依据以及纳税申报、股利分配等实务操作。

二、辩证教学：阐释会计规则的由来，并进行辩证分析

辩证思维、批判性思维是社会科学创新的起点。为了帮助同学们从正反两方面分析和评价现有的会计理论知识，我们在教学中注重以研究型教学带动研究性学习，注重讲解会计规则的由来并对国际会计准则进行辩证分析，特别强调讲清楚“何人、何时、为何提出某种会计理论和规则”。这种辩证教学方法能够帮助同学们明辨是非，快乐学习，既知其然又知其所以然。这种教育理念是中国人民大学长期注重科研与教学直接对接的教育传统的体现。①

例如，在讲授资产的会计处理时，我们根据法律关于财产权利的规定，按照物权、债权、知识产权、股东权的顺序讲解资产的会计处理。值得说明的是，我们在教学中没有沿袭那种将金融资产单列一章的做法。原因在于，国际会计准则和美国证券市场上的公认会计原则所称的金融资产是特指的，其会计处理规则实乃美国金融监管机构权力斗争的产物。理论界对如何定义金融资产缺乏共识。主讲者若欲替规则制定者“圆场”，其努力常常归于徒劳。更为可取的做法是告诉人们“金融资产”相关准则是如何拼凑而成的。因此，我们按照财产权利的法律属性，在“债权”部分，讲解“持有至到期投资”和“贷款及应收款项”，它们都属于民法上的债权。在“股权投资”部分，集中展示现行准则体系中所设计的股权投资的四种会计处理规则，即“交易性金融资产”“可供出售金融资产”“成本

① 参见陈雨露：《构建研究型学习制度　完善本科人才培养新体系》，载《中国大学教学》，2013（10），4～6页。

法”“权益法”的会计处理。这一方面是因为工商企业的管理实践中鲜见将债券投资划分为交易性金融资产和可供出售金融资产的情形；另一方面是因为没有理由将股权投资的会计处理规则分为“金融资产”和“长期股权投资”两章去讲述。多年来的教学实践证明，如此设计的提纲更为简练，体系结构更为稳定、合理，可以避免教学内容被会计法规“钳制”，易于初学者学以致用。

在教学中，我们既注重讲解现行法规，又注重阐述理论要领、运用科研成果对会计规则及其理论背景进行辩证分析。如此研讨，同学们可达到谙熟会计相关法规、把握会计理论走向的领先水平。次贷危机爆发以来，国际会计准则面临着国际社会的严厉谴责，其所主张的公允价值会计、资产减值会计等规则由于存在助涨助跌的顺周期效应而受到了财经界的批评。会计准则对经济管理的影响进一步凸显。这验证了上述教育理念的正确性。

三、交叉学科贯通：融合财政学、金融学、经济理论和经济法的相关知识

专业划分过细是我国高等教育的现状，而实务工作中的“问题”却是不分专业的。我们认为，会计规则在本质上是由民商经济法律制度、财税制度与会计技术融合生成的企业收益分享规则，它是民商法和经济法的实施细则。① 在这个意义上，会计学教学和研究与法学、金融学、财政学等学科密不可分。例如增值税的实务操作，需要综合运用财政学、经济法和会计学等课程中的知识。

为了培养社会所需要的复合型高素质人才，会计教育需要以应用为导向，突出社会科学的整体性，而不是片面地宣传“纯粹的会计理论”。因此，我们在会计教学中力求融合各学科的相关知识，从多学科视角阐释会计理论与方法。例如，我们在讲授“应交税费”时，着重阐释税法的立法精神，在此基础上阐释增值税、消费税等

---

① 参见周华、戴德明：《会计制度与经济发展——中国企业会计制度改革的优化路径研究》，65～101页，北京，中国人民大学出版社，2006。

的会计处理规则，这既是为了帮助同学们体会税收法规与会计规则的协作关系，也是为了帮助同学们打下坚实的专业基础。实际上，如果不能熟练地对流转税进行会计处理，就很难对资产进行恰当的账务处理，更不要说培养专业胜任能力了。流转税是企业会计管理的重要方面，是了解工商企业运作（从原料的采购到产品的生产，从商品的定价到利润的实现）的一把钥匙。运用会计知识可以深入理解经济学（或财政学）中所称的价外税与价内税的重要知识点，还可同步掌握经济法（或税法）的对应知识，同学们可体会触类旁通之妙，并可建立交叉贯通的知识结构。同学们的学习兴趣、学习效率、学习效果可有较大提升。中国人民大学拥有交叉学科教学的传统优势，金融学、会计学等学科大体上都是按照“精通本学科、旁及相邻学科”的思路开展教学的。我们在阐述会计规则的同时还运用相关学科的知识点来答疑解惑，尤其强调会计规则的法律背景和理论依据。除以上所提及的流转税法、所得税法、公司法以外，还扼要讲解金融法、票据法、知识产权法。将经济法、税法和会计学课程紧密结合起来，能够进一步调动同学们的学习积极性，起到事半功倍的效果。

四、以问题为导向，呵护好奇心，培养创造力

我们所采用的研究型教学还格外强调以问题为导向，呵护好奇心，培养创造力。我们注重以幽默风趣的语言方式带动课堂气氛，并且鼓励师生之间的辩论。在备课时，我们根据课程内容编写了一些典型案例，帮助同学们理解重点难点、了解行业现状。我们还提供了丰富的课外阅读资料（经典论著、视频、案例），帮助同学们在课下自觉巩固所学知识，拓展综合技能。在课堂上，我们多用“各位小专家”“各位专家”来称呼大家，目的是潜移默化地引导青年才俊以高标准要求自己，勇于质疑和批判。鼓励同学们在听到新颖的观点时先去质疑，这样才能帮助他们掌握会计理论的精髓，把众多复杂的会计规则转变为就业竞争力和专业胜任能力。

如此一来，在教学过程中，同学们会越来越积极地参与辩论，想彻底弄明白会计规则的设计理念和原初动机是什么。这样，课堂教学先是从平静的答疑快速切换为热烈的辩论，然后又从热烈的辩论转变成“颇费脑力”的会计理论研讨会。通过调动听众的学习兴趣，这种教学方法能让人在不知不觉中想去探究会计理论和规则的来龙去脉和利弊得失。研究型教学注重带领青年才俊们追随自己的好奇心去主动寻找有用的知识，建立稳定、合理的知识结构，培养起自己的专业理念，而不是被动地接受流行的观点。研究型教学的目标之一，就是把青年才俊培养成为能够独当一面的、有创造力的青年专家。

第三节　以“会计学原论”系列教材为核心的教学资源库：科研与教学对接的初步成果

中国人民大学一贯注重高质量教材的建设工作，把教材建设当作科学研究和教书育人的重中之重。在学校和学院的政策支持下，我们基于“会计学原论”系列论文和系列著作的原创观点，把多年来积累的在校内使用的讲义整理成书，以著作式教材传播原创成果。

自 2011 年起，《会计学》《会计学基础》《中级财务会计》《高级财务会计》陆续出版。自 2015 年起，这套教材陆续发行第二版。“会计学原论”系列教材具有四个方面的特色。第一，构建了新的理论架构，力求详尽透彻地阐释会计学基本理论和规则，列举并分析域外规则和国内外会计理论的最新研究成果，既注重讲解现行法规，又注重阐述理论要领，运用原创成果对会计规则及其理论背景进行辩证分析，帮助读者既知其然又知其所以然。第二，语言力求简练，读来较为轻松。相对于法规原文而言，这套教材能够让初学者一读就懂、一学就会。第三，以“中外对照、辩证施教”为教育理念，将财政学、金融学、经济法等学科的相关知识融于一体，结合会计处理阐释常用的交叉学科知识点，实现了理论与实践、知识和能力的有机融合。系列教材注重学科关联，侧重于培养复合型人才。系列教材把法律法规、理论背景和辩证分析的内容统一安排在专栏中，对专栏内容不作教学要求。如此处理，一来可以增强趣味性，支持主讲教师酌情发挥主观能动性，扩大课堂信息量；二来可以突出主线，便于读者在辩证思考的基础上全面掌握正文内容，提升专业水平。第四，与现行会计考试制度直接衔接。系列教材首先带领读者熟练掌握现行会计法规，然后引领读者深入思考会计规则的设计理念及其理论缺陷，最后启发读者形成自己的专业观点。我们认为，“考证”不是万能的，但完全忽视考证的正当性是万万不能的。概括地说，大学教育要教给青年才俊比考证更多的、有用的知识。这种研究型教学方法实际上把通过各种会计考试当作初级目标，力求按照“理论源于实践又指导实践”的科学规律开展教学活动。

系列教材所倡导的这种教学与研究直接对接的做法是中国人民大学会计学科的鲜明特色，有助于同步提升教学和研究的质量。立体化教材体系修订及时，2～3 年修订一版，能够及时跟踪准则的变化，满足读者的需要。总之，“会计学原论”系列教材能够带领读者体会研究型学习的三重境界。首先，以简练的思路引导读者掌握特殊业务或者难度较大的会计准则的设计理念及操作规则，切实提高操作能力，从而增强自信心，以备考注册会计师考试和中高级资格考试。其次，考察会计规则的来龙去脉，帮助读者运用会计原理鉴别现行规则的科学合理性，培养创造性思维。最后，帮助读者从容面对现行规则中的弹性化条款，结合特定情形做出理性选择，形成自己的专业观点。“会计学原论”系列教材所贯彻的研究型教学方法能够帮助本科生、硕士及博士研究生和管理培训项目学员掌握研究性学习方法，切实提升理论素养和职业技能。

教辅资源主要包括教师用书、PPT 讲义、模拟实训素材、学习指导书（含习题及答案）、多媒体素材、案例库、文献库等。教学资源库的“立体化”体现为三个维度：一是内容上的立体化。教辅资源注重讲授会计知识的来龙去脉，知识点涵盖“古今中外”和“正面反面”，融合法学、经济学等学科的相关知识点，着力帮助同学们掌握交叉贯通的、网状的知识结构，培养复合型高级会计人才。二是形式上的立体化。讲授素材与案例讨论呼应，视频音频资料与文字资料并重。三是教学方法上的立体化。教材中的精读内容与课下观看的视频资料和经典文献交相呼应，使得教材既便于教师发挥主观能动性，又有利于学生课下自学。

以“会计学原论”系列教材为核心的教育资源库受到了兄弟院校骨干教师和青年学子以及实务工作者的欢迎。

第四节　结论和建议

“会计学原论”系列论著的16年探索证明，对于社会科学而言，没有理由将科研与教学对立起来。我们既有必要也有可能建立起高质量的教学标准，形成既包含本土贡献又具备国际视野的专业教材体系。当前，应当纠正科研成果评价导向，尽快建立以提高教学质量为目标的社会科学成果评价方式，采用“科研和教学直接对接”的理念，引导高等教育领域中科研和教学的良性互动和健康发展。建立品种丰富、各放异彩、能够与国外教材并驾齐驱的教材体系，推动教学质量和研究质量的同步提升，应当成为社会科学研究的一个重要的目标。因此，我们有如下建议。

第一，改进社会科学成果的评价方式，把教学成果列为科研考核的首要组成部分。当前，法学教学和科研的结合比较紧密。法学学者的研究普遍致力于直接为法官、检察官、律师和公安干警提供理论支持，就连法哲学、法制史也是间接服务于上述目标的。而在经济学和管理学领域，过度推崇北美学术范式的后果已经相当明显。当前的社会科学成果评价方式虽然名义上是质量导向的，但这种基于期刊级别的“质量”考核方式实质上是强化版的数量化考核，而不是真正基于质量的考核。数量化考核是追求平庸化、追求同质化的考核，它必然并已经导致学术水平和学术生态的退化。学术管理者应该意识到，社会科学的创新成果绝不是按照数量化的框框“框出来”的，它们都是自发成长起来的。在既定的框框里面“蓬勃生长”的成果基本上与创新无缘，实证会计论文的爆发式增长已经让人们看清了这一点。因此，研究者的作品是否构成“学术成果”，应当由这个行业“最懂行”的人（如实务界的领军人物或学术界公认的资深专家等）来评判，高校各专业组的学术委员会应该有能力做好两件事：第一件事是评判研究者的作品是否关涉本学科（例如，实证会计研究大多数与会计学科无关）；第二件事是评判其是否有助于完善本学科的规则，是否有望沉淀于本学科的核心课程教材，是否有助于促进实践进步，三者必居其一，否则就难以称其为“成果”。通过这两重检验的作品才是学术成果。

第二，审慎在社会科学领域推行教师分类管理制度。目前，一些教育研究机构常常提议实行科研型、教学型、教学科研型教师分类管理的制度。笔者认为，高校的社会科学教育工作者只需要划分为教学科研型和教学型两类，没有设置科研型教师的必要。设置科研型教师岗位很可能会使论文比赛的闹剧进一步加剧。事实上，社会科学的研究与教学一定是一体的，教学优秀者必然是因为其对本学科的理解已经达到一定深度，这也正是其科研水平优异的体现，只不过这种科研水平暂时被我国当前流行的社会科学评价机制否认了。

第三，大力推进大型开放式网络课程（massive open online courses，MOOC）建设，推动高等院校的社会科学教育把教学和科研直接对接，使教学和科研相互促进，从而推广研究型教学、研究性学习。MOOC教学平台的开放性能够把教学和科研结合起来，可以推动中国高校把更多符合本土情况、具有独立思考的领先的研究成果带到课堂上，这有助于增强本土学术研究的影响力和学术自信。

图书在版编目（CIP）数据

法律制度与会计规则：关于会计理论的反思/周华著．—北京：中国人民大学出版社，2016.10

（财会文库）

ISBN 978-7-300-22940-9

Ⅰ.①法… Ⅱ.①周… Ⅲ.①会计制度-研究 Ⅳ.①F233

中国版本图书馆 CIP 数据核字（2016）第 119050 号

全国会计领军人才丛书・学术文库

北京市社会科学理论著作出版基金资助

财会文库

法律制度与会计规则——关于会计理论的反思

周　华　著

Falü Zhidu yu Kuaiji Guize：Guanyu Kuaiji Lilun de Fansi

出版发行	中国人民大学出版社		
社　　址	北京中关村大街 31 号	**邮政编码**	100080
电　　话	010－62511242（总编室）		010－62511770（质管部）
	010－82501766（邮购部）		010－62514148（门市部）
	010－62515195（发行公司）		010－62515275（盗版举报）
网　　址	http://www.crup.com.cn		
经　　销	新华书店		
印　　刷	唐山玺诚印务有限公司		
开　　本	720 mm×1000 mm　1/16	**版　　次**	2016 年 10 月第 1 版
印　　张	21.75 插页 2	**印　　次**	2024 年 7 月第 6 次印刷
字　　数	298 000	**定　　价**	118.00 元